컴퓨터식 사고와 문제해결 기법

컴퓨터식 사고와 문제해결 기법

INFINITYBOOKS
인피니티북스

용환승 지음

머리말

컴퓨터는 인류가 발명한 최고의 제품 중 하나라고 해도 지나치지 않다. 1946년에 등장한 에니악(ENIAC) 이래 눈부신 발전을 거듭하여 오늘날 우리의 손안에 휴대컴(스마트폰으로 더 많이 부른다)으로 진화해왔다. 오늘날 인류가 누리는 상상 속에서만 가능했던 편리한 많은 서비스들은 모두 컴퓨터 기술의 결과이며, 앞으로 누리게 될 충격적인 서비스들도 역시 마찬가지로 컴퓨터 기술의 결과다.

주요 선진국에서 점차 모든 초중고생들과 대학생들에게 컴퓨터에 대한 기초 교육을 확대하려고 노력해왔으며 초기에 기초 프로그래밍으로 시작해서 사무용 패키지 사용법을 중심으로 교육해왔다. 그러나 컴퓨터 응용 범위의 확대는 최근에 컴퓨터식 사고와 문제해결이라는 더 큰 주제의 교육으로 진화해오고 있으며 AI 교육을 중요시하기 시작했다. 그러나 아직 컴퓨터식 사고와 문제해결이라는 과목에서 무엇을 가르쳐야 할 것인가는 애매하기만 하다. 그래서 프로그래밍을 가르치거나 사무용 SW 소양을 강의하기도 한다.

이러한 문제를 해결하고자 과연 무엇이 컴퓨터식 사고인가를 이번 기회에 정리하고자 했으며 또한 컴퓨터식 사고를 기반으로 문제를 해결하는 방식 등에 대해서도 정리했다. 물론 이 책이 정답은 아니고 새로운 접근법의 하나에 불과하며 앞으로 더 내용이 정리되고 수정 및 보완되어야만 한다.

가장 저렴한 물건을 구입하려 한다고 하자. 사람의 해결책은 물건을 파는 가게를 최대한 많이 돌아다니면서 가격을 알아보고, 그중에서 가장 좋은 가게를 선택할 것이다. 또는 전문가에게 물어볼 수도 있다. 그러나 오늘날 컴퓨터에게 맡기면 메타쇼핑몰을 검색해서 가장 저렴하게 판매하는 전 세계 모든 매장의 가격을 확인해서 가격 순서대로 알려준다. 해외직구 물건까지 비교해서 보여준다. IT 기술은 진정한 자유시장 경제를 가능하게 한다.

목적지까지 가는 길 찾기도 마찬가지다. 아는 길도 물어 가라는 속담처럼 길을 물어서 문제를 해결했으나 오늘날 우리는 내비게이션에게 물으면 그 시점의 교통량까지 고려한 최적의 길을 알 수 있다.

카카오톡을, 스마트폰을, 자율주행 등 최첨단 컴퓨터 기술을 사용하지 않고서도 물론 살 수는 있다. 미국의 아미쉬족은 아직도 마차를 타고 중세 시대의 생활방식을 고집한다. 그러나 미래를 향해 나아가야만 하는 현대의 직장인들이 최신 기술을 거부하면 고립되고 도태될 수밖에 없다. 그래서 우리는 컴퓨터식 사고로 무장하고 컴퓨터의 문제해결 방식을 배워서 이해하고 활용해야 하는 것이다. 로마에 가면 로마법을 따르고 로마 사람들 방식으로 살아야 한다. 오늘날의 IT 시대에는 새로운 사고로 무장해야 한다.

교재로 사용하기에 적합하도록 매 장의 끝부분에 간단한 요약을 추가했고 실제 소프트웨어로 각 장에서의 주요 내용을 실습할 수 있도록 실습문제들을 넣었다. 이 실습문제들은 강의실에서 노트북을 지참하도록 하여 바로 해볼 수도 있고, 과제물로 부여해도 적절하다. 모쪼록 이 책을 토대로 "컴퓨터식 사고와 문제해결 기법"에 관해 더 적절한 책들이 등장하기를 기대한다.

2021년 7월

저자 용환승

강의 계획

본 교재는 한 학기를 16주로 가정하여 다음과 같이 진행할 수 있다. 수업의 진행 상황에 따라 일부 내용을 수정하여도 된다.

주	Chapter	주제
1주	1장	컴퓨터식 사고와 문제해결 개요
2주	2장, 3장, 4장	컴퓨터식 사고1, 2, 3: 소프트웨어, 속도, 정확성
3주	5장	컴퓨터식 사고4: 저장, DB, 빅데이터
4주	6장	컴퓨터식 사고5: 복제, 미러링
5주	7장, 8장	컴퓨터식 사고6, 7: 네트워크, 공유, 클라우드, 병렬 컴퓨팅
6주	9장	컴퓨터식 사고8: 임베디드, 사물인터넷
7주	9장	컴퓨터식 사고8: 로봇, 휴머노이드
8주	중간고사	
9주	10장	문제해결1: 알고리즘
10주	11장	문제해결2: 추상화, 함수/라이브러리, 객체지향
11주	12장	문제해결3: 유추와 확장현실
12주	13장	문제해결4: 분할정복, 재귀, 크라우드소싱, 협업 필터링
13주	14장	문제해결5: AI와 지식, 데이터 마이닝
14주	15장	문제해결6: 딥러닝 강화 학습
15주	16장	컴퓨터식 문제해결 사례
16주	기말고사	

차례

Introduction to
COMPUTATIONAL THINKING

Introduction to **COMPUTATIONAL THINKING**

C·H·A·P·T·E·R

01

컴퓨터식 사고와 문제해결 기법

학습 목차

1.1 컴퓨터식 사고가 필요한 이유
1.2 컴퓨터식 사고의 핵심요소
1.3 문제해결 기법
1.4 지식

"로마에 가면 로마식으로 살아야 한다."

-성 암브로시우스

1.1 컴퓨터식 사고가 필요한 이유

Introduction to
COMPUTATIONAL THINKING

'컴퓨터식'으로 생각한다는 것은 무엇인가? 컴퓨터가 처리하는 방식, 주어진 일에 컴퓨터를 사용하는 경우에 하는 방식을 의미한다. 즉 사람이 일하는 방식으로 하지 말고 컴퓨터를 활용하여 일을 처리하라는 것을 말한다. 왜냐하면 사람보다 컴퓨터가 더 잘하는 것이 있기 때문이다. 컴퓨터보다 사람이 더 잘하는 경우에는 우리는 컴퓨터식을 따르지 말고 사람이 하는 방식으로 해야할 것이다. 유럽식으로 꾸민다는 말은 유럽의 디자인과 스타일을 따른다는 것이다. 미국식으로 생각한다는 것은 미국 사람들의 가치관에 맞추어 생각하라는 것이다.

컴퓨터식으로 문제해결을 위해서는 컴퓨터가 사람보다 잘하는 것이 무엇이고, 컴퓨터의 주요 특징이 무엇인가를 이해하는 것이 우선이다. 컴퓨터식으로 처리하는 경우의 장점이 무엇인지를 알아야 우리는 그런 특징을 활용하여 문제해결에 적용할 수 있기 때문이다.

2020년 전 세계를 정지 상태로 만든 코로나19는 우리의 일상에 많은 변화를 가져다 주었다. 한편 선진국들의 대처와 비교하여 대한민국의 코로나 방역 활동은 세계의 주목을 받게 되어 명실공히 방역선진국의 위치를 확인하게된 계기가 되었다. 한국식 방역의 핵심은 무엇인가? 세계가 배우려고 하지만, 따라할 수 있는 인프라가 없으면 할 수가 없다. 인프라의 핵심은 IT 인프라이며 우리나라는 컴퓨터식 문제해결 기법으로 코로나의 확산을 적절히 가라앉힐 수 있게 되었다.

한국식 코로나 대처 해결방법을 정리하면 다음과 같다.

❶ **위치추적**: 방역의 핵심은 위치추적에 있다. 확진자가 접촉할 가능성이 있는 사람들을 추적하기 위해서는 확진자의 위치와 시간 파악이 반드시 필요하고, 그 위치에 가까이 있었던 사람들의 신원확인이 필요한데 한국만이 가능하다.

❷ **신용카드 결제**: 모든 매장에서 거의 100% 이루어지는 신용카드 사용이 큰 역할을 했다. 대부분의 선진국에서는 신용카드가 모든 매장에서 사용 가능하지

않으며 일본의 경우 현금 사용 비중이 높다.

❸ **고속 휴대폰 통신망**: 문자 송신을 통해서 확진자 발생 위치와 시간을 신속히 전파한다. 이때 가까운 위치에 있는 모든 사람들에게 보내는 것이 가능한 이유는 통신망에 접속한 사람들의 위치가 파악되기 때문이다(기지국 단위 반경 1km 정도). 고속 인터넷 인프라는 온라인 교육 영상회의로 교육이 진행되는데 속도에 전혀 지장이 없어서 온라인 회의 진행에 문제가 없었으며 오히려 원격 회의가 가지는 장점이 드러나는 부수적 체험 효과가 컸다.

❹ **적절한 앱 개발에 따른 활용**: 매장에서 전용 앱이나 카카오톡의 앱에서 선택하는 QR코드로 정확한 방문 인증 절차를 진행하여 서류로 작성하는 것보다 간편하고 정확해서 추적이 용이하다. 주요 선진국의 개인정보 침해로 인해 관리가 어려운 점과 차이가 크다.

❺ **정보분석 결과 공유**: 일본의 경우 확진자를 당일에 파악하지 못하는 데다가 아직도 팩스로 주고받느라 하루 후에야 결과가 발표된다.

IT와는 관련 없는 기타 인프라로는 다음과 같다.

❶ **실내 청결 인프라**: 우리나라는 신발을 벗고 생활하는 실내 환경인 반면에 주요 선진국들은 신발을 실내에서도 착용하여 신발을 통해서 감염이 확산되기도 한다는 문제점을 가진다. 세계 최고의 청결 수준을 유지하는 우리나라 고유문화가 중요한 역할을 하고 있다.

❷ **화장실 인프라**: 모든 지하철뿐 아니라 공공장소에서 최고 수준의 무료 공중화장실은 손씻기를 생활화하여 방역에 큰 역할을 하고 있다. 특히 겨울철에 온수가 나와서 더욱 효과적이다. 유료 화장실 체제와 부족한 화장실 인프라를 가지고 있는 주요 선진국과는 방역 효과가 클 수밖에 없다.

❸ **시민 연대의식**: 바이러스와 같은 공공 전염성 질병에 대처하는 방법으로는 모든 시민이 자발적으로 공공의 목적을 위해서 협조하는 연대의식이 필수적이다. 개인의 사생활 침해와 개인의 자연 권리를 주장하여 공공의 개인자유 제한에 비협조적인 경우는 확산을 막을 방법이 없다.

우리나라는 코로나 시대를 잘 극복하고 있는 국가로 주요 선진국들의 경제성장률이 마이너스로 하락한 가운데 우리나라는 소폭 하락하였다. 그 결과, 1인당 GDP에서 이탈리아를 능가한다는 소식이 들렸다. 코로나 위기를 잘 극복한 주요 이유 중 하나가 되었으며, 넷플릭스를 통한 한류의 확산이 증대되는 부수적 효과를 갖게 되어 우리의 문화가 더 보급되는 계기가 되었다.

컴퓨터식의 문제해결로 백신이나 치료제 없이도 가장 빠르게 코로나 상황에서 벗어나는 최초의 국가가 될 가능성이 높으며, IT 인프라는 한순간에 갖추기 어렵기 때문에 K-방역을 설명해줘도 도입 자체에 한계가 있다는 것을 인식해야 한다.

기차 검표의 내밀화

검표원이 지나가면서 좌석을 예약한 사람의 위치와 다른 경우에만 확인하면 된다.

문화산업의 발전

한글과 한국어의 보급은 완전히 인터넷의 힘이다. 이러한 흐름은 누구도 막을 수 없다. 중국과 일본이 한한령과 혐한으로 차단하고 있지만(그래서 중국은 국내 가수의 중국 활동 금지, 방송 드라마 방영 금지 등, 일본은 혐한으로 늘 도배 서점 코너 유지, 정치인의 도발), 이 장벽을 넘어서 한류의 침투는 더 빠르게 확대될 뿐이다.

공정한 사실의 공유

정보의 공유는 '거짓'의 공유 또한 쉽게 만든다. 그러므로 데이터에 기반한 정보가 더욱 중요하게 대두된다. 그러나 조작된 데이터를 기반으로 한 왜곡된 정보도 늘어나고 있으며 이제 어느 정보가 정확한 것인가를 검증하는 데 많은 시간을 소모할 수 있다. 과거에는 아날로그가 원본이고 디지털이 복사본이었으나 이제는 원본부터 디지털로 출발하기 때문에 구분이 불가능하다.[1]

[1] 아직도 서류만을 원본으로 간주하고 디지털 스캔이나 팩스는 사본으로 간주하기도 한다.

방송국의 역할을 유튜브가 대신하면서 많은 개인 방송국이 등장하였다. 이는 다양한 콘텐츠를 생산하여 보급하는 장점을 가지지만 신뢰도 확보라는 문제가 남는다. 신뢰할 수 있는 미디어에 대한 연구는 매우 필요하다.

컴퓨터식 사고의 도입에 따른 부작용

댓글 부대 동원을 통한 여론의 왜곡으로 소수가 충분히 다수의 의결권을 침해할 수 있고, 컴퓨터에 의한 선거 개표 부정은 오히려 쉬울 수 있다. 사람들이 일반적으로 가지는 컴퓨터의 정확성에 대한 신뢰를 역으로 이용하는 사건들이다. 우리는 컴퓨터로 했으니 정확할 것이라는 가정을 깨고, 오히려 알고리즘으로 조작을 보다 더 정교하게 만들 수 있다는 것을 인식해야 한다. 즉 겉으로 드러난 모든 결과가 진실이 아닐 수도 있다.

1.2 Introduction to COMPUTATIONAL THINKING 컴퓨터식 사고의 핵심요소

컴퓨터식 사고를 하기 위해 컴퓨터가 일을 처리하는 특징을 정리한 것이 이 장의 목적이다.

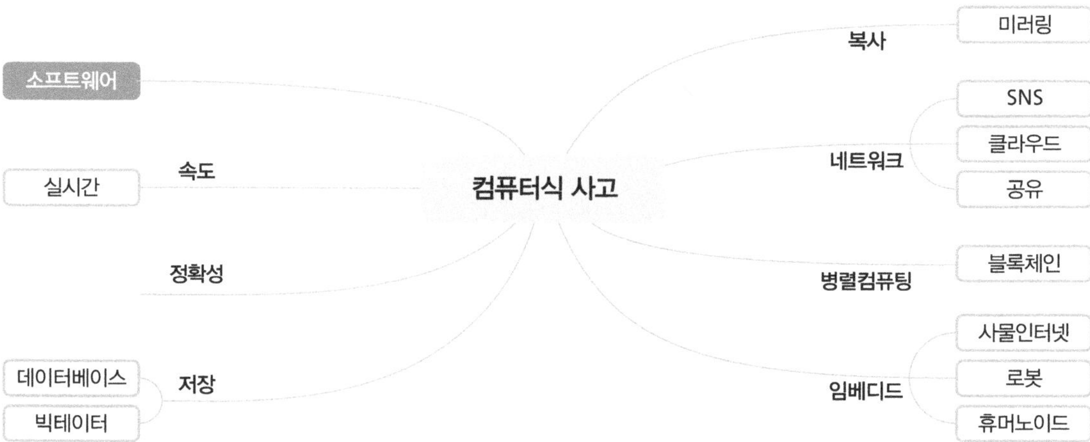

그림 1-1 컴퓨터식 사고의 분류

컴퓨터가 가지고 있는 핵심적 특징을 파악하는 것이 컴퓨터식으로 사고하기 위한 첫걸음이다.

소프트웨어

컴퓨터의 핵심 특징 중 첫째는 소프트웨어(software)를 처리한다는 것이다. 지금까지 인간이 기계장치를 만들면서 기계를 조작하기 위해 다양한 스위치나 핸들 등을 사용해왔으나 기계가 동작하는 기본 기능을 바꾸지는 못하고, 변속기의 경우 단수를 변경하는 일 등 선택에 있어서 한계가 분명했다. 즉 하드웨어의 기능을 제한된 범위에서 변경하는 정도였으나, 컴퓨터는 하드웨어와 소프트웨어의 결합으로 구성되며 하드웨어를 제어하는 것 자체를 소프트웨어를 사용하여 범용(General Purpose) 작업을 수행하는 기계로 만들 수 있다는 것이다.

사람도 신체를 가지고 있으나 이 신체가 교육훈련을 어떻게 받느냐, 대학에서 전공을 무엇을 배우느냐에 따라서 사람의 전문 영역에 맞추어 현장에서 다양한 일을 하는 것과 같다.

이때 늘 따르는 질문은 하드웨어와 소프트웨어 중 어느 것이 더 중요한가? 또 어느 것이 가격으로 더 비싼가? 하는 것이다. 오늘날에는 분명하게 대답할 수 있는 것이 하드웨어의 비용보다 소프트웨어의 비용이 월등히 비싸다는 것이다. 세계 10위 내의 기업들을 보면 대개 소프트웨어만 하는 회사이고 하드웨어를 하는 기업은 토요타와 제네럴 일렉트릭 정도이다. 애플, 구글, 페이스북, 마이크로소프트 등 소프트웨어 기업이 다수를 차지하고 있다. 미국의 경쟁력은 바로 이 소프트웨어 산업에서 비롯된다.

정확성(correctness)

아날로그(analog) 정보는 0에서 1 사이의 값이 연속으로 주어진다. 자연계의 값들이 대체로 아날로그다. 비가 오는 것과 오지 않는 것 사이에 무수히 많은 경우가 있다.(부슬부슬, 이슬비, 소낙비 등) 그러나 디지털은 정확한 수치값으로 표현하는 것이다. 컴퓨터 내부에서는 전기가 흐르는 경우와 흐르지 않는 경우인 1과 0으로 구분해서 이진수로 만들어 처리하기 때문에 명확하다. 자기장의 방향이 N극과 S극 둘 중의 하나이므로 역시 1비트를 저장할 수 있다. 모든 정보를 비트로 만들어서 처리하므로 애매하지 않다.

일을 대량으로 빠르게 하는 것도 좋지만, 오류가 있으면 소용이 없다. 컴퓨터는 대량의 작업을 놀라운 속도로 빠르게 하면서 단 0.1%의 오차도 없이 100% 정확하게 처리하는 것이 특징이다. 컴퓨터가 틀렸다는 것은 자세히 분석해보면 인간이 만든 소프트웨어가 잘못 되었거나 다른 이유에서이지 컴퓨터는 늘 정확하다. 내비게이션은 결코 길을 잘못 가르쳐주지 않는다.

속도

컴퓨터의 처리 속도(speed)는 상상하기 어려울 정도로 빠르다. 전자 기술의 발전에 따라서 컴퓨터의 처리를 제어하는 클럭(clock)이 기가헤르츠(Ghz)로 빨라지면서 연산 속도도 비례해서 빠르게 된다. 컴퓨터의 처리 속도는 여러 가지 지표로 측정할 수 있는데 CPU의 클럭, 초당 처리 연산 수(MIPS: Million Instructions Per Second), 초당 트랜잭션 처리 수(TPS: Transaction Per Second) 등 여러 가지가 있다.

일을 처리하는 종류도 중요하지만, 처리 속도가 워낙 압도적이라 이제 모든 것을 컴퓨터에 맡기는 것이 올바른 선택이 될 수밖에 없으며 이 속도는 다른 단점을 모두 무의미하게 만드는 경우도 많다. 사람이 컴퓨터보다 빠르다며 아직도 경쟁하는 TV 프로그램들이 있지만, 제한적 환경에서 일시적으로 가능한 일일뿐이다. 예를 들어 현장에서 간단한 곱셈은 암기로 인간이 하는 것이 데이터를 컴퓨터에 입력해서 출력을 보는 것보다 더 빠르다. 하지만 곱셈의 수준을 복잡하게 올리면 결과는 달라진다.

저장

컴퓨터를 이용해서 데이터를 처리하는 것이 목적이고 처리하기 위해서는 데이터를 컴퓨터 안에 저장(storage)시켜야 한다. 그런데 바로 이 저장하는 기능 자체만으로도 많은 일을 하게 된다. 우리는 책을 보관하기 위한 도서관이나 서고가 필요하고 기록을 보관하기 위한 기록보존소를 만들고 영구히 보전하기 위해서 사고(조선시대 전국의 4대 사고)를 만들었다. 정보를 대량으로 저장할 수 있는 능력 자체가 컴퓨터의 주요 활용 목적이 되고 있다. 디지털로 변환되기만 하면 이제 그 자료는 영구성을 가지게 된다.

데이터의 양이 증가하고 데이터 처리가 중요해짐에 따라서 자연스럽게 **데이터베이스(DB: Database)** 개념이 등장하게 되었다. 대량의 데이터를 체계적으로 관리하는 소프트웨어인 데이터베이스 관리시스템(DBMS: Database Management System)이 1970년대부터 등장해서 오늘날 우리는 풍요로운 정보처리 시스템의 서비스를 받게 되어 전자정부에서 전자상거래, 항공 예약, 온라인뱅킹 등의 편리한 디지털 문명을 누리고 있다. 오늘날 편리한 서비스의 기반에는 정보시스템이 있다.

컴퓨터 기술의 발달로 자연스럽게 SNS(Social Networking Service)나 아마존(Amazon)과 같은 글로벌 서비스가 등장하게 되었으며 이런 서비스에서 생성되는 데이터의 양이 방대해서 **빅데이터(Bigdata)**라는 새로운 처리 기술이 요구되게 되었다. 수십 년간 쌓여 발전해 온 데이터베이스 기술이 적용되어 오늘날 빅데이터를 처리할 수 있는 시스템을 확보하게 되었으며 자연스럽게 인공지능 기술로 발전되고 있다.

빅데이터

빅데이터(bigdata)가 문제해결 기법의 하나인 이유는 데이터를 대량으로 저장하기만 해도 문제가 해결될 수 있다는 것이다. 예를 들어 곱셈의 경우 156×289를 계산하는 알고리즘을 모르는 경우 곱셈의 결과를 저장해놓고, 검색하여 해결할 수 있다. 곱셈뿐 아니라 모든 연산에서 가능하다. 즉 문제를 푸는 알고리즘을 모르더라도 문제에 대한 답을 알고 있다면 저장해놓고 검색해서 해결할 수도 있다.

알고리즘이나 절차는 결과의 저장과 검색으로 전환되어 해결된다. 인간이 만나는 모든 문제를알 수 있고 그에 대한 최선의 답을 모두 저장할 수 있다면 우리는 해결방법을 찾을 필요가 없다. 인류가 지금까지 경험한 모든 사례들을 잘 정리해서 저장해놓고 문제가 주어지면 그 사례에 대한 최선의 답을 검색하는 것이다.

판례법에서 판례를 찾아서 해결하고, 우리가 역사를 공부하여 역사 속에서 답을 찾는 것과 같다. 의학에서 환자의 사례와 유사한 사례의 치료방법을 찾아서 처방하는 것과 같으며 힌두교의 경전 라마야나에는 인간이 만날 수 있는 모든 방법이 있다는 것과 같다.

복사

디지털 데이터는 컴퓨터 내에서 이진화된 정보이며 하드웨어가 아닌 소프트웨어로 저장장치 속에서 복사(Copy)가 간단하게 이루어질 수 있다. 디지털 데이터의 간편하고도 빠른 복사 기능은 데이터의 활용을 극대화했다. 책이 한 권만 있는 것과 책을 보고 싶은 모든 사람에게 책이 주어지는 것은 차원이 다르다. 구텐베르크의 인쇄술이 종교혁명을 가져온 이유는 성경을 신부만 볼 수 있었고 일반인들은 볼 수 없었기에 신부의 말이 예수님의 말이라고 알 수밖에 없었던 것과 관련이 있다.

즉 과거에는 책으로 저장된 지식의 접근이 어려워서 지식인들이 대우받을 수밖에 없었으나 오늘날 모든 지식을 누구나 쉽게 접근할 수 있는 시대에서는 지식인들이 과거와 같은 대우를 받기는 쉽지 않다. 책은 복사하려면 상당한 비용이 수반되지만 디지털 책이나 데이터는 저장공간과 컴퓨터 연산만 있으면 가능해서 저장공간 비용이 저렴해지고, 컴퓨팅 비용도 무시해도 좋을 수준이 된 오늘날에는 복사 비용이 거의 제로에 가깝게 된다. 복사는 정보의 공유를 가져오며 자연스럽게 무제한의 정보 공유 시대를 맞이하게 된 것이다.

복사를 상시로 수행하도록 설정해서 활용하는 것을 **미러링(mirroring)**이라고 한다. 사본을 자동으로 생성할 수도 있고 여러 곳에 동시에 동일한 데이터를 유지하기 위해 미러링을 하기도 하며 데이터의 보안 목적으로 파괴 훼손될 것을 대비해서 중요한 데이터의 경우 실시간으로 복사를 수행한다. 또한 데이터의 접근 속도를 높이기 위한 목적으로 미러링을 하기도 한다. 미러링을 다른 말로 복제(replication)라고도 한다. 인터넷의 도메인 이름을 서비스하는 DNS는 국가별 미러 사이트를 운영하여 접속 시간을 최소화하는데 활용한다. 글로벌 사이트 미러링 개념으로 운영된다.

최근에는 특정 목적의 사이트를 인터넷에 다수 유지하고 디스크 블록 하나가 생성되면 참여 사이트 모든 곳에 자동으로 복사하여 블록 미러를 유지하는 개념의 블록체인(blockchain)이 등장했다. 원본을 가지고 있는 특정 사이트(중앙 집중형) 정보처리에서 벗어나 누구나 동등한 자격으로 참여하는 민주주의 형식의 운영개념이 적용되어 새로운 컴퓨팅 모델과 서비스를 가능하게 하고 있다.

이 개념을 전자화폐에 적용한 비트코인(bitcoin)의 등장은 국가가 중심이 되어 발행하고 유지되는 기존 화폐의 개념을 근본적으로 파괴하여 세계적인 관심을 끌고 있는 것이다. 블록체인의 기본 개념은 수많은 참여 사이트에 동일한 데이터에 대한 기록을 복제해놓음으로써 위조와 변조가 불가능하다는 것이다.

여벌

하드웨어는 고장이 발생할 수 있다. 사람도 질병에 걸리면 일을 중단하게 된다. 그러나 중단 없는 서비스를 요구하는 분야에서는 이러한 장애를 대처하는 방법이 필요하다. 그래서 조직 속에 '부' 직함을 가지는 사람을 두어 '주' 업무자가 유고 시 바로 이어받아서 수행하게 한다.

하드디스크의 장애로 인한 데이터 손실 외에도 서비스 중단을 해결하기 위해서 하드디스크의 여분을 두고 설치를 하여 고장 시 바로 여분의 디스크로 대체하게 한다. 이러한 리던던트한 장비를 기반으로 하는 대표적인 솔루션이 빅데이터 솔루션이다.

하드디스크뿐 아니라 CPU 등 중요한 장비일수록 여벌(redundant)의 장비를 스탠바이(standby) 시켜서 무중단 서비스가 가능하게 하고 있다.

네트워크

정보의 무제한 복사도 원하는 누구나 접근할 수가 없으면 소용이 없다. 한 컴퓨터가 가지고 있는 정보를 네트워크(network)를 통해서 원하는 누구나 접근할 수 있게 하는 것은 매우 중요하다. 네트워크의 속도가 빨라지면서 정보를 주고 받는 차원에서 나아가 실시간으로 공유하는 시대가 되었다.

공유와 실시간 공유

컴퓨터 통신을 통한 정보의 전달은 인간의 역사에서 새로운 차원으로 나아가게 만들었다. 우편 시스템을 통해서 지구촌 누구에게나 우편물과 소포를 주고받을 수는 있었지만, 상당한 시간이 소요되었다. 그러나 전기와 통신의 발달은 전보나 전화, TV를 통한 영상 전달을 가능하게 했고 이제 컴퓨터를 통한 디지털 정보의 실시간 공유가 가능한 시대가 되었다.

패드릿(padlet)[2]이나 마인드마이스터(mind meister)[3], 구글의 공유문서, 공유지도(mymap) 등의 도구는 협업(collaberative) 도구로 원격에서 공동 작업을 할 수 있는 SW도구다. 마치 함께 교실에 모여서 칠판에 작성하면서 협력 작업을 하는 것처럼 할 수 있게 해준다. 실시간으로 모든 정보들을 쉽게 공유할 수 있는 수단이다. 실시간으로 위치를 상호 공유할 수도 있게 되어 이제 위치를 묻는 전화를 할 필요가 없어졌다.

영상의 실시간 공유야말로 공유에 있어서 기술적 측면에서의 최고 수준이라고 볼 수 있다. 스마트폰으로 언제 어디서나 누구나 자신이 촬영하는 영상을 지구촌에 생중계한다는 것은 1인 미디어의 시대를 의미하고, 텔레코즘의 시대에 도달했다는 것이다. 미디어의 민주화는 세계를 크게 변화시킬 것이다.

SNS

트위터, 페이스북으로 대표되는 SNS(Social Networking Service)는 인터넷에 연결된 어느 누구와 친구관계를 맺고 정보를 교류할 수 있다는 것을 의미하며 1인 미디어 플랫폼의 시대가 열린다는 것이다. SNS가 가져오는 장점과 단점은 여러 가지인데, 국가 간의 장벽을 허물고 세계시민의 시대가 열리는 것을 의미한다. 그러기 위해서는 하나의 플랫폼으로 통일되어야 하는데, 불행히도 세계시민을 반대하는 국가 간의 인터넷 장벽으로 인하여 시간이 걸릴 것이다.

나비 한 마리의 날갯짓이 기후를 변화시킨다는 이론이 실제로 SNS를 통해서 가능해졌다. 발 없는 말이 천리뿐 아니라 지구를 한 바퀴 도는데 불과 몇 분이면 충분한 시대에 도달했다. 유튜브(youtube)를 통해서 이제 세계인은 실시간으로 영상을 공유하며 재능 있는 사람은 다 드러나게 되어있다. 낭중지추가 실현된 것이다. 우리나라의 가수와 드라마, 영화 콘텐츠가 세계적으로 인기를 끈 것은 바로 SNS와 유튜브때문이며 우리나라의 잠재력이 이제 객관적으로 세계인들에게 평가받는 시대가 온 것이다.

---

[2] https://ko.padlet.com/

[3] https://www.mindmeister.com/

클라우드 컴퓨팅

컴퓨팅 자원이 한 군데에 집중해서 모여있는 서버 시스템에서 벗어나 인터넷에 연결되어 있기만 하면 누구나 컴퓨팅 서비스를 받는 시대가 되었다. 클라우드(cloud) 컴퓨팅이란 인터넷이라는 클라우드에 연결된 어떠한 컴퓨팅 서비스도 언제 어디서나 받을 수 있다는 것을 의미한다.

그래서 클라우드 컴퓨팅 서비스 능력을 갖춘 국가는 세계인을 상대로 서비스를 할 수 있어서 미국의 아마존, 구글, 마이크로소프트 사 등이 상업적으로 서비스를 시작하고 있고, 국내에서도 이러한 미국의 서비스를 받고 있다. KAIST는 메일 서비스를 구글 클라우드로 받는 중이다. 국내 컴퓨팅 서비스 산업은 도태될 수도 있고, 세계적인 경쟁력을 갖추어 지구촌 차원의 서비스를 제공하는 글로벌 기업이 탄생할 수도 있다.

가상현실, 증강현실(augmented reality)

가상현실(virtual reality)은 실제와 동일한 모습으로 컴퓨터 내에 3차원으로 구현한 것을 의미한다. 3차원 게임 공간을 만들어서 많은 게이머들이 게임을 즐기는 것과 같다. 그래픽 기술의 일부이나 네트워크에 속한 이유는 실제와 같은 가상체험을 할 수 있기 때문이다.

여행, 비행기 조종, 패러글라이딩 타기, 승마, 자동차 경주, 오토바이 등 모든 위험한 스포츠를 가상현실로 체험할 수 있다. 이러한 가상현실 체험은 네트워크로 연결되어 원격지의 모습을 가상으로 체험하고, 회의도 할 수 있을 것이다.

병렬컴퓨팅(parallel computing)

CPU의 처리 속도 한계를 해결하려는 목적으로 2개의 CPU를 사용하면 된다. 처리 속도를 무한대로 늘려나갈 수 있는 방법의 하나가 병렬처리이다. 오늘날 병렬처리 시스템은 수만 대의 CPU를 연결하는 초대규모 병렬시스템을 사용한다. PC를 수백만 대 연결해서 처리하는 것으로 발전했다. 컴퓨터 시스템을 구성할 때 데이터 백업을 목적으로 2개를 연결해서 사용했다. 디스크의 용량과 속도 문제를 해결하기 위해서 디스크도 배열로 묶어서 병렬로 처리한다. CPU도 1개의 CPU 속에 실제 여러 개의 CPU(코어라고 부른다)를 넣어서 처리하는 방식으로 속도 문제를 해결하고 있다.

임베디드 컴퓨팅

임베디드 컴퓨팅(embedded computing)이란 컴퓨터가 독립적으로 서비스를 하는 것이 아니고 컴퓨터가 기계나 사물 속에 내장되어 그 기계의 기능을 도와주는 두뇌(brain) 역할을 하는 것을 말한다. 마이크로프로세서의 등장과 함께 모든 장치들이 디지털로 변환되면서 각광을 받기 시작했다. 예를 들어 자동차의 엔진제어를 컴퓨터로 하는 것이 대표적인 사례다.

사물인터넷(IoT: Internet of Things)

임베디드 컴퓨팅이 발전하여 더 소형화되면서, 사물과 일체가 되기 시작하고, 인터넷으로 연결되어서 부가 서비스를 제공하는 것을 의미한다. 모든 사물들이 스마트(컴퓨터화)해지고 연결되면서 완전히 자율적으로 고부가 서비스를 가능하게 한다. 스마트 침대는 수면상태를 측정해서 알려주고 자세를 교정해주기도 한다. 스마트 거울은 얼굴의 피부상태를 파악하고 감정까지 분석해줄 수 있으며 그날의 날씨를 보여주고, 일정을 알려줄 수도 있다.

로봇(robot)은 공장에서 생산설비를 자동화하는 목적으로 특수 기능을 하는 산업용 로봇들이 개발되어 활용되고 있다. 용접만 하는 로봇, 조립하는 로봇 등이 있다. 우리나라의 로봇 밀도가 세계 최고로 높아서 인구는 줄더라도 생산력이 증대되는 이유이기도 하다.

휴머노이드(humanoid)는 로봇 중에서 인간을 닮은 로봇을 의미한다. 현재 인간처럼 걷고, 계단을 오르고, 뛰는 동작을 흉내내는 수준에 이르러, 음식점에서 서빙을 담당하기도 한다. 미래에는 지능을 갖추고 외양으로 구별이 어려운 휴머노이드가 등장해서 모든 개인의 비서 역할을 할 것으로 전망된다.

1.3 Introduction to COMPUTATIONAL THINKING 문제해결 기법

컴퓨터의 특성과 함께 컴퓨터 시스템을 활용하여 실제로 주어진 문제를 해결하는 방법에 대해서 정리해보면 다음 그림과 같이 나타낼 수 있다.

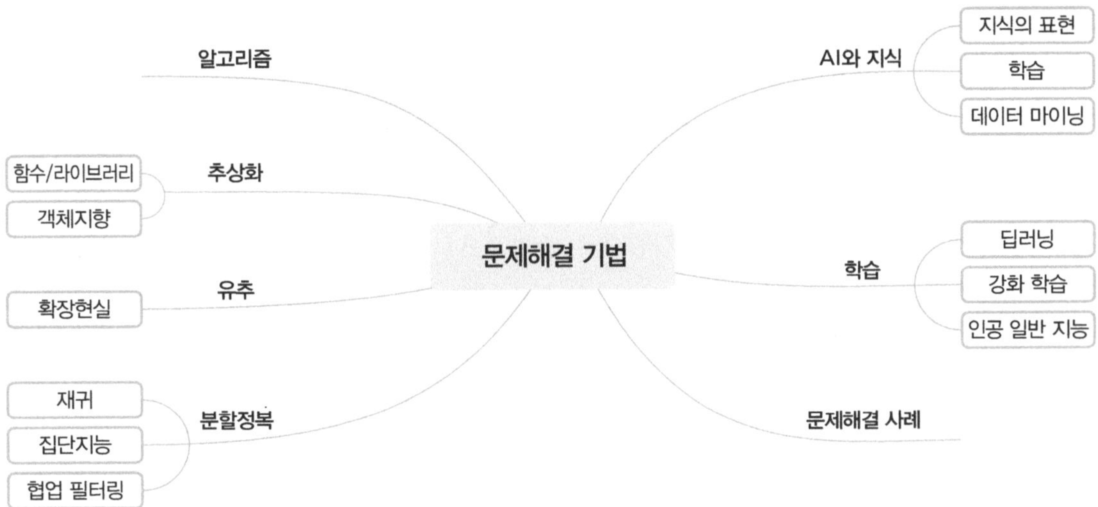

그림 1-2 문제해결 기법의 분류

알고리즘

문제를 해결하기 위해서는 절차가 필요하다. '코끼리를 냉장고에 넣는 문제'라든지, 인간에게 주어진 모든 문제는 한 번에 해결되지 않고 작은 단위의 작업들의 절차가 필요하게 된다. 이러한 절차를 알고리즘(algorithm)이라고 한다. 간단하고 단순한 절차가 있는 반면에 아주 복잡한 절차를 요구하는 문제들이 있다. 요리법이나 집 짓는 법 등을 생각해보면 알 수 있다. 물론 다리를 건설하는 법이나 현수교, 해저터널을 건설하는 데에도 복잡한 절차를 요구한다.

종이를 만드는 법은 사실 간단하지만 이 방법이 중국에서 개발되어 유럽에 전달되기까지 1200여 년이 넘게 걸렸다. 체스를 두는 알고리즘은 쉬운 반면에 바둑을 두는 알고리즘은 어렵다.

추상화

추상화(abstraction)는 인간의 고유 능력의 하나이다. 개념을 계층적으로 파악하여 복잡한 문제를 단순화할 수 있다. 개념 설계에서 하위 세부 설계까지 문제를 쪼개서 다단계로 파악하는 것이다. 함수와 객체지향 모델링, 복사와 공유, 네트워크의 특징은 추상화를 도와주는 도구이다.

다양한 자연을 유사한 것끼리 묶어서 이름을 부여하는 것이 추상화의 시작이다. 추상화의 대표적인 개념으로 일반화(generalization)가 있다. 관련 있는 데이터와 함수들을 묶어서 그룹으로 파악하는 것을 집단(aggregation)이라고 한다.

함수와 라이브러리

소프트웨어는 명령어의 집합으로 순차적으로 실행된다. 순차적인 명령어들을 다른 말로 프로시저라고도 하며, 실행 순서를 중심으로 이해하는 프로시저 중심의 시각이 있을 수 있다. 한편 소프트웨어는 데이터를 처리하므로 데이터 중심으로 볼 수도 있다.

프로시저(procedure)를 중심으로 반복되거나 재사용되는 프로시저들을 묶어서 함수의 이름으로 명명하여, 다양한 프로그램에서 호출해서 사용하는 개념이 함수(function)이며 이러한 함수들의 집합을 라이브러리(library)라고 한다.

함수들을 오픈소스 형식으로 만들어서 고유하기도 하며, 클라우드 형식으로 실행 시에 불러서 사용할 수도 있다.

객체지향

데이터의 개념적 단위를 객체(object)라고 부르며, 데이터 객체를 처리하는 프로시저들을 객체의 메소드(method)라고 부르는데, 데이터 객체와 연관 프로시저들을 합하여 객체가 된다. 객체지향(object oriented system) 프로그래밍이란 데이터 객체와 프로시저들의 집합으로 소프트웨어를 구성하는 것이다.

유추

유사한 문제에 대한 답을 가지고 주어진 문제를 해결하는 전략으로 하나를 알면 열을 안다는 속담과 결부된다. 똑같은 것은 없다. 단지 비슷한 것일 뿐이다. 하늘 아래 새로운 것은 없다. 과거의 교훈을 가지고 오늘의 문제를 해결하는 온고지신의 전략과 같다. 역사 데이터베이스를 구축하여 저장하고 공유하는 방식은 유추를 가능하게 한다. 유사 검색 기능이 필요하며 군집을 구할 때도 결국 유사도를 기준으로 비슷한 것끼리 묶어주는 기법을 가지고 문서 분류나 고객 분류 등을 하는 데 활용된다.

어떤 사람의 됨됨이를 알려면 어떤 친구와 사귀는가를 보라는 유유상종이라는 말이 있다. 유추(analogy)에 의한 해석은 모든 문제해결의 기본이다.

분할정복

"백지장도 맞들면 낫다."라는 것은 협업의 중요성을 강조한 속담이다. 해결이 어려운 문제는 함께 하면 가능한 일들이 많다. 문제의 종류에 따라서 풀기 어려운 문제를 작고 쉬운 문제로 쪼갤 수 있으면 해결이 가능하다. 곱하기를 할 수 없는 경우 여러 번의 덧셈으로 해결하는 것과 같다. 분할정복(divide and conquer)은 사실 큰 나라를 점령하기 위해서 그 나라를 분열시켜 여러 개의 작은 나라로 만든다음 하나씩 점령하는 전쟁에서 만들어진 개념이다.

화살 한 개씩은 부러뜨리기 쉬우나 세 개를 한 번에 부러뜨리기는 어려우니 힘을 합쳐야 한다는 것과 같다.

예를 들어서 드라마 16부작의 영상 전체를 번역한다고 할 때 총 1시간씩 16개이므로 16시간이며 1시간짜리 대사를 번역할 때 2시간 소요된다고 하면 32시간으로 하루 총 8시간씩 일한다고 해도 4일이 소요된다. 그러나 16명이나 32명을 동원하여 작업을 하면 1-2시간 이내에 완료할 수 있다. 책을 번역한다든지 자막 작업을 하는 등 기계로 자동화하지 못하고 오직 인간의 지적 능력을 사용하는 일인 경우에 많이 활용된다.

재귀

재귀(recursion)는 개념을 정의할 때 재귀적 정의로 쉽게 정의할 수 있다. 재귀의 대표적인 예가 팩토리얼(factorial)이다. 이 개념은 재귀로 정의해야만 쉽게 이해할 수가 있다.

$$n! = n \times (n - 1)! \text{ (if } n = 1 \text{ then } n! = 1)$$

즉 팩토리얼을 정의할 때 팩토리얼을 이용해서 정의가 되며 이와 같은 경우를 재귀적 정의라고 한다. 자기 자신을 이용하여 문제를 푸는 것도 일종의 분할 개념으로 볼 수 있다. 또 다른 예로 피보나치 함수를 들 수 있는데 피보나치 수열 f(n)은 다음과 같이 재귀로 정의가 된다.

$$fibo(n) = fibo(n - 1) + fibo(n - 2), (n>=2, fibo(1) = 1, fibo(0) = 0)$$

하노이탑 문제를 풀 때도 계속 반복되는 재귀함수를 이용해서 쉽게 해결할 수 있다.

원반 n개를 A에서 C로 이동시키는 문제는 원반 n - 1개를 A에서 B로 이동시키고 맨 아래의 큰 원반을 A에서 C로 이동시킨 후 다시 원반 n - 1개를 B에서 C로 이동시키는 문제로 재귀로 풀 수 있다.

이와 같이 재귀로 풀면 어려운 문제도 쉽게 풀리기 때문에 프로그래밍 언어에서도 재귀함수 호출을 허용하므로 반복문을 사용하지 않고 프로그램을 쉽게 작성할 수 있다.

크라우드 소싱(crowd sourcing)

많은 양의 문제를 해결하기 위해서 작은 양을 해결하고 합하면 전체가 된다. 티끌 모아 태산이나 우공이산의 고사들이 다 같은 개념을 설명하기 위한 것이다. 혼자서 하려면 1년 걸릴 일을 365명이 같이 하면 하루만에 끝날 것이다.

인터넷을 통해 지구촌의 많은 인력을 활용하여 방대한 작업을 빠르게 끝내는 일들이 오늘날 가능하게 되었으며 이러한 소규모 재능기부와 자원봉사나 푼돈 벌이들을 활용하여 중요한 일들을 실제로 해결하는 사례들이 늘고 있다. 대표적인 곳이 아마존이 운영하는 미캐니컬 터크 사이트다(mechanicalturk.com).

이곳에서는 누구나 작업을 올릴 수 있고, 또 누구나 이곳에 올려진 일들을 가져다가 수행하여 돈을 벌 수 있다. 그러나 현재 올라와 있는 일들을 보면 비디오 캡션, 문서 번역 등의 일들이 많고 소액의 보상을 제공하는 게 다수인 상태다.

협업 필터링

다수가 모여서 문제를 푸는 점은 크라우드 소싱(crowd sourcing)과 같다. 그러나 협업 필터링(collaborative filtering)은 함께 문제를 풀려는 의도하에 모여서 작업을 하는 것이 아니고, 개인들의 선택 결과들을 모아서 분석하여 각 개인들과 유사한 개인들의 선택을 추천할 수 있으므로 상부상조한 결과가 만들어지는 것을 의미한다.

대표적 사례로 영화 추천을 들 수 있다. 수많은 영화들을 개인들이 선택을 한다. 각 개인들의 영화선택과 점수를 모은 데이터베이스가 있다면, 우리는 비슷한 영화 선택의 취향을 가지는 개인들을 그룹으로 만들 수 있다. 그리고 이러한 그룹 속에서 다른 한 사람이 본 영화를 아직 못 본 개인에게 추천하면 좋아할 확률이 높아지게 된다. 이것이 협업 필터링이다. 즉 공동의 노력으로 불필요한 콘텐츠를 고려 대상에서 제외해 주는 기능을 한 셈이다.

결국 협업 필터링은 영화 추천뿐 아니라 도서, 상품, 여행 등 모든 일상생활의 여러 분야에 적용 가능하다. 개인이 특별한 노력을 한 것은 없다. 단지 자신과 비슷한 타인을 찾아서 그 사람의 선택을 자신의 선택에 도움을 주도록 한 것일 뿐이다.

결국 이 방법의 핵심에는 사람들은 취향이 비슷한 경우에 비슷한 선택을 한다는 전제가 바탕이 되어 있다. 개인들이 독립되고, 자신의 선택을 프라이버시로 공개하지 않는 경우에는 동작하지 않는다. 정보를 공유하는 것만으로 다른 사람에게 도움을 줄 수 있는 것이다.

1.4 지식

Introduction to
COMPUTATIONAL THINKING

전문지식(expert knowledge)은 각 분야의 전문가가 보유한 지식을 의미한다. 지식을 모아서 지식 베이스(knowledge base)로 만들어 놓고, 문제가 주어지면 여기서 찾아 문제를 해결하는 방식이다. 이때 지식들은 단지 저장과 검색만 하는 것이 아니고 지식 추론(inference)을 하는 기능이 부여되어 새로운 지식을 유도할 수도 있다.

MYCIN이라는 초기 시스템이 등장해서 의사들의 마이신 처방보다 정확한 시스템을 구축한 사례가 발표되면서 1980년대 초에 전문가 시스템의 열풍이 불었다. 그래서 한의사 처방을 해주는 시스템 등 각 분야의 영역에서 개발 붐이 불었다. 그러나 전문가의 지식을 도출해내는 것이 쉽지 않고, 제한된 영역에서만 가능하며 전문지식만 있어서는 어렵고 상식을 이해하는 시스템이 필요하여 연구가 중단되었다.

상식(common sense)은 우리가 일상생활을 영위하기 위해서 기본적으로 알아야만 하는 내용들이다. 특히 사회의 구성원으로 원만한 대인관계를 유지하는 데 필요한 상식들이 많이 있다. 생활지식에서부터 매우 폭넓은 내용으로 구성되어 있는데, 휴머노이드를 완성하기 위해서는 가르쳐야 할 상식이 많다.

상식은 많은 사람들이 합의한 내용이어야 하나 불행히도 개성이 있어서 상식과 어긋난 사람들이 많고, 합의가 어려운 부분도 많다. 상식 데이터베이스를 구축하는 연구는 MIT에서 이루어진 적이 있다. 앞으로 많은 연구가 필요한 영역이다. 특히 국가 간, 문화와 종교에 따라서 편차가 크므로 글로벌 상식에 대한 합의가 필요하다.

학습

모든 지식과 상식을 미리 쌓고 DB에 저장시켜서 문제를 해결할 인간이 가지는 능력이 학습(learning)이다. 학교라는 제도를 통해서 기본적인 내용은 배우지만 사회에 나가면 주어진 일을 처리하기 위해서 새롭게 배워야 한다. 컴퓨터에게 이러한 학습 기능을 부여하고자 오랫동안 노력을 해왔다.

AI(인공지능) 분야에서 전통적으로 학습에 대한 연구를 진행해왔으나 실용적으로 활용하는 데 한계에 부딪혔다. 주로 지식을 어떻게 표현할 것인가에 대한 연구가 이루어져, 규칙(rule), 의사결정 트리(decision tree), 프레임(frame), 신경망(neural network) 등 다양한 표현방식과 시스템 개발로 이어졌다.

데이터 마이닝(data mining)은 데이터베이스 기술의 발달로 누적된 데이터에 대한 기본적인 연산외에도 고도의 분석을 요구하는 연산으로 발전하게 된 것이다. 다차원 분석에서 벗어나 데이터 속에 숨어있는 지식을 찾아내는 연구가 성공되어 데이터 마이닝에 이르는 분야로 발전되고, 현업에서 폭넓게 사용되기 시작했다.

데이터베이스의 구조화된 데이터를 기반으로 분류, 군집, 연관분석, 이상치 탐지 등을 하게 되었으며, 텍스트, 이미지, 시계열 데이터, 공간 데이터로 확장되었다. 마이닝 결과도 일종의 지식이므로 학습 영역에 속한다. 그러나 마이닝은 데이터가 구조화되거나 특징(feature)이 추출된 입력을 요구하여 데이터 전처리(preprocessing)가 필요하다.

딥러닝

신경망의 레이어를 다단계로 구성해서 보다 심화된 학습이 가능할 것으로 예측하여 학습기능에 성공한 것이 딥러닝(deep learning)이다. 이 과정에서 컨볼루션(convolution)과 같은 연산을 도입하여 보다 응용분야에 적합한 학습 기능을 도입한 것이 돌파구를 열게 되었다.

구글의 알파고에서 딥러닝을 사용하여 프로기사를 이기면서 초지능의 가능성을 보여주었다. 오늘날 이미지 인식에서 나아가, 번역, 창작, 동영상 페이킹 등 폭넓은 분야로 확대되어 전성기를 맞이하는 중이다.

강화학습

착한 일을 하면 상을 주고, 악한 일을 하면 벌을 주는 간단한 방식을 학습에 적용한 것이다. 목표에 가까이 가면 가산점을 주고, 목표에서 벗어나면 감점을 하는 식으로 게임을 하는 소프트웨어를 제작할 때 주로 사용된다. 최근에는 딥러닝 기술을 접목하여 강화학습(Reinforcement Learning)의 기능이 강화되었다.

인공 일반 지능

현재 특정한 업무를 지능적으로 수행하는 AI가 등장하고 있으며 초지능의 수준을 보여주고 있어 앞으로 범용 인공지능의 시대가 올 것이다. 이를 인공 일반 지능(AGI, Artificial General Intelligence)이라고 부른다. 최초의 AGI로 2020년에 발표된 GPT-3를 들 수 있으며 초거대 AI의 등장이 전망된다.

요약

- 컴퓨터식 사고에는 소프트웨어, 속도, 정확성, 네트워크, 병렬컴퓨팅으로 구성된다.
- 문제해결 기법에는 알고리즘, 추상화, 유추, 분할정복, 지식, 학습, 딥러닝의 구성 요소가 있다.

실습문제

1. 2명 이상이 패드릿을 사용해서 공동으로 작업을 수행하고 그 결과를 제출한다.

2. 마인드마이스터(mindmeister)[4]를 이용해서 2명 이상이 공동으로 작업을 수행해 본다.

[4] http://www.mindmeister.com/

Introduction to **COMPUTATIONAL THINKING**

C·H·A·P·T·E·R

02

컴퓨터식 사고 I: 소프트웨어

학습 목차

"소프트웨어는 결코 소프트하지 않다.
Soft하게 만들기 위해서는 비용이 더 든다."

2.1 소프트웨어란

Introduction to
COMPUTATIONAL THINKING

오르골은 특정 음악을 연주하기 위해서 원형 막대에 악보에 해당하는 돌출부를 새기고 쇠 울림판을 건드려서 소리가 나도록 하는 장치다. 그러나 다른 음악을 듣고 싶으면 다른 오르골을 사야만 하며, 기존의 오르골로 다른 음악이 연주되게 하는 것은 불가능하다. 지금까지의 모든 기계는 이와 같이 특정한 기능만을 수행하도록 특수하게 맞춤형으로 제작되었다. 농기구를 보더라도 호미와 쟁기 등은 다 역할이 다르다. 만일 오르골에 메뉴판이 있어서 선택하면 원하는 음악을 연주해주는 소프트(soft)한 기계로 만들 수 있다면 쓰임새가 훨씬 커질 것이다.

인간이 만든 모든 기계들 중에서 컴퓨터만이 가지는 가장 큰 특징은 프로그래밍이 가능하다는 것이다. 지금까지의 모든 기계는 특정한 용도로 제한되어 있다. 오르골은 한 가지 음악만을 연주할 수 있도록 제작되어 있으며 이것은 CD나 음반과 같다. 컴퓨터는 피아노이고 연주자는 소프트웨어로, 연주자가 어떤 음악을 연주하느냐에 따라서 악기는 모든 음악 소리를 낸다. 어떠한 소프트웨어를 실행하느냐에 따라서 컴퓨터는 모든 일을 할 수 있으며 범용 기계인 것이다. 모든 일을 하는 범용 기계를 인간이 드디어 완성한 셈이다.

소프트웨어는 게임기의 게임팩이 보다 더 가까운 예가 될 것이다. 게임팩만 바꾸면 새로운 게임이 된다. 노래방 기기에서 노래 음원에 따라서 다른 음악이 연주되는 것과 같다. 영화관의 영사기와 영화로 구분할 수도 있다. 즉 소프트웨어는 콘텐츠와 유사하다. 과거의 영화나 음반과 같은 단순한 콘텐츠에서 SW와 결합된 인터랙티브한 콘텐츠로 발전하고 있다. 또 하이퍼텍스트 콘텐츠, 하이퍼텍스트 소설 같은 SW 기능이 부여된 새로운 콘텐츠로 진화되고 있다.

인간이 원하는 것이 무엇인지 알면 우리는 기계에게 일을 시킬 수 있다. 과거에 인간 노예는 주인이 시키는 일을 모두 해냈다. 컴퓨터는 노예 시절의 노예라고 볼 수 있다. 이 컴퓨터를 기반으로 우리는 인간형 로봇(휴머노이드, 휴인)을 만들어서 모든 일을 시킬 수 있는 시대가 오고 있는 것이다.

소프트한 것으로 안경 렌즈 대신 소프트 렌즈를 눈에 부착하는 방법도 있지만, 도수 자체를 나사로 돌려서 조절하는 안경이 등장했다. 이제 시력에 맞는 렌즈를 가진 안경으로 바꾸지 않아도 되는 것이다. 이처럼 소프트한 것이 가지는 장점은 무궁무진하다. 소프트웨어만 업그레이드하면 최강의 제품으로 변신하는 것이다. 물론 하드웨어를 바꾸지 않고 소프트웨어만으로 기능을 향상시키는 것에는 한계가 있다. 그래서 주기적으로 하드웨어도 교체하지 않을 수 없다. 세계는 하드한 것으로 출발해서 소프트해지는 방향으로 진화하고 있다.

SW에 따라서 역할이 달라지는 컴퓨터

인터넷을 브라우징할 때 광고를 수익으로 운영되는 사이트들이 많으며 광고 때문에 사용이 번거로울 때가 많다. 특히 스마트폰의 경우 화면이 작아서 더 불편하다. 대표적 예가 구글사의 유튜브(youtube)다. 유튜브로 동영상을 보려면 일정 시간의 광고를 봐야만 하며 광고 없이 보기 위해서는 월 일정액을 부담하는 프리미엄 회원 가입을 해야만 한다. 그러나 브레이브(brave)라는 이름의 브라우저를 설치하면 웹 서핑을 하면서 봐야만 하는 모든 광고를 없애준다. 그래서 이 브라우저에서 유튜브를 보는 것이 광고 없이 볼 수 있는 해결책의 하나다. 또 국내에서는 접속이 차단된 사이트들(북한이나 성인물 사이트 등)을 접속하려면 VPN(Virtual Private Software) 설치를 통해 접속이 가능해진다.

이와 같이 SW는 필요한 기능을 가진 SW를 검색하거나 개발하여 원하는 기능을 제공해준다. SW 중에는 해킹, 스파이웨어(spyware)와 같은 기능을 파괴하거나 정보를 빼내는 악성 SW들도 많이 있기 때문에 사용에 주의를 기울여야 한다.

2.2 프로그래밍 언어

Introduction to
COMPUTATIONAL THINKING

소프트웨어를 만드는 프로그래밍 언어는 아래와 같다.

기계어

이진수로 표현되는데 실제 CPU 실행에 필요한 이진수 명령어를 의미한다. 모든 프로그래밍 언어는 기계어(machine language)로 번역되어야만 수행되며 실행파일(exe)이 바로 기계어로 만들어진 프로그램이다. 기계어는 CPU마다 다르기 때문에 실행파일은 호환성이 없다. 아이폰 프로그램은 윈도우 프로그램에서 실행되지 못한다.

어셈블리어

어셈블리어(assembly language)는 기계어를 인간이 사용하기에 어렵기 때문에 기호로 대치한 것이다. 즉 덧셈 명령은 ADD로 표현하는 식으로 CPU 특성(레지스터 수 등)에 맞추어서 작성하여 특수용도로만 사용이 된다.

3세대 언어

3세대 언어(3rd generation language)는 FORTRAN의 등장과 함께 고급프로그래밍 언어라고 부르며, 인간이 쉽게 작성할 수 있도록 고급 언어 구조를 사용하도록 만들었다. 오랫동안 C언어가 많이 사용되어 왔으며, C++, Java 등이 있다.

4세대 언어

4세대 언어(4th generation language)는 3세대 언어보다 더 사용하기 쉽게 만들어졌으며 보통 스크립트(script) 언어 방식으로 컴파일을 하지 않고, 바로 실행하는 인터프리터(interpreter) 방식을 사용한다. 초기에 데이터베이스 응용을 만드는 목적으로 널리 활용되어서 ORACLE, Informix와 같은 기업들이 주도했으나 이후 Python, R이 등장하면서 오늘날 누구나 코딩을 할 수 있게 되었다.

비주얼 언어

비주얼 언어(visual language)는 윈도우의 등장으로 2차원 화면에서 마우스로 메뉴를 선택하면서 작성하는 언어이다. 스크래치(scratch)가 대표적이며 국내에서도 엔트리라는 언어를 개발하여 사용중에 있다.

프로그래밍의 자동화

프로그래머의 꿈은 자동으로 프로그램을 만들어주는 자동 프로그래밍이다. 오늘날 바로 이러한 꿈이 현실로 이루어졌는데 그것이 바로 딥러닝이다. 딥러닝 시스템은 인간의 학습 원리와 동일하게 이미지를 인식하는 프로그래밍 모델을 생성해준다. 사용자가 단지 입력과 출력만 알려주면 학습이 완료되는 것이다.

프로그래밍의 자동화는 이미지 인식에 주로 사용하지만 그 외의 경우도 많다. 예를 들어 TTS(Text To Speech) 시스템을 개발한다고 해보자. 입력된 문장을 분석하고 미리 녹음된 음성 데이터를 결합해서 새로운 음성을 생성하는 일은 매우 복잡하고 전문적인 프로그래머들이 모여서 하는 방대한 작업으로 현재 세계적으로 몇 기업에서만 이 솔루션을 제공한다. 그러나 딥러닝 기술의 등장으로 이제 문서와 그 문서를 읽은 음성 데이터를 주면 TTS 엔진이 학습을 해서 어떠한 문서도 학습된 사람의 목소리로 읽어주는 것이 가능해졌다.[5]

이 솔루션을 사용하면 이제 특정한 개인의 음성을 학습시켜서 그 사람의 음성을 다른 메시지로 들을 수 있게 되어 목소리를 영구보존하는 셈이 되었다.

[5] 구글의 타코트론(tacotron)과 바이두의 딥보이스(deep voice)2를 사용하면 가능하다.

2.3 Introduction to COMPUTATIONAL THINKING 소프트웨어의 종류와 가격

소프트웨어를 종류별로 나누어보면 컴퓨터 시스템을 관리하거나 기능을 향상시키는 역할을 수행하는 시스템 소프트웨어가 있으며 이러한 시스템 SW를 기반으로 응용분야에 맞게 제작된 응용 SW가 있다.

시스템 소프트웨어

시스템 SW는 대표적으로 운영체제(OS: Operating System)가 있다. 컴퓨터를 관리하는 SW로 마이크로소프트사의 윈도우즈10이 대표적이며 서버 분야의 리눅스(Linux)가 있고 애플사의 MacOS가 있다. PC에 어떤 OS를 설치하느냐에 따라서 기능과 역할이 달라지며 서버 OS를 설치할 수도 있다. 최근에는 동시에 두 개 이상의 OS를 설치해서 운영하는 가상컴퓨터(Virtual Machine) SW까지 사용되고 있다.

스마트폰에서 사용되는 OS는 구글사의 안드로이드(Android)와 애플사의 iOS가 있으며 스마트폰 기계에 종속적이다. 애플사의 iOS는 애플의 스마트폰에만 설치가 가능하며 안드로이드 스마트폰에는 설치가 안 된다.

소프트웨어들은 디스켓이나 CD의 저장매체에 저장되어 판매되었으나 오늘날 인터넷에서 다운로드 형식으로 공급된다. 소프트웨어는 한 번 구입하면 완료되는 것이 아니고 지속적으로 기능이 업그레이드되어 새로운 버전을 설치해야 한다. 그래서 연간 사용 허가권(라이선스) 형식으로 공급되며 업그레이드 버전을 새로 구입하거나 유지보수 계약을 통해서 버전 업그레이드가 된다.

오늘날에는 스마트폰 안드로이드 OS 버전같이 업그레이드가 자동으로 설치되기도 한다. 상용외에도 오픈SW의 형식으로 무료로 사용되는 것도 많으며 기본 기능은 무료이고, 추가 기능에서 유료로 전환하는 형식도 많다. 광고를 보는 조건으로 무료제공도 있고 광고가 제거되기 위해서는 유료인 경우도 있으며 스마트폰의 앱에서 주로 많이 활용된다.

소프트웨어의 가격

소프트웨어의 가격을 책정하는 일은 쉬운 일이 아니다. 특정한 SW의 경우에는 주로 개발에 소요된 예산을 기반으로 책정한다. 한 번 완성되면 무제한 복제되는 특성상 많이 판매될수록 수익이 커지는 특징이 있다. 그래서 SW 기업의 매출액대비 이익률이 높으며 네이버와 포스코를 비교할 때 이익률에서 차이를 보인다. 오늘날 세계 10대 기업의 경우 대부분이 미국의 SW 기반 기업(Microsoft, Oracle, Google, Facebook, Amazon, Apple 등)인 것을 보면 알 수 있다.

클라우드 컴퓨팅의 등장으로 SW를 컴퓨터에 설치하여 실행하는 것이 아니고 네트워크를 통해서 SW 서비스를 받기만 하면 되는 클라우드 SW들이 생겼다. 전기나 가스를 공급받듯이 SW 서비스를 공급받고 사용량만큼 비용을 지불하는 일종의 유틸리티 서비스와 같다.

스마트폰의 등장으로 앱(App) SW들은 스마트폰에 설치해서 동작하거나 서버와 연동해서 동작한다. 또 웹의 등장으로 웹브라우저를 인터페이스로 하여 항상 웹서버를 연동해서 수행하는 SW들이 있다.

소프트웨어는 일반적으로 일정 금액을 내고 구입하는 상용 SW, 매년 라이선스료(연간 사용료)를 내고 사용하는 라이선스 SW가 있다. 반면에 앱들은 주로 무료로 배포되어 사용되거나 광고가 포함되기도 하고, 프리미엄 서비스 기능에 대해서만 유료로 제공하는 형식을 가진다.

오픈소스 SW들은 처음부터 자원봉사자들에 의해서 무료로 제작되어 제공된다. 대신 이 SW를 기반으로 만들어진 다른 SW도 오픈소스로 유지되어야 하는 조건이 있다.

소프트웨어의 판매는 한 개당 가격이 정해져서 제공되며, 주로 특정 컴퓨터에서만 사용이 가능하다. 구매한 SW를 다른 컴퓨터로 옮겨서 사용하려면 새로 구매해야 한다. 그러나 오늘날에는 인터넷 다운로드 형식으로 제공하며 반복 설치가 가능하도록 변경되었다. 점차 유틸리티 개념으로 연간/월간 일정 비용을 내도록 변화하고 있으며 대신 업그레이드를 제공한다.

최근에는 설치 개념에서 클라우드 접속 개념으로 변경되어 설치할 필요 없이 접속해서 사용하는 비용으로 발전하였으며 나아가서 사용량에 따라서 가격이 책정되는 개념으로 변화되고 있다. DBMS의 경우 사용하는 공간의 크기와 질의문(SQL) 명령의 횟수 등으로 가격 산정이 되고 있으며 AI 서비스에 적용되어 번역 문장의 양이나 생성되는 데이터의 양으로 가격 책정이 되기도 한다.

소프트웨어 가격은 수십억짜리도 있으며 CryEngine3는[6] 120만 불(약 14억)이고 게임 엔진 어도비사의 포토샵은 월 24,000원에 판매되고 있다.

사람도 어떤 SW를 가지고 있느냐에 따라서 가치가 다르다. 제갈공명을 삼고초려한 이유는 그가 가지고 있는 지혜 때문이며 전신 불구자인 스티븐 호킹 박사는 세계적인 석학의 한 명이었다. 또한 인도 대륙과도 안 바꾼다는 영국의 셰익스피어는 그의 소설이 가지는 가치 때문이다. 지혜와 전문지식, 소설이 SW에 해당한다.

전투기에서 SW가 차지하는 비중은 보통 40%이다.[7] 2006년에 개발된 국산 초음속 훈련기 T-50에서 기체는 KAI가 제작했고 SW는 록히드마틴사가 맡았다. 록히드마틴사가 제시한 가격에 충격을 받고 이후 전투기 SW를 국산화하는 노력을 기울였다. 당시 가격이 자동차 만 대를 수출해서 얻는 순익보다 더 크다고 비교하기도 했다.

소프트웨어 가격도 상당하지만, 소프트웨어를 판매하는 플랫폼에서 거두는 수수료가 30%를 차지한다. 구글의 앱마켓이나 애플의 스토어는 앱에서 결제하는 모든 금액의 30%를 받는다. 앱을 판매하는 것뿐 아니라 앱을 사용하면서 구매 등에서 이루어지는 모든 결제금액(쇼핑앱인 경우 물건을 사기 위해서 결제하는 금액의 30%를 의미)의 수수료이며 이 비율은 백화점 입점 업체의 수수료 30%와 같다.

스마트폰 앱 중에 '나는 부자다'라는 앱이 있었는데 하나에 가격이 45만 원이었으며 기능이라고는 앱을 열 때에 "나는 부자다"라는 글자만 출력되었다. 즉 부자가 아니고서는 절대 사지 못하는 앱으로 남들에게 '부자'라는 것을 인증하는 역할을 한 셈이다.

---

[6] https://www.cryengine.com/

[7] http://www.idomin.com/news/articleView.html?idxno=466980

2.4 Introduction to COMPUTATIONAL THINKING

Software 3.0과 프롬프트 프로그래밍

초기 하드웨어에 내장된 특수 목적의 컴퓨터는 프로그래밍이라는 개념이 없었다. SW를 설치해서 실행하는 1.0 시대에서부터 우리는 프로그래밍을 하기 위해서 알고리즘을 설계해야만 했다. 2.0 시대에는 알고리즘보다 데이터세트를 구축하는 것이 더 중요한 시대가 되었다. 학습을 위한 데이터세트의 확보가 필수적이며 크기가 클수록 성능이 좋아지는 빅데이터의 시대가 온 것이다. 구글과 페이스북이 보유한 사용자 데이터의 자산 가치는 방대한 것이다.

소프트웨어 3.0 시대에는 이제 빅데이터를 모두 학습시킨 AI 서버 완성품을 사용하기만 하는 시대가 열렸다. 알고리즘도 필요없고, 데이터세트도 필요없다. 단지 원하는 것을 프롬프트(prompt) 형식으로 알려주기만 하면 된다. 즉 프롬프트만 설계한다.

프롬프트 프로그래밍의 종류

프롬프트의 설계에는 제로, 원, 퓨 3가지로 구분된다. 제로샷은 작업명만 알려주면 된다. 예를 들어 영어를 불어로 번역하는 작업이라 하고 'cheese'를 입력으로 주면 불어가 출력된다. 원샷은 하나는 알려주는 것이다. 예를 들어 영어를 불어로 번역하며 'sea otter'가 입력되면 'loutre de mer'를 출력한다고 예제를 주고 'cheese'를 입력한다. 퓨샷은 예제를 2-3개 더 주고 작업을 실행하는 것이다.

조선시대의 과거 시험은 문제가 '시제'의 형태로 주어진다. 시제가 오늘날 prompt이다. 컴퓨터에게 작성해야 할 문장의 주제를 주면 컴퓨터가 알아서 생성해낸다.

지금까지의 딥러닝 솔루션들은 사용자가 원하는 데이터에 맞게 미세한 튜닝(fine tuning) 학습을 함으로써 더 적절한 결과를 얻을 수 있도록 설계되었다. 그러나 GPT-3는 이런 미세한 튜닝 학습도 필요없다.

제로샷(zero shot) 프로그래밍, 퓨샷(few shot) 프로그래밍은 원하는 내용을 몇 개의 예제와 함께 제시하거나 예제 없이 원하는 결과를 제공하는 시스템을 말한다. 오늘날 GPT-3는 프롬프트 프로그래밍이라는 새로운 개념을 제공한다.

트랜스퍼 러닝(transfer learning)은 전이학습이라고도 하며 학습결과를 다른 시스템에 옮기는 기능을 의미한다. 그러므로 사용자는 방대한 데이터를 처음부터 학습시킬 필요 없이 바로 응용에 적용해서 사용이 가능하다. 그리고 사용자는 추가 데이터만 학습시켜서 활용하는 것도 가능하다. 구글에서 제공하는 'inception-v3' 모델이 대표적인 전이학습 방식의 서비스에 해당한다.

과거 중화학공업 육성 정책을 통해서 우리 경제가 발전해왔듯이 SW 산업도 대대적인 산업육성 정책이 필요하다. 그러나 국내에서는 서비스 산업의 분야로 간주되어 많은 규제로 인해 대형 SW 기업이 등장하지 못하고 있다. 세계 100위에 속하는 SW 기업에 한국 기업은 하나도 없다. 다른 산업분야에 비해서 국내 SW 산업은 극히 영세한 상태에 놓여있는 것이 현실이다.

요약

- 소프트웨어는 컴퓨터에게 작업을 시키기 위한 세부적인 절차를 표현한 것이다. SW의 크기는 오늘날 방대하며 수많은 인원이 개발에 참여하므로 체계적인 공학이 필요하다.
- 컴퓨터는 어떤 소프트웨어를 사용하느냐에 따라서 가치가 달라진다. 그것은 인간의 정신을 평가하는 것과 같다.
- SW를 작성하는 프로그래밍 언어는 오랫동안 발전해왔으며 오늘날에는 사용하기 쉬운 언어와 도구들이 많이 개발되어 있다.
- 인공지능의 등장에 따라서 점차 프로그래밍 없이 원하는 기능의 SW 제작이 가능해지고 있다.
- 딥러닝은 입력 데이터와 출력 데이터만 가지고 변환하는 SW를 작성해주는 시스템이라고 할 수 있다.

실습문제

1. 스마트폰은 손바닥으로 잡을 수 있는 소형 컴퓨터(핸드컴: Hand Computer)로 SW인 앱만 설치하면 모든 기능을 수행한다. 전 세계의 비행기들이 운항하는 실시간 정보를 보여주는 flightradar24 앱을 설치하여 본다. 인천공항에서 가까이 날고 있는 비행기의 편명, 출발지, 도착지, 고도, 속도, 항공기종을 알아본다.

2. GPT-3를 사용하여 프롬프트 프로그래밍을 수행해본다.

Introduction to **COMPUTATIONAL THINKING**

C·H·A·P·T·E·R

03

컴퓨터식 사고 II: 속도

학습 목차

"인생은 속도가 아니고 방향이다."

-서양 격언

3.1 Introduction to COMPUTATIONAL THINKING 컴퓨터 처리 속도의 진화

아무리 어떠한 일이든지 잘하는 기계라도 느리면 소용없다. 아직 달인이 필요한 것은 기계보다 더 빠르기 때문이다. 컴퓨터 시대에 주판을 배우는 이유는 주판과 암기가 컴퓨터보다 더 빠르다는 것이다. 시간이 충분히 주어지면 누구나 할 수 있다. 같은 일도 속도가 중요한 것이다. 즉 속도가 선이다. 빠른 속도는 다 용서가 된다. 일을 잘못해도 다시 하면 되기 때문이다. 느리게 잘하는 것은 소용없다. '빨리빨리'문화의 대한민국이 세계의 리더가 될 수밖에 없다.

알고리즘이 좋지 않아도 빠르면 문제가 되지 않는다. 그래서 욕심쟁이 탐색 기법(greedy search)이나 모든 것을 다 찾아보는 방법(exhaustive search)이 속도가 빠르면 문제가 안 된다. 굳이 빠른 방법을 찾을 필요가 없다.

정렬 알고리즘도 수많은 방법이 있고 속도 차이가 크지만 빠르게 정렬하는 복잡한 방법을 택할 필요 없이 시간이 오래 걸리는 알고리즘도 컴퓨터 속도가 빠르면 오히려 더 좋을 수 있는 것이다. 데이터베이스를 저장하는 하드디스크(Hard Disk)도 현재 SSD나 인메모리(In Memory) 기법을 사용하여 저장하게 되면 우리는 오랜 시간 동안 속도를 줄이기 위해서 수많은 연구를 통해 만들어진 과거의 데이터 관리 알고리즘이 모두 필요 없어지게 된다.

컴퓨터의 속도는 과거 백만 단위(Mhz)에서 오늘날 십억 단위(Ghz)의 시대로 접어 들면서 경이적 발전이 있어 왔으며, 통신 속도도 마찬가지로 발전해왔다. 비디오 같은 대량의 데이터를 고도로 압축해서 통신을 해야만 하던 시절에는 압축 알고리즘이 매우 중요했지만 고속 통신망 시대가 되면 압축하지 않고 보내도 되는 시대가 될 것이다.

CPU 클럭의 변화

아래 표는 초기 PC의 등장과 함께 사용된 주요 CPU들의 클럭 속도 사양이다. 클럭 주파수가 높은 것은 초당 연산 처리 횟수가 그만큼 많다는 것을 의미한다.

표 3-1 시대별 컴퓨터의 속도 변화

연도	CPU 모델명	클럭 속도
1981	IBM PC Intel 8088	4.77Mhz
1995	Intel Pentium	100Mhz
2000	AMD 애슬론	1GHz
2014	AMD 라데온	8.7Ghz
2020	Intel Core i7	5Ghz

전자회로 내에서 모든 반도체 소자는 클럭에 맞추어 동작하며 마치 북소리에 맞추어 군대가 행진하는 것과 같다.

CPU의 속도뿐 아니라 주기억장치(메모리, memory)와 보조기억장치의 기술도 빠르게 변화하고 있다. 보조기억장치의 속도를 측정하는 데 많이 사용하는 AJA System Test 2.1.0버전의 SW를 사용해서 측정했다.[8]

메모리(Memory, DRAM)는 클럭이 3.2Ghz 속도로 동작하며 전송 속도는 3200Mbps에서 6400Mbps로 4Gb-8Gb이고, 0.5GB-1GB의 속도를 의미한다. 1TB 마그네틱 하드디스크(Magnetic Disk)는 초당 157MB의 속도를 보여준다. 그러나 1TB Western Digital 플래시 디스크 (SSD)는 초당 446MB의 속도를 보여준다.

지속 메모리(Persistent memory)는 주기억장치의 속도와 보조기억장치의 저장성을 모두 가지는 특징을 갖는다. 인텔에서 옵테인(Optane)이라는 지속 메모리를 발표했는데 장기적으로 옵테인 메모리가 DRAM과 SSD를 대체할 것으로 전망된다.

컴퓨터의 속도를 측정할 때는 보통 CPU가 초당 백만 개의 명령어를 수행하는 MIPS(Million Instruction Per Second)를 사용했으나 오늘날에는 별도의 벤치마크(benchmark) 프로그램을 사용하여 상대적인 점수 차이로 성능을 비교한다. 슈퍼컴퓨터는 초당 실수 연산 횟수인 FLOPS(FLoating-point Operations Per Second)를 사용하며 통상 페타(Peta, 천조) FLOPS로 PFLOPS를 사용한다.

[8] https://www.aja.com/products/aja-system-test에서 다운로드 받을 수 있다.

현재 위키피디아에 등록된 슈퍼컴퓨터 순위를 보면 푸가쿠(Fugaku)라는 이름의 2020년에 일본 후지쯔사에서 만든 슈퍼컴퓨터로 성능이 442 PFLOPS인 1위이다. 그 다음이 2018년에 IBM사에서 만든 써밋(summit)으로 성능이 148 PFLOPS이다.[9] 슈퍼컴퓨터도 일종의 국가 간 경쟁 형식으로 진행되고 있다.

표 3-2 무선 통신 기술과 속도

무선통신 방식	속도	사용
1G	아날로그 방식	음성
2G	64kbps	음성, 문자
3G	2Mbps	음성, 문자, 사진
LTE	정지상태 1Gbps, 이동상태 100Mbps	음성, 문자, 사진, 비디오
Wifi	900Mbps 5Ghz 기준	음성, 문자, 사진, 비디오
5G	10GMbps/s	초저지연(ultra-low latency)이 특징 실시간 비디오
6G	5G보다 50배	지연시간 1/10
Zigbee	250kbps	홈 네트워크용
Bluetooth 5.0	2Mbps	이어폰 등 개인 무선 네트워크, 고음질의 음악 전송 가능

스마트폰에서 속도 측정(Speed Test) 앱들이 많이 등장해서 설치하여 사용하면 된다.

속도 차이가 보여주는 결과

절대속도도 중요하지만 상대적으로 빠른 것이 실제로는 더 중요하다. 그리고 순간적인 속도 차이가 큰 결과를 가져오기도 한다. 증권 거래에서 초단타 거래를 스캘핑(scalping)이 매매라고 하는데 게임 선수들의 손놀림 속도, 선착순 기차표 예매나 수강신청 등에서 상대적 속도 차이로 결과가 크게 벌어지는 사례들이다.

몽골의 군대가 세계를 정복한 것은 군대의 이동 속도가 빨랐기 때문이다. 빠른 이유는 말을 타고 달리면서 식사를 할 수 있었기 때문이다. 말린 고기를 자루에 담아

[9] https://en.wikipedia.org/wiki/TOP500

물만 섞어서 마시면 되기에 보급부대가 수레를 끌면서 뒤따라가지 않아도 되었다. 그래서 10만 군대였지만 동에 번쩍 서에 번쩍 하듯이 실제로는 수십만의 군대 효과를 보였다.

손흥민 선수가 월드스타의 기량을 보여주는 장점의 하나는 달리기 속도에 있다. 그래서 80m를 단독으로 드리블해서 골을 넣는 것이 가능하며 수비수들이 그의 속도를 따라가지 못하기에 눈앞에서 슈팅을 허용할 수 밖에 없다.

전투기의 속도는 음속을 넘어서지만 지대공 미사일의 속도는 마하 0.5로 전투기의 속도를 이기지 못하기 때문에 요격에 실패할 수도 있다. 잠수함의 속도가 어뢰의 속도보다 빠르면 어뢰는 요격을 할 수 없다.

기업 경영에서도 스피드 경영의 중요성이 증대되고 있다. 동물의 세계에서 속도는 생존과 연관된다. 대기업보다 속도가 빠른 기업이 경쟁에서 이기는 시대가 온 것이다. 디지털 경영은 아날로그 경영을 이길 수 밖에 없다.

국가 경쟁력도 마찬가지다. 우리나라의 민원처리 속도는 타 선진국이나 개발도상국을 압도한다. 인도에서는 민원서류 하나 발급받는데 하루를 소비하고 선진국에서도 은행업무 하나 처리하는데 3시간은 기본으로 소요된다고 한다. 모든 민원 행정을 즉시 처리하는 우리나라는 미래가 밝을 수밖에 없다. 속도만큼이나 정시성도 중요하다. 부산에서 출발하는 KTX는 정시에 도착한다. 지연되어도 5분이내다. 그러나 유럽의 국가들은 상당한 지연 도착이 기본이라고 한다.

최근 코로나 백신 접종 경쟁이 치열하다. 잔여백신이 뜨면 선착순으로 예약을 해야하는 데 잔여백신이 남았다는 사실을 '알람'으로 공지 받아서 예약 버튼을 누르는 순간 이미 예약이 완료되었다고 나온다. 상대적인 속도차이를 실감하게 되는데 손동작이 빠른 사람이 승자가 되는 것이 아니고, 선착순 예약 문제를 '매크로' 프로그램으로 해결하기 때문에 수동으로 예약하는 사람은 늦을 수 밖에 없다. 컴퓨터와 소프트웨어가 모든 문제를 해결하는 지름길이다.

잔여백신을 마크로(macro)를 이용해서 예약하는 것이 사회적 문제로 뉴스에 등장하기도 했으나 컴퓨터를 이용하여 문제를 해결하는 것을 부정으로 간주해서는 안된다. 그것은 문명의 이기를 사용하는 것을 모두 불공정하다고 보는 것과 같다. 그러면 모두 버스만 이용해야지 택시나 자가용을 이용하는 것은 반칙이라 하는 것과 같다.

3.2 실시간 처리

Introduction to
COMPUTATIONAL THINKING

실시간(Real-time)이란 정의하기가 어려운 용어이나 통상적으로 사람이 느끼기에 '느리다'고 여겨지지 않는 처리 속도를 의미한다. 오늘날 컴퓨터의 처리는 거의 실시간에 가깝다. 즉 처리 속도로 인하여 기다리는 느낌이 없는 경우가 대부분이다.

실시간 처리는 생방송이나 화상회의에서 상대방의 입모양과 음성이 동시에 처리되는 것을 보면 알 수 있다.

구글이나 네이버 지도에서 현장 사진을 보여주는데 모두 과거에 촬영한 사진들이다. 위성 사진도 마찬가지다.

반면에 CCTV로 세계의 주요한 도시의 모습을 실시간으로 보여주는 사이트들도 많이 등장했다. 그러므로 독도나 맨하탄, 파리의 거리, 주요 화산의 분화구 모습을 실시간으로 볼 수 있다. 비행기와 선박과 같이 중요한 교통수단도 실시간으로 이동하는 위치를 알 수 있으며 버스와 전철의 혼잡도를 알려주기도 한다.

내비게이션은 실제 시간의 교통량을 고려해서 길을 안내해주는 것을 선호한다. 또한 포털 사이트에서는 실시간으로 사용자들이 많이 검색하는 '검색어'를 순위로 중계해주어 급상승하는 조회 수의 키워드가 무엇인지 알게 해준다.

해시태그 분류

과거 디렉토리 중심의 택소노미(taxonomy) 계층을 따라서 관심을 가지는 콘텐츠를 찾아가는 패턴에서 웹2.0의 시대로 접어들면서 폭소노미(folksonomy)로 사용자들이 입력하는 해시태그(콘텐츠를 설명하는 키워드)를 기준으로 콘텐츠가 분류되고, 등록된 해시태그를 기반으로 검색하는 모델로 변화했다. 그래서 지금은 모든 콘텐츠에 해시태그를 과장되게 부여할 정도로 자리를 잡았다고 볼 수 있다. 그러나 실시간 빈도수를 기준으로 하는 핫 콘텐츠(갑자기 검색량, 조회 수가 많아지는 콘텐츠)를 빠른 시간에 접할 수 있다는 장점을 가진 실시간 검색어 서비스는 사용자들에게 매우 유용한 서비스 중의 하나라고 볼 수 있으며 이를 대체하는 것은 어렵다. TV에서 시청률 순위를 공개하지 않는 것과 같다고 생각할 수 있다.

실시간 검색어 서비스

실시간 검색어 서비스는 사실 편집되지 않은 국민들의 '실제 현장 모습'을 반영하고 있다. 정보 통제를 하고자 하는 정부의 경우에는 이것처럼 불편한 서비스가 없을 것이다. 국민들의 실제 생각이 바로 반영되는 인터넷이 아니고 통제된 언론을 통해서 또는 통계처리를 거친 안심할 수 있는 '검색어' 서비스를 더 원할 것이기 때문이다. 언젠가 대학생들이 많이 대출해가는 책들의 상위 순서를 매주 공개하자고 했더니, 실제 도서명들 보면 자랑스럽지 않은 면이 있어서 안 하는 게 좋다는 의견을 들은 적이 있다. 인간이 살고 있는 현실 그대로의 날것이 아름답기만 한 것은 아니다. 공산주의 국가에서는 절대로 생중계라는 것이 없는 것을 이해할 수 있을 것이다.

사용자에 의해서 검색되는 것이 아니고 알아서 사용자가 관심을 가질만한 콘텐츠를 보여주므로 매우 효과적이다. 오늘날 추천 시스템이 각광받는 것과 같다. 관심을 가질 것으로 예측되는 콘텐츠와 상품을 추천해준다는 것은 서비스를 받는 느낌이기 때문이다. 국내 포털들이 없애고 있는데 필연적인 과정은 아니다. 구글이 운영하는 유튜브는 계속 서비스하고 있다. 국내의 경우 현재 실시간 검색어 서비스가 가지는 문제가 더 크기 때문에 장단점의 비교 분석과정에서 없애는 것을 선택했을 따름이다. 모든 선택에는 장점과 단점이 있으며 비교우위에 있는 선택일 뿐이다. '구독'과 해시태그를 통한 콘텐츠 추천과 제공에는 분명히 한계가 있으며 우리는 다른 사람들이 관심을 가지는 콘텐츠에 대해서도 늘 궁금해하기 때문이다. 그러므로 언젠가 다시 서비스가 개시될 수도 있는 문제다.

그동안 네이버와 다음과 같은 국내 포털 기업들이 잘못한 서비스들이 많다. 대표적인 것으로 언론기관이 아니면서 뉴스를 통합 서비스하는 과정에서 뉴스 배열 편집을 통해서 실제로 언론의 역할을 하였으며 통합 댓글 서비스를 통해서 여론을 왜곡하는 수단이 되어 왔다. 개별 신문 구독을 하지 않고 포털 사이트 접속을 통해서 뉴스를 접하는 오늘날의 시대에 뉴스 포털의 영향력은 매우 크며 그로 인하여 소수의 집단이 얼마든지 한 국가의 여론을 좌지우지할 수 있게 되었다.

약간의 기능 수정이 이루어져 완화되기는 했지만 아직도 통합 뉴스 댓글 관련 문제는 그대로 남아있다. 실시간 검색어 폐지도 바로 이와 같은 '조작'을 통한 부정적 효과 때문에 폐지한 것이다.

분명히 실시간 검색어 서비스는 효과적인 수단이므로 '조작'을 통한 왜곡을 방지하는 기술을 충분히 개발하고, 투명한 알고리즘으로 보완해서 서비스가 시행되는 게 필요하다. 그런 과정에서 경쟁력 있는 기술 개발이 이루어진다. 서비스 중단만이 답은 아니다. 인류는 계속해서 새로운 서비스를 만들고 문제에 직면해왔으며 또 지속적으로 그 문제를 슬기롭게 해결하는 과정을 겪어 왔다. 폐지는 소극적인 해결방안일 뿐이다.

요약

- 아무리 좋은 기능이라도 속도가 느리면 사용하지 못한다. 컴퓨터의 속도는 전자의 이동속도에 준하며 클럭 주파수 기술의 발전과 함께 더욱 빨라지고 있다. 오늘날 CPU 클럭의 속도는 Ghz로 10억 회 단위다.
- CPU의 연산 속도뿐 아니라 네트워크의 속도도 빨라져서 오늘날 무선 네트워크의 속도도 Ghz로 초당 1Gb를 전송할 수 있다. 5G에서 6G로 발전하면서 동영상 실시간 생중계 비용이 저렴해지는 텔레코즘 시대에 접어들고 있다.

실습문제

1. 다음 그림은 PC에서 컴퓨터의 성능을 측정하는 화면이다. 'CTRL-ALT-DEL' 세 키를 동시에 누르면 '작업 관리자' 화면을 선택할 수 있으며 작업 관리자 화면에서 '성능' 탭을 선택하면 다음과 같은 화면을 볼 수 있다. 현재 사용중인 컴퓨터의 CPU와 메모리, 디스크들의 용량과 현재 사용 현황을 시간에 따라서 보여주고 있다. 화면을 보면 총 280개의 프로세스(실행중인 프로그램)가 실행중에 있으며 CPU의 이용율은 14%이고 클럭 속도는 3.62GHz 임을 알 수 있다.

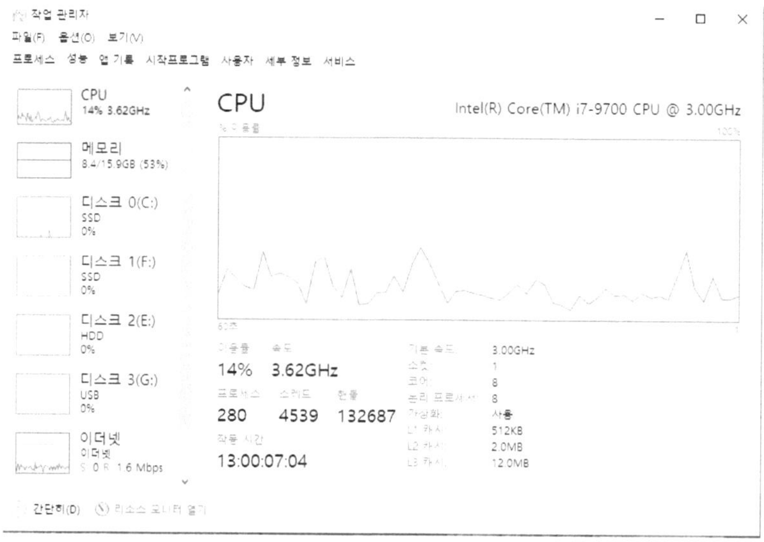

그림 3-1 작업 관리자의 '성능' 탭 화면

이 화면의 하단 부분에는 '리소스 모니터 열기'라는 메뉴가 있어서 이 메뉴를 클릭하면 다음과 같은 화면이 출력된다. 이 화면에서는 모든 자원들의 사용 현황에 대하여 자세하게 살펴볼 수 있다. 자신이 사용하는 PC나 노트북에서 '작업 관리자'를 실행하여 아래와 같은 화면을 출력하여 제출한다.

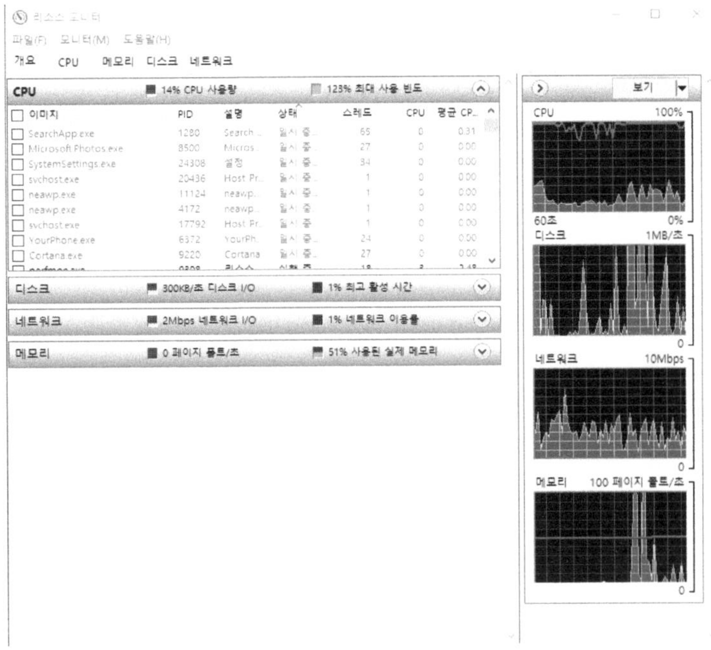

그림 3-2 작업 관리자에서 '리소스 모니터 열기'를 선택하였을 때의 화면

2. 다음은 SPEEDCHECK 앱으로 스마트폰에서 실제 인터넷의 속도를 측정한 화면이다. 업로드와 다운로드로 구분하여 보여주고 있다. 인터넷이나 와이파이의 속도를 측정하는 앱들은 많이 나와있으니 선택하여 속도를 측정하고 그 결과 화면을 올린다.

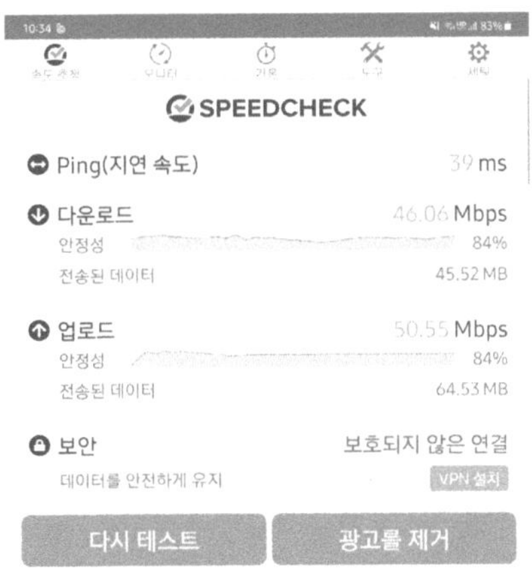

그림 3-3 스마트폰에서 SPEEDCHECK 앱으로 인터넷 속도를 출력한 화면

3. 실시간으로 현재 독도와 주변의 파도 모습을 확인해보자.[10]

[10] http://www.ulleung.go.kr/Live/live2.htm?liveId=05

C·H·A·P·T·E·R

04

컴퓨터식 사고 III: 정확성

학습 목차

*"컴퓨터는 믿을 수 없이 빠르고 정확하지만 멍청하다.
사람은 느리고 부정확하지만 뛰어나다.
둘이 합치면 상상할 수 없는 힘을 가질 수 있다."*

-아인슈타인

4.1 Introduction to COMPUTATIONAL THINKING 컴퓨터의 정확성

컴퓨터의 두 번째 특징은 정확하다는 것이다. 모든 기계는 시간이 지나면 마모가 되어 오차가 생기면서 정확성이 감소된다. 사람도 기억력이 희박해진다. 그러나 컴퓨터는 오류가 없다. 초당 수십억 비트를 처리하는 속도에도 1비트의 오차가 없다는 것이다. 빠르다고 해도 오류가 있으면 느리게 처리하는 것이 더 좋다.

디지털 시스템

컴퓨터가 정확한 이유는 디지털(사실은 0과 1의 바이너리, 이진수)이기 때문이다. 컴퓨터 이전의 전자기술은 아날로그(analog)였으며 우리가 살고 있는 세계는 대체로 아날로그형이다. 컴퓨터는 디지털 즉 전류가 흐르는 것과 흐르지 않는 것으로 구분되며 이러한 스위치를 전기적으로 제어할 수 있는 소자인 진공관의 개발로 시작되었다. 최초의 컴퓨터는 진공관 2만 개를 사용하여 만들었으며 2만 개의 전등이 모두 잘 동작한다는 것은 확률적으로 어려운 일이다.[11]

아날로그 신호는 싸인(sine) 형식으로 정확한 특정 시점의 값은 담을 수 없다. 소수점 이하 큰 자리로 하면 오차는 줄겠지만, 정확한 값은 아니다. 그러나 이진수는 특정 시점의 값이 1 아니면 0이기 때문에 정확하다. 음파의 곡선파형을 그대로 음반에 새겨서 저장하는 것이 음반이고, 그 파형을 따라서 오디오의 침이 움직이면서 신호를 재생하는 형식으로 오디오가 만들어졌다. 즉 음파의 아날로그 신호를 그대로 음반에 새긴 것인데 처음에는 음질이 좋지만, 시간이 지나서 재생을 많이 하다보면 음반이 마모가 되어 음질이 저하될 수 밖에 없다.

[11] 건물의 형광등 수명을 생각해보자. 유지보수를 위해서 형광등을 수시로 교체해야만 한다.

4.2 정확성과 속도

Introduction to COMPUTATIONAL THINKING

인간에게 있어서 정확성과 속도는 반비례한다. 정확하게 일을 처리하려면 시간이 더 소요된다. 하나하나 천천히 대조하거나 비교하면서 일을 해야 하거나 또는 한 번 한 일을 두 번, 세 번 검산을 통해서 재확인해야 하기 때문이다. 그러므로 긴급하게 일을 처리하려면 인력을 더 투입하거나 정확성의 손실을 감수하고 처리하거나 하는 선택의 문제인 경우가 많다.

정확성을 속도보다 먼저 둔 이유는 느리게 처리하더라도 정확한 것이 더 좋기 때문이다. 일처리가 조금 늦더라도 정확한 직원이 빠르지만 부정확한 직원보다 실제로 기업에서는 훨씬 적절하다. 물론 빠르면서 정확한 것이 최선이며 컴퓨터가 바로 그렇다. 컴퓨터를 사용하다가 뭔가 잘못한 것 같으면 그것은 사용자가 실수한 경우이지 컴퓨터가 잘못 처리하는 경우는 없다. 내비게이션이 길을 안내하는데 더 느릴 것 같은 길을 안내하더라고 그것을 선택하는 것이 더 빠르다는 것을 알게 된다.

그러나 컴퓨터는 기술의 발전에 따라서 속도가 빨라지면 될 뿐 속도의 증가와 정확성은 관계가 없다. 컴퓨터가 처리하는 모든 것은 다 정확하기 때문이며 오류는 속도와 관계없이 인간이 작성한 소프트웨어의 논리나 잘못된 데이터의 입력으로 인한 것이다. 컴퓨터에 고장이 나서 결과가 잘못되었다고 생각할 필요는 없다. 모든 잘못은 컴퓨터가 아니고 사용자의 잘못에 있을 뿐이다.

컴퓨터는 인간이 소프트웨어로 지시한 그대로 정확하게 처리한다. 잘못된 것이 있으면 소프트웨의 논리가 잘못된 것이다. 그래서 알파고가 등장한 이후 컴퓨터와 시합해서 이겨보려는 모든 시도는 틀린 것이다.

정확성은 계산뿐만 아니라 빅데이터를 처리하는 과정에서도 나타난게 된다. 빅데이터에 담겨 있는 지식을 추출해내는 마이닝이나 학습의 결과는 정확하다. 그리고 이 데이터는 인간이 만든 데이터이므로 진실이 그대로 담겨 있는데, 오히려 너무나 진실한 인간의 생각들이 담겨 있어서 사회적 문제가 되기도 한다.

파이(π)의 계산: 소수점 이하 31조 자리까지

원주율은 무리수로 소수점 이하 자리가 끝이 없다. 파이의 계산은 국가 간 컴퓨팅 능력을 보여주는 경쟁의 하나가 되어서 여러 국가에서 계산을 해왔다. 구글에서는 2018년에 121일간 구글 클라우드를 이용하여 소수점 이하 31조 4천만 자리까지 계산하였다. 이 클라우드는 96개의 CPU와 1.4TB 메모리, 240TB 하드디스크를 이용하였다. 2016년 스위스에서 105일 동안 계산한 22.4조 자리 파이의 값은 온라인에 다운로드할 수 있도록 공개되어 있다.[12] 총 크기는 8.8TB이다. 다운로드하는 데만도 상당한 시간이 걸리며, 이 용량을 저장할 공간이 먼저 확보되어야 한다.

[12] https://pi2e.ch/blog/2017/03/10/pi-digits-download/

4.3 정확성과 불공정함

Introduction to
COMPUTATIONAL THINKING

내비게이션의 길 안내와 인간의 경험에 의한 길 안내 중 어떤 쪽이 더 정확할 것인지의 결과는 분명하다. 데이터 처리 능력에서 이미 컴퓨터가 인간을 넘어선지 오래기 때문에 컴퓨터와 인간의 경쟁은 더 이상 의미 없는 일이다. 인간의 부정확함이 장점을 가지는 분야에서는 경쟁력이 있다.

인간의 편견과 인종차별 요소들이 인간들이 나눈 대화 속에 담겨 있으며 빅데이터를 분석하면 할수록 문제점들이 드러난다. 입학사정관이 학생들을 선발하는 과정에서 숨겨져 있었던 다양한 불공정함이 드러나게 되는 것이다. 데이터 속에 숨겨있는 이러한 불공정함을 제거하는 것은 불가능에 가깝다.

자율주행 자동차가 등장하면 인간에게는 운전할 면허가 주어지지 않을 것으로 예상한다. 앞으로 자동차로 인한 교통사고는 사라질 것이다. 자율주행 자동차의 사고도 물론 일어나지만 점차 극소화될 것이며 원인도 SW 오류일 것이다. 이제 직접 운전을 하고 싶은 사람은 제한된 트랙 내에서만 운전하게 될 것이다.

이로 인해 서비스 센터와 자동차 보험 분야의 종사자, 의료 업계 및 변호사 등 법률 분야의 일거리들은 대폭 감소할 것으로 예상된다. 이미 반자율 시대에도 긴급 브레이크와 각종 센서들로 인한 안전 경고 기능(옆차량 센서, 뒷문 개방 센서, 후진 감지 센서 등)으로 인해서 사소한 사고들도 모두 사라질 것으로 전망된다.

재판을 하는 컴퓨터가 등장하면 모든 판사들은 시스템으로 대체될 것이다. 이 세상의 모든 판단을 정확히 수행하는 초지능 컴퓨터가 완성되는 순간 이제 인간에게는 판단금지 명령이 내려질 것이다.

컴퓨터의 처리 결과의 오류

컴퓨터로 처리한 결과가 이상하거나 오류로 여겨지는 경우, 원인을 찾아보면 대체로 프로그램이 잘못되었기 때문이다. 컴퓨터의 처리 오류는 없다. 단지 컴퓨터에게 일을 잘못시킨 것일뿐이다. AI 서비스가 시작되면서 결과에 대한[13] 원인을 분석해보면 학습을 시키는 데 사용한 데이터가 당초 인종차별적인 데이터를 사용했기 때문이다.

컴퓨터 활용에 따른 사회적 사고의 하나가 급발진이다. 갑자기 자동차가 급발진이 일어나서 사고로 이어지는데, 컴퓨터로 제어하는 자동차에서 발생하는 특수한 경우이며 그래서 자동화의 한계로 생각하기도 한다. 충분한 SW에 대한 검증과 테스트가 안되서 발생하는 것이며 프로그래밍의 문제이지 결코 컴퓨터의 오동작은 아니라는 것이다. 그래서 방대한 규모의 SW가 정확하게 동작하는지 시험을 통해서 검증하는 것은 간단한 문제가 아니다.

[13] 마이크로소프트와 구글에서 AI 서비스를 시작했다가 인종차별적인 메시지로 중단된 사례가 있다.

요약

- 정확성은 중요하다. 디지털 시스템은 1과 0으로 신호를 단순화함으로써 정확성을 확보했다. 그렇다고 1과 0만 아는 것은 아니다.
- 아무리 성실하고 열심히 일을 잘해도 정확한 결과가 만들어지지 않으면 다시 해야 한다. 인간은 속도와 정확성이 반비례의 관계를 가지나 컴퓨터는 빠르고 정확하다.
- 인간은 컴퓨터하고 정확성을 경쟁해서는 안 된다. 컴퓨터가 정확하지 않다면 그건 SW를 잘못 만들어서다.

실습문제

1. 계산기 앱을 사용하여 손으로 계산이 불가능한 다음 수식을 수행해본다.

$$e^{598} + 765^{256} + 345\Pi = (\qquad\qquad\qquad)$$

Introduction to **COMPUTATIONAL THINKING**

C·H·A·P·T·E·R

05

컴퓨터식 사고 IV: 저장, DB, 빅데이터

학습 목차

"조선왕조실록은 27대 472년, 17만 2천 일에 대한 기록으로 4천964만 6천 667자로 총 2077권으로 이루어져 있다. 하루에 100쪽씩 기록하는 경우 4년 3개월이 걸린다."

5.1 Introduction to COMPUTATIONAL THINKING

기록과 저장

기록 여부에 따라서 선사시대와 역사시대로 구분된다. 인류 최초의 기록은 암각화였다. 바위, 파피루스, 종이, 한지, 비단, 껍질, 자작나무 등에 기록을 남겨왔다. 기록과 저장(storage)매체의 역사는 돌에다 그리고, 새기기 시작해서 비단에 쓰고, 자작나무 껍질, 거북이 등껍질에 그리다가 파피루스를 만들어서 책을 만들었다. 양피지도 사용되었지만 나무로 만든 종이와 목판인쇄에서 금속활자가 등장하면서 대량 인쇄의 시대가 열려 책으로 기록들이 보급되었다.

2021년 6월에 종로구 지역을 재개발하면서 지하 흙 속에 파묻힌 항아리 속에서 발견된 조선 초기의 금속활자들은 세계를 놀라게 했다. 금속활자가 실물로 대량 발견된 것은 처음 있는 일이며 훈민정음 발간에 사용한 한글이라는 것이 더욱 놀라운 일이다.

대영 백과사전은 대영제국이 자랑하는 책으로 많은 지식인들의 거실에 진열되어 있었다. 이 세상의 모든 지식을 집대성한다는 것은 매우 중요한 일이다. 알렉산드리아의 도서관에는 파피루스로 만든 책들이 수십만 권 있었다. 불에 타서 사라졌으나 현재 유네스코에서 다시 지어 개관했다.

팔만대장경이 위대한 것은 모든 불경을 총망라했다는 것이다. 그래서 조선 초에 일본인들이 가져가려고 애쓰는 장면이 영화 "나랏말싸미(2019)"에 잘 그려져 있다. 말모이를 영화화한 작품이며 우리말을 지키려고 하는 모습이 생생하게 그려졌다.

미국의 아카이브(rachive.org)에는 전 세계 모든 웹사이트의 과거에서 현재까지의 기록이 담겨 있다. 디지털 암흑시대를 대비하기 위해서 이런 노력이 필요하다. 인간은 바위에 그린 선사시대의 그림을 통해서 당시의 생활 모습을 이해한다.

디지털로 기록한 것은 마크네틱 코어의 주기억장치이며 입력매체로 펀치카드를 사용하였고, 카드 자체가 프로그램의 기억 저장소였다. 마그네틱 테이프 저장장치가 등장해서 컴퓨터용으로 사용되었으며 음성 녹음기를 이용해서 초기 개인용 컴퓨터의 저장장치로 사용되었다. 디스켓이 개발되었고 대용량의 마그네틱 디스크가 등장해서 오늘날까지 사용 중에 있으며 한때 음반용 CD 기술을 이용해서 DVD 매체까지 저장과 보관매체로 사용되었으나 반도체 메모리(SSD) 기술이 등장하면서 오늘날에는 휴대용 저장매체로 USB 메모리를 폭넓게 사용 중에 있다. SSD 기술은 스마트폰의 등장을 가져왔으며 점차 하드디스크를 대체하는 중에 있어서 삼성전자의 경우 하드디스크 산업을 매각하고 SSD 메모리에 집중하고 있다.

저렴하면서도 대용량인 저장매체의 등장은 고해상도 동영상도 부담 없이 저장할 수 있게 되었다. 통신비용의 저하로 인해 무선으로 대용량의 데이터를 다운로드하고 전송할 수 있는 시대를 맞이하게 되어 텔레코즘의 시대가 거의 다 왔다고 볼 수 있다. 요즘 청소년들조차 언제 어디서나 스마트폰을 통해 유튜브로 음악과 영상을 즐길 수 있는 게 한 징표다. 물론 와이파이가 보급된 것도 원인이지만 5G통신 시대가 개막되면서 우리는 더 빠른 속도로 데이터를 통신할 수 있기 때문에 고용량 데이터통신이 가능한 것이다.

저장 서비스에서 10GB를 무상으로 제공하기도 하여 네트워크에 저장하고 수시로 다운로드할 수 있는 시대가 왔기 때문에 스마트폰이나 컴퓨터가 굳이 대용량 하드디스크를 갖추지 않아도 된다. 대량의 정보를 무제한 저장할 수 있다는 것은 결국 빅데이터를 확보하게 되고 이런 데이터를 분석하여 많은 문제를 풀 수 있기도 한다. 많은 문제들이 과거의 기록만 찾아보면 되므로 저장된 데이터를 찾는 기술(탐색 기술)만 있으면 해결이 된다.

저장용량의 단위

구골(10^{100}), 화엄경 아승지품의 항하사(10^{52}), 불가설불가설전(不可說不可說轉)인 $10^{(7\times2^{122})} = 10^{37218383881977645219396597687849648128}$까지 나와 있으며 그보다 더 큰 수들이 나무위키에 잘 나타나 있다.[14]

---

[14] https://namu.wiki/w/큰수

기록매체의 변화

기록매체는 돌, 파피루스, 종이, 양피지, 마그네틱 테이프, 디스크, CD, DVD, 블루레이 DVD, 반도체 메모리 SSD, 멤리스터로 진화해오고 있다. 기록매체의 용량과 가격 변화를 보면 2021년 4월 기준 SSD 250G 5만 원, 500G 8만 원, 1T 14만 원, 2T 30만 원이고 하드디스크 1T 6만 원, 2T 7만 원, 4TB 12만 원이며 DRAM은 8G에 40$ 선을 유지하고 있다.

무선데이터의 용량과 요금제

2016년 기준으로 250M 17000원, 1G 22000원, 2G 25000원, 3G 30000원, 6G 33000원, 10GB 36000원, 무제한 45000원이다. 무료 클라우드 사용량과 요금제는 구글 15G, 100G 사용 시 월 2400원, 마이크로소프트의 원드라이브 5G, 네이버 30G, 드롭박스 10G, 200G 사용 시 월 4.99$, 1TB 9.99$, 카카오톡 톡서랍 100G 사용 시 월 990원이다.

$10^{7\times2^{115}}$	불가사	-	
$10^{7\times2^{116}}$	불가사전	-	
$10^{7\times2^{117}}$	불가량	-	
$10^{7\times2^{118}}$	불가량전	-	
$10^{7\times2^{119}}$	불가설	-	
$10^{7\times2^{120}}$	불가설전	-	
$10^{7\times2^{121}}$	불가설불가설	-	
$10^{7\times2^{122}}$	불기설불가설전	-	
$10^{10^{100}}$	구골플렉스	Googolplex	
$(10^{10^{100}})^2$	가구골플렉스	Gargoogolplex	
$10^{100}!$	구골뱅	Googolbang	
$(10^{10^{100}})^{10^{100}}$	fz구골	Fzgoogol	
$4^{4^{4^4}}$	트리텟 Jr. 메가퓨거포	Tritet Jr. Megafugafour	
$10^{10^{245}}$~$10^{10^{343}}$	프로막시마	Promaxima	
(200!)!	킬로팍술	Kilofaxul	
$10^{10^{10^{10}}}$	테트라로그	Tetralogue	

그림 5-1 나무위키에 있는 큰 수들의 이름

한 사람의 일생 전체를 기록: Lifelogging

마이크로소프트사는 2001년부터 Mylifebits라는 이름으로 사람의 일생을 기록으로 저장하는 기술을 연구하고 있다. 라이프로거(lifelogger)[15]는 일생을 기록으로 남기는 사람을 의미하며 착용이 간편하고 위치 정보와 영상을 기록하는 전용 카메라가 등장하였다. 누가 인류 최초로 일생을 비디오로 기록할지는 오래지 않을 것으로 전망된다.

조선시대에는 왕의 일거수일투족을 모두 기록으로 남기는 승정원일기와 사초가 있어서 왕의 행동을 절제시키는 기능을 담당했다. 임진왜란으로 승정원일기는 불타 없어지고 인조 이후의 기록만 남았다.

앞으로 일생 전체의 기록을 누구나 저장하는 시대가 오면 우리는 인물탐구나 역사연구를 하는 것이 단지 검색 문제로 될 것이다. 과거의 한 인물이 어떤 생각을 가지고 어떻게 살았는가를 연구하는 평전도 그 사람의 기록만 찾아보면 된다.

오늘날에도 고위공직자들의 모든 공적 활동이 기록으로 남겨진다면 부정부패는 사라질 것이다. 아직도 고위공직자의 성추행 같은 사건이 벌어지는데 공직자의 경우 만나는 사람에 대한 기록이 자동으로 남겨지도록 제도화한다면 세상은 투명해지고 좋아질 것이다. 오늘날의 대통령은 조선시대의 왕보다도 더 불투명하게 업무를 수행해서 여러 가지 문제를 불러일으키고 있다. 기록하고 저장하기만 해도 인류의 여러 문제는 투명하게 해결될 것이다.

기록관리의 역사

국회, 국무회의, 정부 주요 회의, 재판 등 제한된 회의에서 적용되는 속기사에 의한 기록이 있으나 모든 공공기관의 회의는 음성녹음을 기본으로 해도 된다.

조선왕조실록은 총 4천964만 6천667자의 거대한 기록으로[16] 현재 온라인으로 번역 서비스가 되고 있으며 승정원일기는 약 2억 4300만 자로 1623년 인조 이후의

[15] https://en.wikipedia.org/wiki/Lifelog

[16] http://sillok.history.go.kr

기록만 남아 있는 대기록이다. 그 이전의 승정원일기는 임진왜란과 이괄의 난 때 모두 불타 없어졌다.

4대 사고에 보관 중이던 조선왕조실록은 임진왜란 당시 전주사고의 책들은 전주의 두 선비가 내장산 속에 있는 동굴에 옮겨놓고 지켜서 보존이 되었다. 전쟁 후에 4대 사고의 위치를 시내에서 깊은 산속(태백산, 오대산, 정족산, 적상산)으로 이전하고 보존하여 현존하게 되었다. 그러나 일제강점기에 오대산 사고본은 동경대학으로 옮겨지고 동경 대지진으로 모두 불타버렸다. 적상산 사고본은 한국전쟁 당시 북한으로 옮겨졌다. 태백산 사고본은 국가기록원에, 정족산 사고본은 규장각에 현재 남아있다.

차관급 이상의 예우를 받는 고위공직자의 경우 고위공직자수사처를 유지하는 것보다 24시간 만나는 사람과 방문한 곳들, 통화 내역 등 모든 것에 대한 기록을 유지하는 것이 바람직하다(지극히 사생활에 관련된 부분만 제외하고). 과거에는 인력과 비용의 한계로 왕에게만 적용이 가능했으나 오늘날에는 개인도 가능할 정도로 저비용으로 기록을 남기는 것이 가능해졌다.

이순신 장군의 난중일기는 거짓말로 가득한 회고록이나 대신 써주는 자서전과는 차원이 다르다. 로마 황제 마르쿠스 아우렐리우스의 명상록이 감동을 주는 이유는 진실이 담겨 있기 때문이다.

기록을 변조하는 국가나 개인은 도태되어야 한다. 전쟁에서는 패전국의 모든 기록을 삭제한다. 그래서 고조선과 고구려와 백제의 모든 기록이 사라졌고 승전국의 기록에서 찾아 복원하는 수밖에 없다.[17]

오늘날 디지털 기록 저장장치는 마그네틱 메모리에서 반도체로 주기억장치는 변천해왔으며 테이프와 디스켓에서 하드디스크, SSD, CD, USB 메모리로 발전해왔다. 영구기록 장치에 대한 노력은 계속되어 왔으며 도시바에서 유리로 된 고온과 고압에 견디는 장치를 만들었다.

오늘날 대백과사전과 영어, 국어사전이 모두 스마트폰 속에 들어갔다. 성경 전체

---

[17] 승전국 입장에서는 기록을 객관적으로 작성하기 어렵다. 특히 왕이 전사하는 경우 절대로 그대로 적지 않고, 다른 원인으로 사망했다고 기록한다.

도 들어갔다. 클라우드 공간에는 세계의 모든 정보가 디지털로 제작되어 저장된다. 박물관 작품을 고해상도로 촬영해서 어디서나 감상할 수 있다.

기록은 시간의 차이를 극복하게 해주며 VOD를 통해서 과거와 현재를 연결한다. 대규모 저장공간이 주는 장점은 유지 비용보다 크며 조선왕조실록을 기록한 선조들의 정신이다. 또한 모든 것을 공정하게 사실대로 기록하게 되면 모든 것을 진실로 판단할 수 있게 되어 세상이 더욱 투명해진다.

반면 잊혀질 권리와 "세월이 약이다" 즉 세월이 지나서 기억이 희미해지고 잊어버리는 것이 오히려 치유와 새로운 삶을 영위하는데 도움이 되기도 한다. 그러므로 영화 "블랙미러"에서 처럼 CCTV 기록으로 진실을 규명하나 반복 재생을 통해서 사소한 것도 문제화하여 어두운 세상이 올 수도 있다.

5.2 Introduction to COMPUTATIONAL THINKING

데이터와 정보

세상에는 온갖 정보들이 있다. 동물의 다리는 2개, 새의 날개는 2개이고 다리는 2개와 같은 자연물의 정보에서부터 개인의 인적정보, 지리정보, 학교의 교과목이나 수강 정보, 도서정보, 기업의 제품과 판매 및 조직 등에 대한 정보, 의료 정보 등 인간은 데이터를 기록하여 처리해왔다.

데이터를 처리한 결과를 정보(information)라고 한다. 정보는 의사결정을 하는 데 사용 가능한 것을 의미한다. 정보를 더 가공하여 얻을 수 있는 보다 한 단계 위의 것을 지식(knowledge)이라고 하며, 지식들이 쌓여서 얻을 수 있는 더 차원 높은 경지의 것을 지혜(wisdom)라고 한다.

개별적으로 분산되어 처리되던 정보들이 통합되면서 부가가치를 높이게 된다. 금융정보의 경우 네트워크로 연결됨으로써 계좌이체가 가능해지고, 항공사들의 운행 정보는 결합되어 장거리 스케줄링이 가능해진다. 그리고 여행의 경우 숙박업체와 렌터카, 교통정보가 결합되어 한 번에 예약이나 취소가 가능하게 되었다.

업종별 통합도 중요하지만, 개별 정보들이 최근에는 글로벌하게 묶여서 서비스됨으로써 전 세계의 숙박 예약을 쉽게 해주는 에어비앤비(airbnb), 호텔스닷컴과 같은 사이트들이 등장하고 있다. 또한 전 세계에서 쇼핑이 가능한 글로벌 쇼핑회사들(아마존)도 있다.

연말정산 서비스를 하게 되면 과거에는 병원비, 은행 서류, 학자금, 카드 사용액, 현금 사용액, 기부금, 재래시장 사용액 등 세액공제에 필요한 서류를 개별적으로 발행해서 자료를 입력하고 제출해야만 했다. 그러나 오늘날에는 정부가 이런 데이터들을 모두 통합하여 파악하기 때문에 국세청 사이트에서 조회하여 소속 기관에 디지털로 업로드하기만 하면 처리된다. 이는 국가별 정보의 통합이 가져다준 편리함이다.

어제까지의 정보들이 서비스되는 것에서 벗어나서 최근에는 실시간 정보가 중요해진다. 내비게이션의 경우 길만 안내하면 안 되고 실시간 트래픽 정보와 결합되어, 도착 예정 시간을 기준으로 길 안내를 해야만 한다. 우리나라의 대중교통에서 버스 도착예정 시간이 표시되는 정류장의 시스템은 실시간 위치 정보와 현재 버스의 탑승인원이 결합되어 제공됨으로써 세계 최고 수준을 보여주고 있다.

결론적으로 데이터는 글로벌하게 통합되고 실시간성이 확보되는 방향으로 발전하고 있으며 이러한 방향으로의 전환은 더욱 확대될 것이다. 아직 의료정보의 통합은 개인정보법 등으로 진료 검사 데이터를 CD로 복사해서 다른 병원으로 갈 때 가져가야 하는 문제가 있고, 의료 비용 청구 데이터가 실손보험회사와 연동이 되지 않아서 고객들이 별도로 스캔해서 보내줘야 하는 문제가 있다.

5.3 데이터의 저장

Introduction to COMPUTATIONAL THINKING

데이터의 저장 용량을 표현할 때 아래와 같은 명칭을 사용한다. 편하게 10의 지수로 표현하지만 정확히는 2^{10} = 1024로 1024배씩 단위가 증가한다. 구골은 가장 큰 수를 나타내는 단어로 인도어로서 10의 100승이다. 구글사는 회사 명칭을 등록할 때 구골(googole)을 입력하려다가 실수로 google이라고 입력하여 구글이 되었다.

표 5-1 데이터의 용량을 나타내는 단위 이름

단위	명칭	지수	단위	명칭	지수	단위	명칭	지수
Kilo	키로	10^3	Mega	메가	10^6, 100만	Giga	기가	10^9, 10억
Tera	테라	10^{12}, 1조	Peta	페타	10^{15}	Exa	엑사	10^{18}
Zetta	제타	10^{21}	Yotta	요타	10^{24}	Googole	구골	10^{100}

데이터의 저장용량은 비트와 바이트를 사용하며 1비트는 0과 1 중 하나를 표시하는 데 사용된다. 그래서 8비트로 구성된 1바이트(byte)로 영어 문자와 모든 제어문자를 표시한다. 데이터는 영어 한 글자에 1B, 한글 한 음절은 2B를 차지한다. 사진 1장의 크기는 고화질일 경우 4M 정도이며 책은 한 권에 500KB, 고화질 동영상은 70분 정도가 1GB를 차지한다.

저장 매체로서 몇 년 전까지 우리는 K 단위로 저장을 했다. 플로피 디스켓의 경우 0.5M, 1M의 용량이 주로 사용되었다. USB 메모리의 경우 8GB, 16GB가 보통 사용되고, 하드디스크의 용량은 250GB, 500GB, 1TB의 용량이 사용된다. 최신 반도체디스크인 SSD의 경우 128GB, 256GB가 사용되고 스마트폰의 용량도 128GB나 256GB 제품을 주로 사용한다.

1GB의 용량은 사진 2560장, 음악 205곡(3분짜리 음악 저장에 7-10M를 차지), 고화질 동영상 1편을 저장할 수 있다. 책 1권이 500KB를 차지한다고 하면 2천 권을 저장할 수 있다. 그러므로 1TB의 크기는 책 200만 권, 음악 20만 곡, 동영상 1000

편, 사진 250만 장이 저장된다. 독서광이라 하더라도 일생 동안 1TB의 책을 볼 수는 없으며 장서를 보유하는 도서관이라 하더라도 1TB의 용량에 지나지 않는다(국립중앙도서관 1,100만 권, 국회의사당 700만 권, 미국 의회 도서관 1억 6천400만 권이다). 미국 의회도서관 전체라도 10TB면 저장 가능하다.

무선통신에서 사용하는 데이터량

2020년 11월 기준 1인당 10GB의 무선데이터 사용량을 보여주고 있다.[18] 전 세계의 데이터 양은 스태티스타(statista)의 자료에 따르면 2020년 기준 59제타바이트(10^{21}, 테라의 10^9배인 10억배)이고 2024년에는 149제타바이트가 될 것으로 예측하고 있다.[19]

1TB에 전 세계의 모든 음악이 담겨져 있는 것을 판매할 수 있다. 전 세계의 모든 영화와 음악, 드라마 콘텐츠를 복사해서 모든 집에 나누어 줄 수도 있다. 그러나 굳이 가질 필요가 없다. 유튜브에서 필요할 때 접속해서 보면 된다.

[18] 과학기술정보통신부 무선데이터트래픽 통계(2020년 11월) https://www.msit.go.kr/SYNAP/skin/doc.html?fn=a5f5cc74884fbdfcf7b55b108c215b75&rs=/SYNAP/sn3hcv/result/

[19] https://www.statista.com/statistics/871513/worldwide-data-created/

5.4 DB와 DBMS

Introduction to
COMPUTATIONAL THINKING

데이터베이스(database)는 데이터를 집합으로 모아 놓은 것이다. 그러나 데이터를 그냥 모아서 놓으면 소용이 없다. 책을 모아 놓기만 한다고 도서관이 되는게 아니고, 찾기 쉽게 체계를 만들어서 정리해 놓아야 한다. 데이터도 활용하기 쉽도록 체계를 갖추어 정리해야 하기 때문에 데이터를 어떻게 표현할 것인가를 알아야 한다.

데이터는 독립된 정보도 있지만, 데이터 간의 관계(relationship)를 가진다. 예를 들어 학생 개개인의 정보도 있고, 강의과목 자체의 정보도 있지만, 어떤 학생이 어떤 교과목을 수강하는지를 나타내는 관계 정보가 필요하다. 데이터와 관계를 개념적으로 이해하기 쉽게 모델을 만들어 표현해야 하며, 오늘날 많이 사용하는 것이 개체-관계 데이터 모델(entity-relationship data model)이다.

개체-관계 데이터 모델을 컴퓨터 내부에서 처리하기 위해서 논리적으로 표현하는 수단이 필요하며 우리는 이것을 데이터의 논리적 모델이라고 부른다. 기술의 발전에 따라서 계층 데이터 모델, 네트워크 데이터 모델, 관계 데이터 모델, 객체 관계 데이터 모델의 순서로 발전되어 왔다.

데이터 모델은 개체들을 표현하는 것은 동일하지만 개체들 간의 관계(relation)를 표현하는 방법에서 차이가 있다. 네트워크와 계층 데이터 모델은 레코드(튜플, 개체)들 간의 관계를 링크(포인터)로 연결해서 표현하는 것은 같으나, 그래프(graph) 구조를 허용하느냐 아니면 트리(tree) 구조만을 허용하느냐로 구분된다.

데이터베이스 관리 시스템(DBMS: Database Management System)은 데이터베이스를 구축하고 운영 관리하는 데 필요한 소프트웨어로 시스템 소프트웨어의 일종이다. 오늘날 정보시스템을 구축하여 활용하는 기반이 되었으며 대표적인 기업으로는 오라클(ORACLE), IBM DB2와 MySQL이라는 오픈소스 시스템이 있다.

국산 DBMS로는 네이버의 큐브리드(cubrid)와 티맥스의 티베로 등이 많이 사용되며 실시간 처리용으로 알티베이스(altibase)와 같은 메인메모리 DBMS 등이 있어서 통신망 장비에 내장되어 사용되는 중이다. 스마트폰용으로도 SQLite와 같은 DBMS가 활용되고 있다.

DBMS는 정보를 모델링하여 저장하고, 검색하며 삭제와 갱신의 연산을 제공하는데 이 기능을 그래픽 인터페이스에서 대화식으로 제공할 뿐 아니라 프로그램 속에 내장되어 처리해야 하므로 별도의 데이터 처리 언어(Query Language)를 개발하여 사용해왔으며 대표적으로 SQL(Structured Query Language)이 있다.

DBMS는 SQL 처리 외에도 트랜잭션(transaction) 처리를 위한 동시성 제어와 고장회복(recovery), 보안(DB security), 분산 DB처리 등 다양한 핵심 기능들을 제공한다.

질의어

데이터베이스에 대해서 사용자는 검색(retrieval), 삽입(insert), 삭제(delete), 갱신(update) 연산을 주로 수행하게 되며 이러한 연산의 대상은 DB에 저장된 데이터의 일부이다. 연산을 표현하는 수단으로 관계 대수(relational algebra)를 사용하며 이 대수식(relational expression)을 쉽게 표현한 언어가 질의어(Query Language)다. 질의어의 문법도 여러 가지가 사용되어 오다가 오늘날 국제 표준으로 SQL(-Structured Query Language)이 사용되고 있다.

4GL

DB에 대한 연산은 대화식으로도 수행하능하지만 응용프로그램에서 실행할 수 있어야 한다. 그래서 기존의 프로그래밍 언어에 SQL을 내장(embed)하여 사용하다가 SQL과 언어를 일체화하여 설계한 언어들이 등장하게 되었으며 이러한 언어들을 4GL(4th Generation Language)이라고 한다. 인포믹스 4GL, 오라클 PL/SQL 등이 대표적이며 DBMS 업체들이 주도하였다. 나중에는 비주얼 개발 도구들(Powerbuilder)이 등장하여 널리 보급되기도 했다. 오늘날 JSP, Perl, Python, R 등의 언어는 모두 DB응용을 쉽게 작성할 수 있는 4GL의 문법들이 구현되어 있다.

분산 데이터베이스와 분산 DBMS

분산 데이터베이스(distributed database)는 과거 네트워크의 속도가 오늘날과 같이 저렴하지 않던 시절에 등장한 개념이다. 대량의 DB를 네트워크로 주고받기 어려운 상황에서는 지리적으로 떨어진 두 곳의 캠퍼스를 가진 대학이 학생 정보를 관리하는 경우 캠퍼스에 분산 저장하는 수밖에 없다. 그러나 전체 학생 정보에 대한 질의어 처리가 가능해야 하므로 등장한 개념이다. 오늘날에는 글로벌하게 클라우드 DB 개념으로 처리되어 수요는 줄어들었지만, 이때 개발된 기술들이 블록체인과 빅데이터 등에 활용되고 있다.

분산 DBMS는 지리적으로 DB가 분산되어 운영될 수밖에 없는 경우에 사용되는 DBMS로 마치 단일 시스템과 동일하게 하나로 묶어서 질의어와 트랜잭션 처리가 가능하도록 만든 시스템을 말한다. 사용자는 DB가 분산되어 있지 않은 것처럼 여기도록 DBMS는 **분산 투명성(Location Transparency)** 기능을 제공해야 한다.

5.5 Introduction to COMPUTATIONAL THINKING 빅데이터

데이터의 종류가 다양해지고, 빠른 속도로 입력되며 단일 시스템으로 저장관리가 불가능한 대량의 데이터들을 처리해야만 하는 요구들은 빅데이터 기술을 필요로 하게 되었다. 이러한 데이터 요구는 글로벌 정보서비스 기업들 즉 SNS와 유튜브, 검색 엔진 등을 제공하는 기업들을 주도하여 등장하게 되었으며 구글, 페이스북, 야후 등이 있다.

빅데이터 정의

과거에는 가장 큰 DB를 정의할 때 VLDB(Very Large Data Base)란 용어를 사용했다. VLDB보다 더 큰 데이터인 빅데이터(Big Data)를 정의하는 데 3가지 요소인 크기(Volume), 속도(Velocity), 다양성(Variety)을 가진다고 한다. 데이터의 크기는 이미지, 비디오, 음성 등 멀티미디어 데이터들로 인하여 커졌고, 속도는 수천만 명의 사용자가 동시에 접속해서 사용하는 관계로 시스템에 입력되는 데이터의 속도가 빨라졌다. 다양성은 고객정보와 제품정보 등 입력되는 데이터의 형식이 다양하다는 것이다.

"자리가 사람을 만든다."라는 격언이 있다. 능력이 부족해 보이는 사람이 고위직에 앉으면 초기에는 그 사람을 대단치 않게 볼 수 있으나 시간이 지나면 모두가 해당 직위에 있는 사람을 높게 볼 수밖에 없어진다. 그 이유는 해당 직위에서 접할 수 있는 정보 때문이다. 데이터와 정보가 사람을 다르게 보이도록 만든다.

즉 접할 수 있는 정보의 수준에 따라서 담당하는 업무의 범위가 결정되는 것이다. 많은 데이터를 가지고 판단에 활용했는가는 매우 중요하다. 인간이 알파고를 이길 수 없는 이유는 더 많은 기보를 보고 학습했기 때문이다. 인간은 알파고가 학습한 기보량을 시간적 한계로 절대 학습할 수 없다.

데이터 샤딩과 리던던시

하드디스크 100GB 용량의 컴퓨터가 있다. 저장하려는 데이터의 크기는 1TB이다. 어떤 방법을 써야 1TB를 하드디스크에 저장할 수 있을까? 현재의 기술로는 저장이 불가능하다. 기존의 OS는 하드디스크의 물리적 용량보다 큰 데이터는 저장하지 못한다. 그러므로 기존의 OS로는 저장할 수 없고 새로운 파일시스템을 만들어서 저장해야 한다. 데이터를 일단 물리적 디스크의 크기보다 작은 크기로 나누어서 분산 저장하는 수 밖에 없다. 단 조작으로 나누어진 파일들을 하나로 묶어서 논리적으로 한 파일인 것처럼 만들어주는 기능이 추가되어야 한다.

빅데이터를 처리하기 위해서 우선 크기 문제로 인해 하나의 하드디스크가 아닌 수십 개의 하드디스크에 분산 저장하는 방식을 택한다. 데이터를 적절한 크기로 쪼개서 분산 저장하는 기술이 데이터 샤딩(sharding) 기법이다. 데이터를 분산 저장할 때는 **리던던시**(redundancy) 개념을 도입해서 한 조각을 한 군데만 저장하지 않고 이중화하여 저장하는 방식을 택한다. 그러므로 특정 노드가 다운되더라도 다른 곳의 데이터를 읽어오면 되므로 장애복구 기능을 가지게 된다.

데이터가 이동하는 대신 SW를 이동

과거에는 CPU에서 프로그램이 데이터를 처리하기 위해서 데이터를 읽어와야만 했다. 그러나 데이터가 크므로 데이터를 가져오는 것보다 프로그램을 데이터가 있는 곳으로 보내어 현지 컴퓨터에서 처리하여 결과(결과는 작다는 가정)를 가져오는 것이 더 효율적이므로 이러한 기법을 적용한다. 그러므로 데이터를 저장하고 있는 노드는 데이터 처리도 가능한 시스템이어야 한다.

하둡 파일 시스템

구글에서 개발하여 보급된 시스템으로 데이터 샤딩과 SW 이동을 기반으로 한 분산 데이터 처리 프레임워크다. 데이터를 분산시키는 맵(Map)과 분산 처리된 프로그램의 결과를 다시 합하는 리듀스(Reduce) 개념을 시스템에서 일괄 처리해주므로 개발자는 간단하게 맵과 리듀스 프로그램만 작성하면 된다. 많은 빅데이터 응용프로그램들이 하둡(Hadoop)을 기반으로 개발되어 있다.

MongoDB: 빅데이터 DBMS

빅데이터 처리를 위한 다양한 DBMS들의 등장하였으나 오늘날 가장 널리 사용되는 오픈소스 시스템의 하나로 MongoDB를 들 수 있다. JSON(JavaScript Object Notation)이라는 형식으로 데이터를 표현하는 방식을 채택하며 질의어를 제공하고, 관련 많은 SW들이 개발되어 있다.

Spark: 인메모리 빅데이터 시스템

하둡 기반 빅데이터 시스템은 실시간 처리가 가능하지는 않다. 오늘날 빅데이터를 실시간으로 처리하고자 하는 요구와 인메모리 DBMS 기술의 발달은 인메모리 빅데이터 처리가 가능한 SPARK 시스템을 등장하게 하였다. SPARK는 Scala라는 별도의 언어를 이용한 프로그래밍을 제공하며 하둡과 연동되어 운영될 수도 있어서 미래 전망이 밝다.

5.6 데이터 경제

Introduction to COMPUTATIONAL THINKING

HW 자원이 경제발전의 주요 요소였던 시대에서 데이터 자원이 미래 산업의 핵심 요소가 되는 시대를 데이터 경제(data economy)라고 부른다. 모든 경영의 의사결정에서 데이터를 기반으로 하는 기업 경영, 국가의 운영에 필요한 행정과 정책도 데이터를 기반으로 해야 한다. 데이터를 활용함으로써 다른 산업 발전의 촉매역할과 새로운 가치를 창출하는 시대의 경제를 의미한다.

최고 데이터 책임자

기업 내의 데이터 통합 관리(data governance)를 총괄담당하는 임원을 최고 데이터 책임자(CDO: Chief Data Officer)라고 한다. 과거의 정보화 전략을 책임지는 최고 정보 관리자(CIO: Chief Information Officer)보다 더 큰 개념으로 디지털 트랜스포메이션(Digital Transformation)을 총괄 책임지는 자리다. 오늘날 국가데이터포털, 공공데이터 개방, 콘텐츠 산업육성, 모든 공공기관에 CDO를 지정하는 정책을 수립했다. 과거 CIO의 재현이다.

오늘날 최고의 데이터 기업으로 역시 구글과 페이스북(facebook)을 들 수 있는데 구글은 모든 검색 서비스와 유튜브로, 페이스북은 사회적 관계망 정보를 누적하고 있기 때문이다. 구글은 검색 외에도 데이터 관리부분의 서비스로 구글의 클라우드를 제공하고 있으며 비용은 15GB까지는 무료이고 100GB당 월 2,400원으로 서비스 중이다.

오픈 데이터와 경진대회

공공기관이 보유하고 있는 데이터를 활용하여 데이터 경제를 가속화하고자 **공공데이터포털**(www.data.go.kr) 사이트를 운영하고 있으며 데이터 공개 여부를 공공기관 평가에 활용하고 있다. 이러한 데이터를 활용하여 국민 생활 편의 증진을 장려하고 데이터 서비스 벤처 기업 육성으로 유도하고자 다양한 경진대회도 시행하고 있다.

공공데이터 포털에서 제공하는 정보의 예로 부동산의 크기별 거래현황 정보에 대한 2006년부터 2019년까지의 자료, 서울특별시의 공공자전거 대여 이력 정보를 다운로드할 수 있다. 공공데이터를 제공하는 것 외에도 "데이터 1번가" 메뉴를 통해서 국민들은 필요한 데이터를 요청할 수 있는데, "서울시 5대 범죄 발생 날짜 및 위치 데이터"와 "반려견 물림 사고 데이터", "전국 외국인 고용 사업장내 외국인 근로자", "공주시 학원의 교습비 현황과 분당 단가" 등 다양한 요청 사항들이 있고 그에 대한 답신이 공개되어 있다. 데이터 요청은 국민들의 정보 요구사항이며 이것들을 잘 고려해서 앱을 개발한다면 성공가능성이 높을 것이다.

또한 데이터를 다운로드해서 정보서비스를 제공하는 앱을 제작하는 것 외에도 데이터를 프로그램을 통해서 실시간으로 접근하여 활용하는 오픈 API(Application Programming Interface)를 제공하기도 한다. 오픈 API를 이용한 지하철 교통안내와 서울 버스 앱으로 버스 정보 조회를 하고 실시간 버스 위치와 정류소별 버스 도착 정보 등을 제공할 수 있다.

공공데이터 활용사례 메뉴에서는 약 2,600건의 활용사례들이 있는데, 기상 미세먼지 정보, 교통 정보, 부동산 실시간 거래 정보, 공매/경매 정보, 안전사고 정보, 코로나 정보 등이 있다. 생활 편의 정보로 의료기관 정보, 약수터 등 많이 있다. 2020년에 개최된 제8회 공공데이터 활용 창업경진대회에서는 총 2,218개 팀이 참여하였으며 우수상으로는 "투뿔메이커"가 수상했다.[20] 이 웹사이트는 한우 구매 의사결정을 지원하는데 축산물의 등급 판정 정보와 한우 개체의 정보 데이터를 활용하였다. 정부와 공공기관에서는 다양한 경진대회를 통해서 우수 활용 사례를 늘려나가는 중이다.

공공데이터 중에서 전국의 주소 같은 것을 예로 들 수 있다. 주소 정보를 알 수 있다면 광고 우편물을 발송할 때 주소가 틀려서 반송되는 것을 막을 수 있으며 상당한 비용 절감을 얻을 수 있다(고객의 주소 정보를 입력받을 때 오입력을 방지할 수도 있다). 실제 미국에서 광고 우편을 위해서 실주소 정보를 판매하는 전문 회사도 있다.

[20] 대통령상으로 상금 2천만 원이다.

미국의 유권자 정보는 합법적으로 거래가 되며 1억 3천만 원으로 책정되어 있다.[21] 우리나라의 전 국민 정보는 해커들에 의해서 유출되어 주민등록번호 정보와 아이디/암호가 중국에서 1원에 거래된다는 뉴스도 있다.

주민등록정보는 정부만이 보유하고 있기 때문에 실명 확인은 오직 정부만이 가지고 있는 데이터다. 그러므로 웹사이트 가입 시 요구하는 실명 확인에서 정부의 역할은 필수적이나 이러한 서비스를 제공하지 않기 때문에 휴대폰 번호와 통신사를 통해서 이루어지고 있다. 그래서 해외에 체류하며 국내에 휴대폰이 없는 국민들은 실명 확인이 안 되어서 국내 사이트의 사용에 어려움이 많다.

데이터 시각화

데이터 시각화는 다양한 기법을 이용하여 데이터를 그래픽으로 보여주는 것으로 이해하는 데 매우 효과적이다. 그림 5-2는 태평양 지역의 바람의 세기와 풍향, 그리고 온도 데이터를 위치에 연결하여 시각화한 화면으로 실시간 태풍의 위치를 파악할 수 있다.

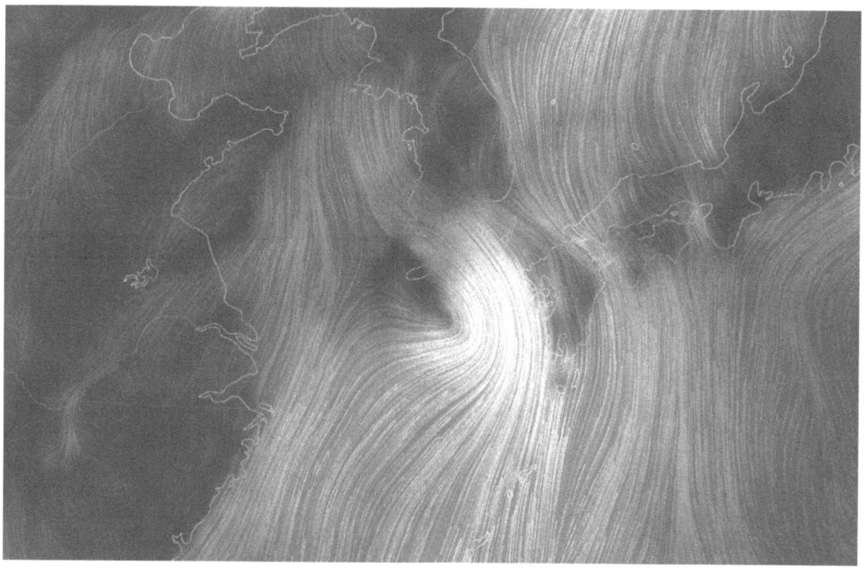

그림 5-2 2020.8.20. AM 9:00 태풍 장미의 위치와 풍향

[21] https://www.boannews.com/media/view.asp?idx=55954

페이스북의 친구 관계 정보 시각화는 모든 사용자의 친구 관계를 링크로 보여주고 있다.[22] 이 한 장의 사진을 통해서 국가 간의 페이스북 사용자 밀도와 함께 국가 간의 친구 긴밀도를 쉽게 파악할 수 있다.

공공데이터포털의 데이터 활용으로서 공공데이터 시각화 메뉴에서 다양한 공공데이터를 시각화(Data Visualization)한 결과들을 볼 수 있다. 그래프 시각화 외에도 지도와 연계되어 위치 정보를 보여주는 것도 가능하다. 데이터 활용을 위해서 위치 기반 데이터 시각화 서비스를 하고 있어서 원하는 정보를 선택하면 지도에 표시를 해준다. “과속방지턱”, “전기충전소”, “공중화장실” 등 지역별 다양한 정보를 제공한다.

그리고 사용자가 참여하여 위치 정보를 추가하는 집단지능 기능도 제공한다. “국민참여지도” 메뉴에서는 위치 정보를 추가할 수 있도록 하였다. 현재는 제주도가 다양한 관광안내와 같은 지도를 올려 놓았다.

데이터를 쉽게 찾을 수 있도록 그래픽 기법을 이용하여 제공하다. 국가데이터맵에서 제공하는 관계도맵과 확장맵의 예를 보면 다음과 같다.

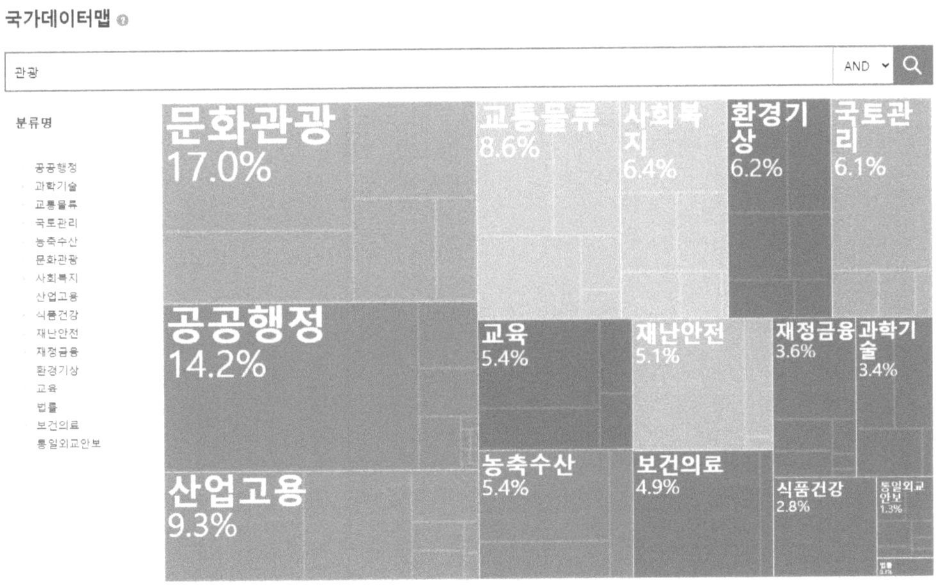

그림 5-3 국가데이터맵에서 문화관광 분야의 데이터맵

[22] https://paulbutler.org/2010/visualizing-facebook-friends/

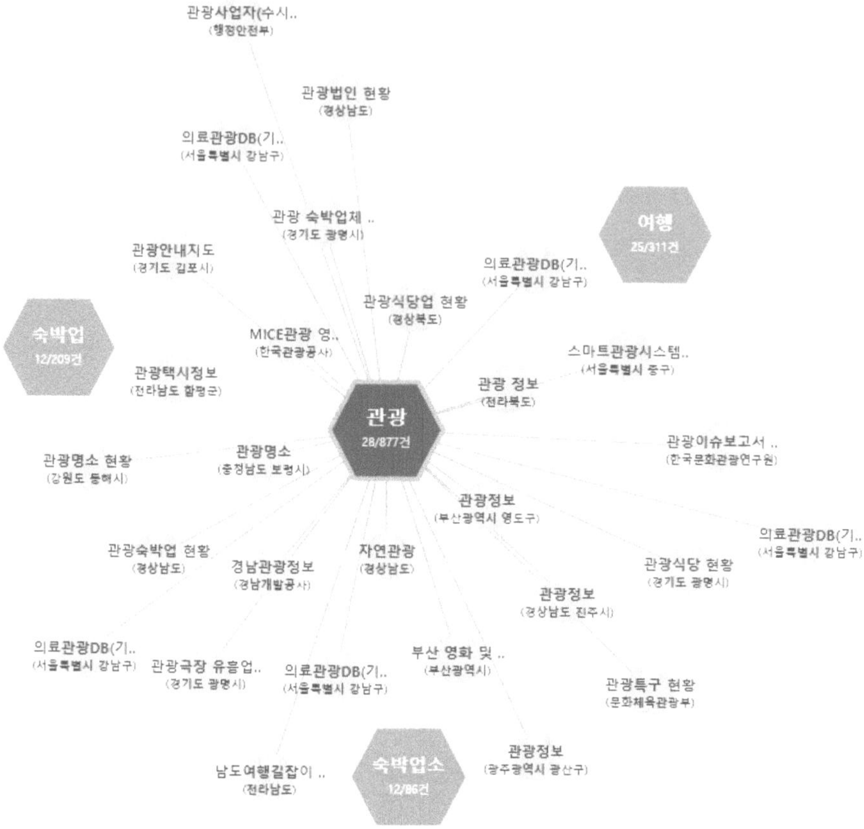

그림 5-4 '문화관광' 메뉴에서 '관광'을 클릭했을 때 관계도맵 예

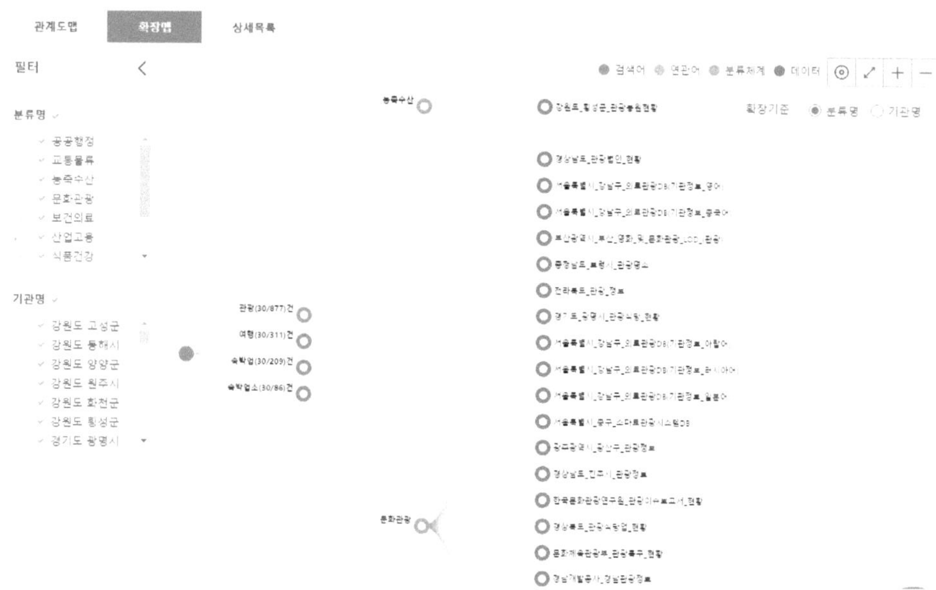

그림 5-5 '관광' 관계도맵에서 확장맵을 선택했을 때의 도표

글로벌 데이터 공유 사이트

인터넷의 등장과 함께 웹사이트를 통해 데이터를 공유하고 있다. NIH는 각종 의약학 정보들이 공유되고 있다. SW에 대한 글로벌 허브, 오픈 소스의 깃허브(Github), AI 연구용 데이터세트인 캐글(kaggle.com), 의료 분야의 각종 SW와 유전자 데이터 등을 공유하는 미국 국립보건원(NIH: National Institute of Health)의 NCBI(National Center for Biotechnology Infromation), 데이터 마이닝 관련 포털 사이트(kdnuggets.com), 기계학습 데이터들을 공유하는 UCI 기계학습 저장소(Machine Learning Repository)[23] 등이 대표적이다.

데이터 산업과 마이데이터 비즈니스

개인정보의 보호가 강화되면서 마이데이터 비즈니스가 출범하기 시작했다. 신용정보를 토대로 대출이나 신용카드 발급 등 다양한 개인 맞춤형 정보서비스에 개인정보가 필요하며 의학 연구에도 증상, 진단, 처방, 결과 등의 개인 의료정보가 필요하지만 개인정보보호법은 모든 개인정보에 대한 접근을 허용하지 않는다. 그러므로 빅데이터를 기반으로 한 지능형 서비스는 정보가 없으므로 연구가 사실상 불가능하며 판례에 대한 정보도 공개가 금지되어 인공지능 재판은 불가능하다.

그림 5-6 실시간 비행기의 위치 정보 시각화(https://ko.flightaware.com/)

---

[23] https://archive.ics.uci.edu/ml/datasets.php

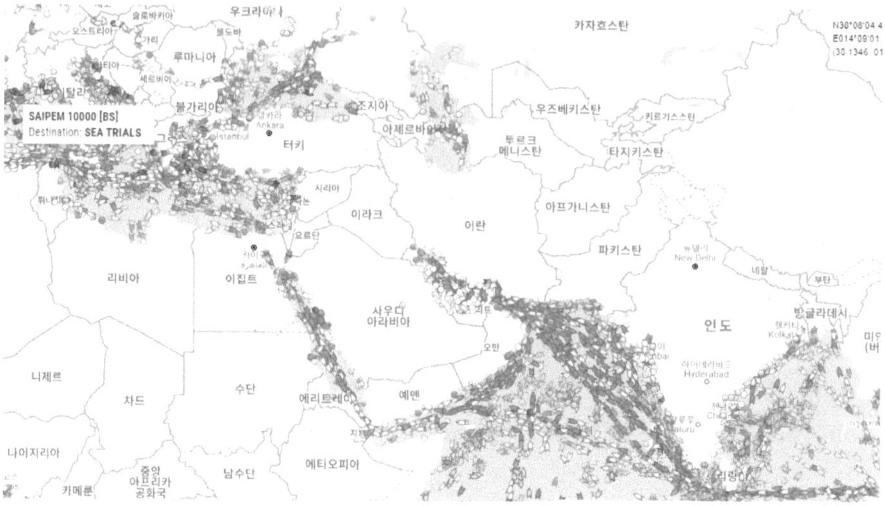

그림 5-7 실시간 선박의 위치 정보 시각화(marinetraffic.com)

그래서 개인이 일정한 금액을 받고 자신의 개인정보를 공개 또는 제공하여 데이터베이스를 만들어서 정보서비스를 제공하는 비즈니스 모델이 가능한 것이다.

구글에서는 과거에 개인이 접속했던 사이트의 로그 데이터를 수집하는 것을 허용하는 대가로 일정 금액을 제공하기도 했다. 개인의 모든 기록이 가치를 인정받는 시대인 것이다. 개인정보 보호법의 강화로 개인 데이터에 대한 수집은 엄격히 금지되고 있다. 개인정보 중에서 금융 신용정보와 의료정보는 수집이 어려운 반면에 활용가치가 매우 높은 정보에 해당한다.

최근에 개인정보를 공식적으로 대가를 지불하고 거래를 할 수 있도록 허용되어 개인데이터의 수집이 늘어나고 있다. 마이디[24] 앱에서는 개인정보를 스마트폰에서 보관하면서 필요한 기업과 선택적으로 공유할 수 있는 서비스를 제공한다.

디지털 도서관 학술지 서비스

학술 연구를 위하여 학문분야별로 구성되는 학회가 있고 학회에서는 학술지(저널, journal)를 발간하고 있다. 학회는 학술지를 구독하는 비용을 청구하는데 디지털 라이브러리 형식으로 온라인 다운로드할 수 있도록 하며 연간 구독료를 받는다.

[24] myd.world

문제는 세계의 주요 학회에서 발간하는 이 논문지 구독료가 큰 부담이 되고 있으며 국내 대학 도서관에서는 매년 약 2천억의 돈을 지불하고 있다. 엘스비어 출판사 한 곳에만 서울대에서 연간 27억을 지불중에 있어 도서관 예산의 70%를 사용하느라 도서 구입 비용이 부족한 상황이다.[25] 보통 온라인으로 논문 1편 다운로드하는데 10$의 비용을 지불해야 한다.

세계 주요 학술지의 데이터베이스 서비스 기업은 이런 논문 서비스 비용으로 막대한 수익을 올리고 있으며 이곳에 논문을 게재하는 경우 게재료까지 지불해야 한다. 이러한 상황은 해외 저널만을 실적으로 평가하는 국내의 평가 문화가 더해지면서 가속화되고 있어서 국내 학회와 학술지는 점차 설자리를 잃어가고 있는 중이기에 해외 학술지 구독료 문제는 가중될 것이다.

빅데이터 분석 활용 사례

미국 국세청은 통합 탈세 및 사기 범죄 방지 시스템을 구축하여 납세자의 과거 행동 정보를 분석해서 연간 3,450억 달러의 세금 누락을 막아냈다고 한다. 공공 기관에서는 시민들의 대중 교통 이용 빅데이터를 분석해서 최적의 버스 운행 노선과 지하철 배차 간격 등을 관리하는 데 활용하기도 한다.

기업의 경우 빅데이터를 추천(recommendation)에 많이 사용하며 아마존(Amazon)사가 초기에 도서 구입 내역을 기반으로 한 도서 추천이 선구적이었다. 이후에 넷플릭스(Netflix)와 유튜브(youtube)에서 사용자들의 조회와 구매 이력 빅데이터가 콘텐츠 추천시스템에 폭넓게 활용되고 있다. 또한 SNS에 게시된 글들을 분석해서 제품에 대한 선호도 조사에 활용하기도 한다.

오늘날 슈퍼컴퓨터를 활용한 기상 예측 분야는 빅데이터 처리를 기반으로 하고 있으며 선거에서는 국민들의 SNS 데이터를 분석하여 결과를 매우 근접하게 예측하기도 한다.

[25] https://blog.naver.com/kst3175/222279482943

5.7 빅데이터가 가져올 미래 변화

Introduction to
COMPUTATIONAL THINKING

민주주의의 완성

데이터가 누적됨에 따라서 과거에는 불가능했던 미래 변화의 예측을 빅데이터 분석을 통하여 정확하게 예측함으로써 많은 사회적 비용을 절약시켜준다. 선거 결과에 대한 예측도 SNS 분석 등으로 매우 정확해지고 있으며 현재의 대의 민주주의 대신에 모든 사안에 대해서 실시간으로 국민들의 의사를 투표로 파악하는 직접민주주의가 가능해지는 시대가 오고 있다.

앞으로는 소량의 데이터로 인한 정보 왜곡에 따른 불합리한 의사결정은 종말을 고할 것이며 방대하고 정확한 데이터로 국민의 의견이 반영되는 진정한 민주사회가 가능해질 것으로 전망된다.

자유 시장경제의 완성

농업이나 의류 산업 등에서 수요를 반영한 맞춤형 생산이 이뤄진다면 과잉 생산에 따른 폭락이나 수요 부족에 따른 폭등과 같은 상황은 줄어들 것이며 생산자와 소비자가 모두 만족하는 예측 가능한 경제활동이 가능해질 것이다.

부동산이나 원유와 같은 자원의 국제 가격 등에 대한 정보 수집과 분석을 통해서 경제 상황에 대한 예측과 대처는 주식과 부동산 폭락과 같은 리만브라더스 사태 등 경제의 급격한 하락과 같은 불안한 상황이 줄어들며 모든 것이 예측 가능한 시대로 진입하게 될 것이다.

이와 같은 빅데이터의 활용을 통한 의사결정은 미래를 더욱 최적화된 사회로 만들 것이며 보다 이성적이고 합리적인 사회를 구축하는데 기여할 것이다.

글로벌 지구촌 차원의 균형 발전

세계는 균형이 이루어지지 않고 있다. 부족한 곳과 풍족한 곳의 균형, 생산물의 적절한 수출과 수입을 통하여 시간이 지남에 따라서 평평해질 것으로 기대하지만 실제로 빈익빈 부익부는 디지털 시대에 들어와서 더욱 가속화되고 있다고 한다. 정보의 단절로 인한 불균형도 심하다고 생각되며 인터넷으로 묶여진 지구는 정보 접근의 평등으로 인하여 독재 국가들은 감소될 것이며 문화 등 여러 분야에서의 교류 증대를 통해서 균형 잡힌 지구로 발전될 전망된다.

요약

- 인류의 역사는 기록과 저장의 역사이기도 하며 디지털 기기들을 이용하여 오늘날 기록되는 데이터의 양은 폭증하고 있다.
- 데이터를 체계적으로 대량 저장관리하는 데이터베이스(DB) 기술과 SW인 DBMS의 발전으로 오늘날 우리는 편리한 정보시스템 서비스를 누리고 있다.
- 빅데이터는 기존의 데이터베이스로 관리할 수 없기 때문에 초대규모 글로벌 데이터를 관리하기 위한 기술이 등장하여 응용 범위가 날로 커지고 있다.
- 데이터를 중심으로 한 경제를 데이터 경제라고 하며 점차 중요성이 증대되고 있다.
- 빅데이터의 누적으로 직접 민주주의, 개인 맞춤형 경제 등 많은 분야에서 커다란 변화가 예상되고 있다.

1. 데이터 활용의 공공데이터 활용사례의 앱이나 웹을 접속해서 사용해보고 사용해 본 후기와 사용한 앱이나 웹의 화면을 스크랩해서 올린다.

2. 본교 도서관에서 가입하고 있는 해외 학술지를 조사해보고 온라인으로 접속해서 논문을 다운로드 받아보기 바란다.

3. [스마트폰 데이터 복사하기] 자신이 사용하는 스마트폰 제조회사에서 제공하는 PC와 파일을 일치(Sync)시키는 기능을 사용해서 백업을 수행해보자. 저장된 사진과 기타 데이터를 PC로 복사해서 틈틈이 저장해야 한다. USB 하드를 연결해서 복사하는 방법과 USB 케이블로 PC에 연결해서 복사하는 방법을 주로 많이 사용한다. 스마트폰 제조사에서 배포한 SW를 설치하면 연결하는 순간 해당 SW가 자동으로 구동되어 백업이나 기타 데이터 관리 기능을 편하게 사용할 수 있다.

4. [스크린 미러링 사용해보기] 스마트폰의 화면이 작아서 보기 불편할 때 TV의 대화면으로 화면을 미러링해서 감상할 수 있다. 삼성 갤럭시의 경우 "Smart View" 기능을 이용해서 화면을 TV에 미러링할 수 있다.

Introduction to **COMPUTATIONAL THINKING**

C·H·A·P·T·E·R

06

컴퓨터식 사고 V: 복사와 미러링

학습 목차

"디지털 세계에서 복사본은 원본과 동일하다."

6.1 Introduction to COMPUTATIONAL THINKING 복사

컴퓨터를 처음 배울 때 파일을 만들고 관리하는 명령 중에서 복사(copy)를 배우게 된다. 과거에는 명령어를 입력해야 했지만 오늘날 마우스 클릭으로 복사를 선택하거나 복사해서 붙이는 것과 같은 단축키 Ctrl+C(^C)와 Ctrl+V(^V)를 누구나 알게 된다. 문서 작업을 하거나 이미지를 캡처해서 다른 곳에 붙여넣은 SW에서 이 단축키는 표준 작업키가 되었다.

무한한 기억 용량이 선이다. 모든 것을 기억하고 과거의 것을 모두 누적하면서도 공간을 적게 차지한다. 1TB의 용량에 이 세상 대부분의 음악이 모두 저장된다. 평생의 일기장을 남기는 경우 분량이 수백 권을 차지한다. 그러나 디지털로 한 사람의 일생을 기록하는 경우 작은 공간만 차지하면서 저장 가능하다.

복사에 비용이 들지 않고, 수백 권의 책을 손으로 쓰던 시절에서 페스트는 인건비 상승을 가져오고, 구텐베르크는 활자개발의 필요성을 생각한다. 목판과 활자는 다르다. 대량생산 비용이 발생하고 대량의 책 인쇄도 프린터로 가능하다.

오늘날 책으로 출간되는 문화가 전자책 형식으로 출간되면서 도서관도 전자도서관으로 변화하고 있다. 전자책도 일반 도서처럼 대여와 반납이 이루어지고 소장도서의 권수가 정해져서 관리된다. 학생들은 이제 책을 구입하지 않고 전자책으로 학습한다. 과거에 책을 복사해서 저작권을 침해하는 경우가 있었으나 오늘날에는 스마트폰으로 책을 스캔해서 PDF로 만들어 공유하기도 한다.

간편한 복사의 문제는 한 번 정보를 게시하면 바로 그 순간 실제로 방대한 복사가 이루어지며 이로 인해 삭제와 같이 없던 일로 만들지 못한다는 것이다. 단체 카카오톡 방에 글을 올리고나서 잘못올렸다고 지우고자 하나 미리 올라간 글을 누가 이미 읽었다면 그것은 복사된 것이나 같아서 삭제가 불가능하다.[26]

[26] 최근에 카카오톡에서 삭제 기능을 제공하고 있으나 게시 후 5분 이내만 허용된다.

물을 바닥에 쏟으면 다시 그릇에 담기 불가능한 것과 같다. 그러므로 SNS에 글을 게시할 때는 "올릴까 말까"하는 주저함이 조금이라도 있다면 올리지 않는 것이 좋다. 한 번 올린 글은 영구히 인터넷에 저장된다고 생각하는 것이 맞다.

디지털 복제

똑같은 것이 단축키 하나만 누르면 생성되고 그 개수가 무제한이라면 우리는 어느 누가 요청해도 쉽게 복사해서 줄 수 있다. 제한된 자원이라면 아껴 써야 하지만, 디지털 정보는 그럴 필요가 없다. 정보의 무한 공유가 가능해지는 것이다.

복제는 똑같은 것을 두 개 이상 만드는 것이다. 물건을 만들거나 옷을 살 때 아예 두벌씩 구입하면 예비로 하나가 고장나더라도 바로 대체할 수 있다. 복제는 하나만 있을 때 고장나거나 분실 등의 장애상황에 대처하는 해결책이다.

아날로그인 기존 제품은 복제하는 것이 어렵다. 복사기가 개발되기 전까지는 종이에 적힌 기록을 복사하기가 어려웠다. 인쇄술이 등장하기 전까지는 책을 대량으로 찍어낼 방법이 없어서 손으로 일일이 적는 수밖에 없었기 때문이다. 우리나라가 금속활자를 서양보다 100여 년 이상 먼저 개발했으나, 널리 사용되지 못한 것은 아쉽지만, 활자를 만들 때 한자나 한글의 경우 음절 수가 많아서 모두 제작하기가 어려운 한계가 있었다. 그러나 영어의 경우 알파벳 개수만큼만 제작해도 되었기에 대량으로 인쇄술이 보급되게 되었다. 그런면에서 일본어의 경우 많은 음절을 표현하지는 못하지만, 문자의 개수가 제한되어 있어서 인쇄술을 발전시키는 데 유리한 점이 있다.

종이에 남긴 기록도 중요하지만 훼손될 수 있기에 반영구적으로 비석에 글씨를 새겨서 후세에 전하는 게 효과적이다. 또한 비석은 탁본을 통해서 서체와 내용을 알 수 있으며 판화와 같은 일종의 복사기 역할을 해서 복제가 상대적으로 쉽다. 아날로그로 만들어진 모든 것은 복제 자체가 많은 비용과 시간이 소모된다.

유명 화가의 작품을 복제한다든지, 귀한 유물을 복제해서 박물관에 전시하기도 하지만 원본과 똑같이 복제하는 데는 그에 상당하는 노력과 비용이 소모되어 복제를 쉽게 하지 못한다. 실제 귀중한 화가나 유물의 경우에는 원본과 거의 구별할 수 없게 복제하여 박물관에 전시하는 경우가 많다.

그러나 컴퓨터에서 처리하는 디지털 데이터는 복제가 단지 명령만 주면 돼서 마우스 클릭만으로 쉽게 가능하다. 디지털 복제(replication) 데이터는 아날로그와 달리 원본과 구별되지 않는다. 하나만 만들면 그 이후부터는 무제한 복제가 비용 부담 없이 이루어지기에 많은 사람들이 쉽게 공유할 수 있다. 공유의 패러다임이 완전히 바뀌게 된 것이다.

음악이 한 번 작곡되면 우리는 감상을 원하는 모든 사람에게 복제해서 공유함으로 자신이 소유하면서 언제나 즐길 수 있게 만들 수 있다. 이 복제물이 직접 만나지 않고 네트워크를 통해서 전달되므로 콘텐츠 전달의 유토피아가 온 셈이다. 그래서 전 세계인들이 동시에 영화를 개봉해서 즉시 생중계로 들을 수 있다.

장애로 인한 서비스 중단을 복제된 결과로 즉시 대체할 수 있다. 그러므로 데이터의 삭제나 해킹 등 손실을 염려하지 않아도 된다. 언제든지 백업된 복제물로 대체하면 된다. 유명 화가의 작품이 화재로 손실을 입으면 영원히 그 작품을 볼 수 없지만(파손된 문무왕 비석, 화재로 사라진 동경대 보관 조선왕조실록), 디지털 기록은 그렇지 않다.

조선왕조실록이 지금까지 남게 된 이유는 4군데의 사고에 복제해서 보관했기 때문이다. 그러나 결국 3군데 모두 손실되고 겨우 한 곳만 남게 되었으니 과거에 복제를 3군데만 했다면 모두 사라졌을 것이다. 그러므로 중요도가 높고 더 많은 사람들이 사용할 경우는 복제 수량을 늘려서 분산 저장하는 것이 중요하다.

저렴한 비용의 무한 복제는 디지털 콘텐츠의 무한 공유를 의미한다. 콘텐츠가 디지털로 만들어졌어도 저장 미디어의 한계로 인하여 CD나 테이프에 저장하는 매체 비용이 필요했다. 그러나 오늘날 보편적으로 사용되는 USB 메모리(반도체 저장기능을 이용한 USB 인터페이스 장치)의 등장은 디지털 콘텐츠를 저장하고 공유하는 획기적인 편리성을 제공한다.

그래서 기념품으로 USB 메모리를 배포하는 것이 대중화되었으며 저장 용량이 증가해서 메모리 한 개만으로도 개인이 저장에 필요한 상당한 용량을 가지게 되었다.[27] 이제 우리는 콘텐츠 배포에 거의 비용이 들지 않는 수준에 이르렀으며 이 장

[27] 2021년 7월 현재 32GB 용량이 1만 원 정도한다.

치는 정보통제로 정권을 유지하는 독재국가들을 무너뜨릴 수 있는 '무기'의 수준을 보여주고 있다.[28]

디지털 콘텐츠의 복제로 원본과 차별화되지 않는 특징은 저작권 문제로 이어진다. 그래서 워터마크(watermark) 기술이 개발되어 사용되고 있다. 블록체인 기술과 결합하면 원본의 저작자를 공인받을 수 있어서 공식적으로 매매가 가능하다. NFT(대체불가 토큰, Non Fungible Token)로 부르는 기술과 디지털 콘텐츠의 결합으로 디지털 미술품이 고가로 거래되기 시작했다. 일론 머스크의 부인 그라임스가 그린 작품이 580만 달러에 판매되었다.

이제 컴퓨터로 작성된 문서에도 누구나 쉽게 워터마크를 추가할 수 있는 기능이 더해졌으며 출력 시 워터마크가 희미하게 배경으로 표시된다.

디지털 복제와 생물 복제

유전공학의 발달로 동일한 DNA를 가진 생물을 복제하려는 연구가 진행 중이다. 그러나 복제된 생물은 완전하지가 않아서 수명이 길지 않거나 유전적 질환 등의 문제가 있다. 자연은 고등동물의 복제는 어렵도록 특별한 장치를 해놓았다고 볼 수 있다. 그러나 고등동물에 대한 복제는 언젠가 이루어질 것이며 인간 복제까지 가능한 시대가 올 수도 있다. 미개 공상 영화에는 복제된 인간이 실제 인간으로 되고 싶어하는 모습과, 인간의 뇌를 복제해서 모든 기억을 업로드, 다운로드하여 전달하는 모습이 그려지기도 한다.

[28] 북한 주민들에게 외부 세계의 정보를 전달하는 수단은 이제 USB 메모리가 대신한다.

6.2 Introduction to COMPUTATIONAL THINKING 미러링

컴퓨터의 복제기능은 디스크 미러링(mirroring)이라는 서비스를 가져왔다. 파일로 관리하는 컴퓨터 정보의 문제점은 쉽게 삭제된다는 것이다. 아날로그 매체는 삭제하는 데 시간이 소요된다. 서류의 경우 파쇄기를 사용해야 하고 CD의 파손은 쉽지 않다. 하드디스크나 휴대폰에 저장된 내용의 삭제는 삭제 명령으로 삭제는 되지만 특별한 SW를 사용해서 복구 또한 가능하다는 문제를 가진다.[29] 그래서 하드웨어를 은폐하기 위해 물속으로 던지는 일들이 발생하기도 한다.

명령 하나로 디스크 전체가 삭제되거나 하드디스크의 고장으로 중요한 정보를 잃어버리는 일은 손실이 막대하게 된다. 그래서 중요한 정보의 경우 백업(backup)을 유지하는데 백업이라는 것은 복사 명령을 이용해서 동일한 파일을 다른 저장매체에 만드는 일을 뜻한다. 정기적인 일시에 백업을 하기도 하지만 실시간 백업이 필요한 경우가 많으며 한 디스크의 내용을 실시간으로 다른 디스크에 동일하게 복사하는 일을 디스크 미러링이라고 한다.

인터넷의 웹주소를 입력하면 실제 물리적 주소(IP 주소라고 함)로 변환해주는 DNS(Domain Name Server)에 접속해서 서비스를 받게 된다. 이 DNS는 많은 인터넷 클라이언트들이 접속하는 관계로 부하를 감당하기 어려워서 전 세계의 주요 국가에 동일한 내용을 저장하고 DNS서비스를 제공하도록 되어 있는데 국내에도 이 DNS 서버가 있으며 이 서버들은 모두 미러링서비스로 묶여 있다.

디스크 미러링은 주요 데이터센터의 경우 원격지 백업센터(100km 이상 떨어져 있어야 함)의 컴퓨터와 미러링으로 정보를 실시간 백업하도록 되어 있다.[30] 금융정보와 정부 기록 등의 정보는 기록 보존을 위하여 상당한 백업과 실시간 미러링 시스템으로 관리되고 있다.

[29] 삭제된 디지털 파일들을 복구하는 분야를 디지털 포렌식(forensic)이라고 하며 수사기관에서 주로 운영한다.

[30] 2000년에 붕괴된 월드트레이드 센터의 금융기관 컴퓨터센터는 원격지 백업이 되어 있어서 고객의 정보 손실을 가져오지 않았다.

RAID 디스크는 여러 개의 저렴한 디스크들을 배열로 묶어서 디스크 미러링과 기타 기능을 추가해서 제작된 시스템을 말한다. 오늘날 빅데이터 처리를 위해서 널리 사용된다. RAID에 저장된 정보는 디스크의 고장 등 어떠한 경우에도 한 번 저장된 정보의 지속성(stability)를 보장한다.

개인 사진과 동영상 데이터의 보존

개인용 데이터를 영구히 보존하는 방법으로 백업 디스크를 운영하는 것이 필요하다. CD나 보조 디스크에 주기적으로 복사해서 저장하는 것이 반드시 필요하다. 캐싱 웹사이트 접속 시 데이터 캐싱에도 적용되고, 인터넷의 도메인 주소 서버(DNS 서버)도 세계 주요 국가에 미러링으로 운영하여 속도 문제를 해결하고 있다. 현재 주요 은행이나 국가기관은 데이터센터 자체를 이중으로 100km 이상 떨어진 곳에 두고 동일한 내용을 복제하여 천재지변이 일어나도 데이터를 보호할 수 있다.

구글의 스마트폰 데이터 미러링 서비스

구글은 스마트폰에 저장되는 데이터를 자동으로 클라우드에 저장되도록 함으로써 개인정보의 보존을 보장하고 있다. 그러나 일정한 용량은 무료지만[31] 사진이 고화질로 발전하고, 또 동영상 촬영이 늘어가면서 무료 용량을 초과하게 된다. 100GB의 경우 월 2,400원의 유료로 제공되고 있지만 2TB에 1만 1천900원으로 증액될 것이다.

스크린 미러링(screen mirroring)은 스마트폰 화면으로 보는 것을 TV의 대형 화면으로 출력하는 것을 의미한다. 최신 TV와 스마트폰에는 스크린 미러링 기능이 내장되어 간단하게 사용할 수 있으며 기능이 없는 TV의 경우 HDMI 케이블로 연결하거나 WIFI 무선 장치(Miracast 기능 내장)를 설치하면 가능하다.

데이터를 백업해서 보존하는 것도 중요하지만, 우리 사회에는 백업 개념을 활용하는 사례가 많이 있다. SW개발의 경우 개발자의 전직이나 질병 등으로 개발 업

[31] 구글 포토는 15GB까지만 무료이다.

무의 일정에 차질이 생기면 안 되는 중요한 프로젝트가 많다. 그래서 듀얼 프로그래머(dual programmer) 체제를 유지하는 데 이것은 모든 개발 프로그램을 두 명이서 코드를 공유하는 것이다. 그러므로 한 사람의 유고시 다른 프로그래머가 즉시 이어받아서 개발의 연속성을 유지할 수가 있다. 이러한 듀털 프로그래머 체제는 주요 선진 기업의 경우에 활용하며 아직 국내의 기업에서는 보편화되어 있지 않다.

주요 기관의 경우에는 기관장 외에도 항상 부기관장을 둔다. 그 이유는 기관장의 유고 시 부기관장이 즉시 업무 대행을 함으로써 기관의 운영이 지속되어야 하기 때문이며 부기관장이 없는 경우 차기 대행자를 미리 정해놓는다. 이러한 정과 부 체제도 중요하지만 최근에는 대표를 2명으로 하는 공동대표제가 늘어나고 있다. 공동대표제의 장점은 한 사람의 업무를 두 사람이 나누어서 수행하는 업무 분할의 장점을 가진다. 대학의 학생대표의 경우 공동대표제가 많으며 기업에서도 널리 활용되고 있다. 공동대표제의 문제는 두 사람이 합심하는 경우에는 효율적일 수 있으나 의견이 서로 다른 경우에는 중재할 방법이 없다는 것이다.

최근 부동산을 부부가 공동명의로 많이 함으로써 종합부동산세와 같은 경우에는 유리하며 재산의 분할 등 여러 가지 면에서 장점이 있다. 하지만 1가구 2주택 소유로 처리되는 등 세금 부담이 오히려 높아지는 단점을 가질 수도 있다. 역사적으로 국가의 권력을 공동으로 소유한 사례는 없으며 부자간에도 권력투쟁의 비극적 역사는 많다.

블록체인 시스템

블록체인(block chain) 시스템에서 블록(block)은 원래 디스크에 데이터를 저장할 때 저장의 기본 크기를 갖는 데이터를 말한다. 블록의 크기는 초기에 512byte에서 현재 4M 정도이며 큰 파일의 경우 많은 블록으로 이루어지게 된다. 한 파일에 속하는 블록들은 링크(link)로 연결되어 있으며 첫 블록에서 마지막 블록까지 연결된 것이 긴 체인(chain)처럼 생각할 수도 있다. 한 컴퓨터 시스템 내의 한 파일의 블록들은 동일한 디스크에 모두 있어야 한다. 블록체인 시스템은 인터넷으로 연결된 블록체인에 참여한 컴퓨터들은 같은 블록체인을 유지할 수 있게 미러링을 통해서 데이터를 공유하도록 설계된 시스템이다.

블록체인에 저장된 데이터가 안전하다는 것(해킹으로 손상을 입지 않는다)은 다수의 블록체인 시스템을 동시에 모두 해킹해서 데이터를 변조하기 어렵기 때문에 가능하다. 즉 많은 시스템에 동일한 데이터가 복제되어 저장되어 있으므로 훼손이 불가능에 가깝다는 것이다. 조선왕조실록을 4군데에 복사하지 않고 전 세계 수천 군데에 복사해서 보관한다면 절대로 문서의 훼손이 이루어지지 않을 것이란 것과 원리가 같다. 그러나 데이터에 대한 연산은 블록체인에 참여한 다수의 노드들이 모두 동의해야 실행하므로 연산의 속도가 매우 느리게 되는 단점과 함께 많은 컴퓨터 시스템의 참여로 인한 연산의 중복과 많은 네트워크 트래픽 등 비효율성을 가져오는 단점이 있다.

블록체인에 금융정보와 거래정보를 보관하는 디지털 화폐뿐 아니라 공인의 필요가 있는 정보들(졸업증명서, 신분증, 자격증, 백신접종 증명 등)을 모두 관리할 수 있으므로 응용 범위가 확대될 전망이다.

요약

- 컴퓨터에서 데이터의 복사는 쉽고 빠르고 저비용으로 이루어지므로 무한 복사를 통한 콘텐츠의 대규모 공유가 가능하다.
- 미러링은 실시간으로 데이터를 제2의 저장소에 복사하는 것으로 데이터 백업으로 활용한다.
- 미러링 개념은 디스크 미러링 외에도 스크린 미러링 등 다양하게 활용되고 있다.
- 블록체인은 대량 복사가 가능하므로 만들어진 서비스로 중앙관리가 필요없다는 면에서 장점을 가지지만 자원의 중복 연산에 따른 비효율적인 면도 많다.

실습문제

1. 컴퓨터 폴더 전체를 복사하거나 변경된 파일만 복사하는 기능을 실습해본다. All-way Sync SW를 다운로드해서 두 개의 폴더를 지정한 후에 두 폴더를 일치(sync)하게 만들고 두 폴더명과 화면을 스크랩해서 제출한다.

그림 6-1 Allway Sync 사용하여 두 폴더를 일치시키는 예

2. 아래한글 문서에 워터마크를 넣어본다. 아래한글에서 쪽-테두리/배경-배경-그림 넣기를 이용하여 워터마크 이미지를 넣어보자.

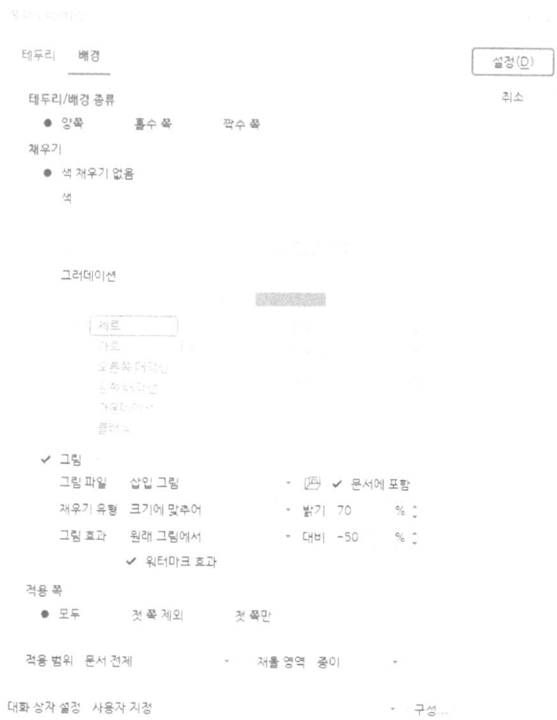

그림 6-2 아래한글에서 워터마크를 문서에 추가하는 예제

Introduction to **COMPUTATIONAL THINKING**

C·H·A·P·T·E·R

07

컴퓨터식 사고 VI: 네트워크와 공유

학습 목차

"인터넷은 인간이 발명해놓고도 이해하지 못하는 최초의 발명품이며, 역사상 최대 규모의 무정부주의에 대한 실험이다."

-에릭 슈밋

7.1 Introduction to COMPUTATIONAL THINKING

7.1 네트워크와 인터넷

"No man is an island"라는 말은 인간은 사회적 동물일뿐 아니라 모든 인류는 하나로 연결되어 있다는 말로, 영국의 시인 존 던(John Donne)의 시 첫 문장이다. 마지막 문장이 누구를 위하여 종은 울리나(For whom the bell tolls)이다.

19c 말에 전기와 전파의 발명으로 유선과 무선 통신을 시작하였으며 120년이 지난 오늘날까지 인류는 급속도로 통신 기술을 발전시켜서 초고속 인터넷으로 이동하면서 전 세계가 화상회의를 할 수 있게 발전해왔다. 컴퓨터는 20세기 중반에 시작해서 70년간 획기적으로 발전되어 언제 어디서나 컴퓨팅 서비스를 클라우드를 통하여 받는 시대가 되었다.

컴퓨터의 발전에 따라서 컴퓨터 간의 데이터를 통신으로 주고받는 방식을 도입하게 되었으며 이것이 컴퓨터 네트워크다. 초기에는 컴퓨터 자체의 제조회사별로 통신 프로토콜이 달라서 타사 컴퓨터와는 통신을 할 수 없었다. 컴퓨터는 제조회사별로, 하드웨어와 운영체제가 달라서 다양했다. 지금도 스마트폰의 경우 애플과 구글로 운영체제가 다른 것과 같다.

인터넷(internet)은 인류 역사상 전 세계가 통일해서 사용하는 유일한 방식이다. 지금까지 인류는 세계적으로 통일된 것이 하나도 없다. 미터법도 미터와 인치로 다르고, 전기도 110V와 220V, 언어는 물론, 자동차의 우측/좌측 핸들, 철도도 협궤와 광궤로 나뉘어 기차가 세계를 하나로 연결하여 달릴 수 없다. 인류는 지금까지 자연적인 원인 또는 인위적인 원인으로 통일되지 못해왔다.

인터넷이라는 단일 표준 방식으로 세계가 연결되어 누구하고도 마음대로 정보를 주고받을 수 있게 된 것은 기적에 가까운 일이며 실로 다행한 사건이다. UNIX라는 운영체제와 오픈소스 그리고 미국 국방성의 개방형 시스템이 결정적인 역할을 했다.

미국에서 개발되어 세계로 보급된 인터넷은 아시아 국가 중에서는 우리나라가 첫 번째로 연결되었다. 이것은 아시아 국가 중에서 우리나라에 전기가 첫째로 보급된 것과 마찬가지로 놀라운 사실이다.

인터넷을 통해서 전자우편(E-Mail)과 자료공유(FTP), BBS(게시판 시스템), USENET(뉴스 네트워크) 등을 컴퓨터 전공자들 중심으로 사용해왔다. 핵물리학 연구자들이 보다 쉽게 정보를 공유하려는 목적으로 웹(Web)이라는 방식을 고안하였고 오늘날 웹이 세계적으로 보급되어 홈페이지를 통한 정보 공유로 발전하게 되며 대중화되었다.

PC를 중심으로 연결된 인터넷은 스마트폰의 등장과 함께 작은 장치(device)들도 인터넷으로 연결되기 시작하여 오늘날 모든 사물들을 연결하는 네트워크로 발전하였고 사물인터넷(IoT: Internet of Things) 시대를 맞이하게 되었다.

세계가 연결된다는 것

인류는 문명이 발달하면서 세계를 연결하고자 많은 노력을 했다. 페르시아, 알렉산더, 로마제국, 몽골제국 그리고 실크로드와 바스코다가마, 마젤란, 콜럼버스의 신대륙의 발견 등이 연결을 위한 노력의 하나다. 물론 세계가 연결되면서 비극도 시작되었다. 아메리칸 인디언과 잉카문명의 몰락, 아프리카 노예, 호주 대륙 원주민의 희생 등이 있었다.

오늘날 건설 기술이 발달하여 영불해저터널로 영국이 대륙에 연결되었으며 해저터널을 통한 일본 열도의 연결에서 나아가 중국과 서해 해저터널, 한일 해저터널이 논의되고 있다. 국내에서도 많은 섬들이 연결되어 섬들이 줄어들고 있다. 마카오와 홍콩이 55km가 해저와 해상대교로 연결되었으며 러시아와 알래스카가 연결되면 아시아와 아메리카 대륙이 연결될 것이다. 그리고 인도와 스리랑카를 연결하는 날이 올 것이다.[32]

[32] 인도와 스리랑카 사이에는 많은 섬들이 징검다리처럼 연결되어 있어서 아담의 다리(Adam's Bridge)라고 한다.

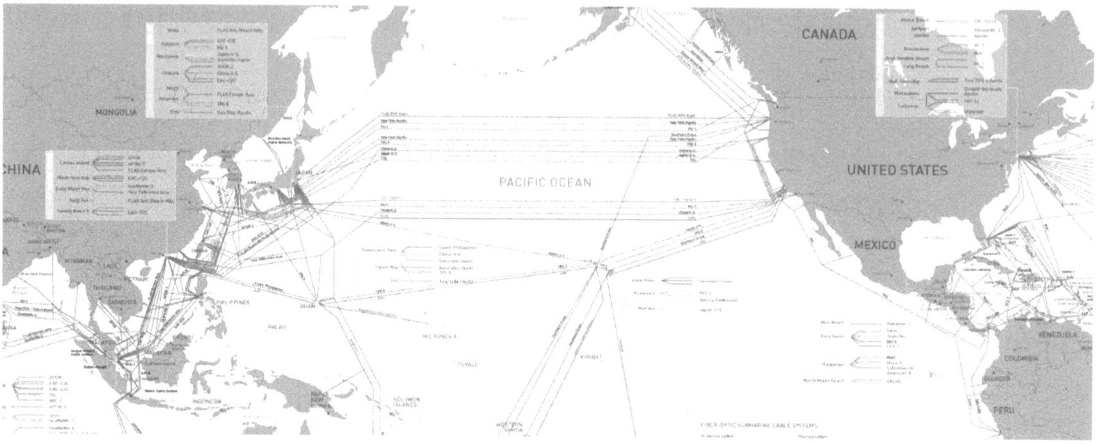

그림 7-1 세계 해저 케이블 연결도 일부세계 해저 케이블 연결도 일부[33]

우리나라의 통신 역사

전기통신은 1837년에 모르스에 의해서 유선 전신, 1894년에 헤르츠에 의해서 전파를 발견하고 이후 1897년에 마르코니에 의해서 무선 전신을 발명했다. 그리고 1871년 안토니오 무치에 의해서 유선 전화가 발명되었다.[34]

1883년 일본이 부산과 나가사키 간에 해저케이블을 설치하고, 1885년 영국이 거문도를 점령하면서 상해와 해저케이블을 설치하였다. 1885년에 한성과 인천이 유선전신 개통, 1902년 서울과 개성이 전화로 연결되었다.

1982년 서울대와 ETRI 간에 최초의 인터넷 통신이 시작되었으며, 이는 미국 이외의 국가로는 세계에서 첫 번째였으며 오늘날 초고속 인터넷 분야에서는 압도적으로 세계 1위를 유지하고 있다.

CDMA를 기반으로 한 2세대 이동통신(디지털 방식)은 우리나라가 1996년에 세계 최초로 미국의 퀄컴사의 기술을 기반으로 상용화에 성공하여 오늘날 세계 최초 상용 서비스를 2019년 5세대 통신까지 발전해왔으며 무선통신 기술을 주도하고 있다.

---

[33] https://namu.wiki/w/ 해저 케이블

[34] 전화는 벨에 의해서 발명되었다고 알려졌다가 무치로 수정되었다.

네트워크 커버리지

이동통신 네트워크는 서비스가 가능한 지역(커버리, coverage)이 중요하다. 그림 7-2는 LG유플러스의 5G 통신망 커버리지를 보여주고 있는 데 초기에 서울의 일부 지역에서 출발해서 지금은 전국의 주요 도시들은 연결이 가능하다는 것을 알 수 있다.

그림 7-2 LG유플러스의 5G 통신망 커버리지(2021년 3월 9일 기준)

전파는 지하까지 도달하지 못하며 터널 속에서도 신호가 잡히지 않는다. 그러나 우리나라에서 휴대폰을 사용해보면 거의 모든 곳에서 잘 터지는 것을 알 수 있다. 3개 회사의 경쟁이 가져다준 결과다. 와이파이, 지하철, 버스 등 어느 곳에서나 접속이 가능하다.

6G의 초고속 통신망의 시대가 되면 다음과 같은 서비스가 가능해질 것이다. 지금보다 더 현장감 있는 영상통신으로 고화질 100인치 화면의 영상은 입체감까지 준다. 현장 실시간 중계(독도의 현재 영상 등)로 현장에 가서 체험을 해야 하지 않는 이상 굳이 여행을 해야 할 필요가 없어질 것이다.

실제 모든 현장에서 바라보는 3차원 영상이 가능하며 실시간이 될 것이다. 위치 중심의 영상 검색도 가능할 것이다.

사이버 공간 내에서의 실감나는 교류가 가능해지면 문화와 언어의 장벽이 사라지게 될 것이며 정보의 통제를 통한 디지털 장벽을 구축하여 독재체제를 유지하는 국가들의 설자리는 없어질 것이다.

메칼프(Metcalfe)의 법칙에 따르면 네트워크의 가치는 사용자 수의 제곱에 비례한다. 즉 가입자 수가 2배 차이가 나는 경우 실제 가치는 4배로 늘어난다. 그래서 온라인 서비스 기업의 경우 가입자 수 확대를 최우선으로 마케팅한다.

7.2 SNS

개인 간의 통신을 위해서는 먼 거리를 직접 찾아가던가, 인편을 통해서 소식을 전하던가 하는 수밖에 없었다. 결국 같은 국가 내에서, 또는 지역 내에서만 소통이 가능했으며 타국에는 사신을 보내거나 사신단에게 부탁해서 소식을 주고 받는 길 외에는 없었다. 세계는 오랫동안 모든 개인들이 단절되어 왔다.

근대 우편제도가 등장하면서 1884년에 우정국이 설치되어 편지를 통해 세계인들은 연결이 되었다. 물론 북한과의 서신 교류는 이산가족조차도 아직 불가능하다. 편지는 국내의 경우 3일, 국제의 경우 일주일의 시간이 소요되었다. 그러나 전기통신의 시작으로 국제전화가 가능해지고, 인터넷을 통한 실시간 영상회의를 통해서 지구촌 전체에 속한 어느 누구와도 즉시 소통이 가능해지는 통신혁명의 시대가 되었다. 그리고 SNS(Social Networking Service)를 통해서 마음에 드는 누구와도 소식이 알람을 통해서 전달된다. 실시간으로 수많은 대중과 통신할 수 있는 시대다. 노력을 기울인다면 5,000명[35] 이상의 인원과도 소통을 유지하는 것이 가능하다.

휴먼네트워크와 SNS

하버드가 인기 있는 것은 인맥이 우수하기 때문이다. 대학시절에 100명의 친한 친구를 사귀어 놓으면 평생 자산이 된다. 인맥이란 사회생활에서 긴요하다. 사람이 지연과 학연, 혈연을 벗어나서 냉정하게 사는 것은 쉬운 일이 아니다.

사람들을 연결하는 네트워크 서비스는 초기에는 자료를 공유하는 게시판에서 다양한 의견을 공유하는 종합 게시판 그리고 동호회들끼리 모여서 모든 정보를 공유하는 커뮤니티 기능으로 발전해왔다. 다음의 카페가 대표적이며 최근에 서비스가 종료된 '싸이월드(cyworld)'가 최초의 SNS라고 볼 수 있다. 공유 게시판 모델에서

[35] 페이스북의 친구 숫자는 5천 명이 최대이다.

개인 블로그(blog) 서비스, 짧은 블로그 서비스인 트위터(Twitter)로 발전하였으며 페이스북(facebook)이 오늘날 대표 SNS의 역할을 하고 있고, 페이스북은 트위터, 유튜브의 기능도 모두 수용하는 방향으로 진화하고 있다.

이와 같이 국내에서 세계 최초로 서비스된 싸이월드가 인기를 끌었으나 인터넷 실명제와 같은 장벽으로 글로벌 시장에서는 성공하지 못한 아쉬움이 있다. 나중에 미국에 진출했지만, 문화적 차이 등으로 성공을 못했으며 페이스북(facebook)이 주류가 되었다. 최근에는 인스타그램(instagram), 틱톡(tiktok) 등이 있다.

7.3 클라우드

Introduction to
COMPUTATIONAL THINKING

초기 전기가 발명되어 도입 당시에는 모든 기관에서 발전기를 도입하여 운영했다. 우리나라는 대한제국 시절인 1887년 3월 6일에 경복궁의 건청궁에서 처음 전등이 켜졌다. 이는 동아시아에서 최초이며 일본이나 중국보다 빠르며 1879년에 에디슨이 전기를 발명한 후 8년 만의 일이며 1883년 미국에 보낸 사절단이 에디슨의 전등 회사를 견학하고 즉시 도입을 추진하여 이루어진 결과다. 1899년에 도입된 전차도 일본보다 앞섰으며 1986년의 전화도 마찬가지였다.

발전기를 도입하여 운영하는 전기와 마찬가지로 컴퓨터 장비도 직접 구입해서 운영하였다. 전기가 오늘날 발전소에서 생산한 전력이 전신주로 이어지는 공급망을 통해서 각 기업이나 가정으로 송전되듯이 컴퓨팅 서비스는 고속 네트워크를 통해서 전달되는 클라우드로 발전했다. 그래서 컴퓨팅 서비스가 전기나 수도처럼 사용량에 따라서 요금을 지불하는 유틸리티(utility)화되고 있다.

클라우드가 가능해진 이유

네트워크, 컴퓨팅, 가상머신, 분산처리(수십만 대의 서버를 하나의 시스템으로 묶어서 운영하는 기술) 등 다양한 SW기술의 발전이 가능해진 것이다. 데이터 센터가 컴퓨터인 시대로 발전한 것이다.

오늘날 인류는 수십만 명이 동시에 접속해서 게임을 즐기고, 영상을 공유하고 회의를 하기도 한다. 무엇보다도 과거에는 위성을 통한 실시간 생중계만이 가능하였으나 실시간 생중계를 이제는 누구나 쉽게 할 수 있는 시대가 되었다. 지역별로 수신이 가능했었던 라디오와 TV도 인터넷을 통해서 전 세계의 모든 방송과 라디오를 즐길 수 있으며 쇼핑도 온라인을 통해서 직접 구매가 가능하다. 관세의 장벽만 없으면 글로벌 시민의 일원으로 살 수 있을 것이다. 또한 몇 국가들의 인터넷 접속 제한은 글로벌 시민화에 제동을 걸고 있다. 중국의 경우 주요 글로벌 서비스는 접근할 수 없다. 대표적인 예로 페이스북, 구글, 카카오톡이 있으며 중국 여행 시 어려움이 따른다. 북한은 인터넷을 완전 차단하여 일부 특권층만 사용이 가능하다.

기업용 클라우드 서비스도 확대되고 있는데 클라우드 도입의 장점으로 첫째, 초기 투자 제로와 즉시 서비스 시작 가능, 둘째, 부하에 유연하게 대처할 수 있다는 것이 있다. 이 덕분에 갑자기 폭증하더라도 염려하지 않아도 된다. 셋째, 가격이 점진적으로 내려간다. 넷째, 핵심역량에 전념할 수 있다. 컴퓨터 시설을 유지하기 위해서는 공간, 전력, 인력, 구입비용 등이 들어가는 데 필요한 양만큼 사용하고 지불하는 모델이 적절하다.

7.4 공유

Introduction to COMPUTATIONAL THINKING

미래의 경제를 공유경제(Sharing economy)의 시대라고 한다. 집과 자동차만 렌트하는 것이 아니고 생활필수품의 전반이 렌트화되고 있다. 아이들 장난감, 옷, 안마의자, 정수기, 비데 등 서비스 산업의 발달은 수요에 맞는 모든 것을 대여해주고 있다. 렌트는 필요한 시간만큼만 사용하는 것이니 경제적이다. 오랫동안 사용하지 않을 것을 힘들게 소유하고 있다가 나중에 중고로 처리할 필요는 없을 것이다. 오늘날 에어비앤비(Airbnb.com)로 집을 공유하기 시작해서 자가용과 운전 서비스를 공유하는 우버(uber)로 확대되었다. 공유를 하고 싶어도 마땅한 수단이 없으면 어렵다. 인터넷과 IoT 기술은 공유를 아주 편리하게 해준다. 콘텐츠 공유 플랫폼뿐 아니라 모든 기기들에 장착된 요금 결제와 위치 정보가 부착된 작은 장치를 통해서 대여와 반납과 결제가 간단하게 이루어진다.

공유하고자 하는 제품에 대한 정보와 일시 그리고 비용 결제 등이 갖추어진 공유 플랫폼들의 등장은 공유경제를 촉진시키고 있다. 공공기관에서도 적극적으로 서비스를 제공한다. 도시에 놓여진 자전거 공유와 전동킥보드는 개인 이동수단의 최적화된 형식이지만, 자동차와 보행자를 중심으로 구성된 현재의 도로망에서 전동킥보드가 갈 공간이 없는 게 한계다.

오픈소스 SW

소프트웨어에 대한 지적재산권 문제가 대두되면서 오픈소스 운동이 전개되었다. 오픈소스(open source) 운동이란 리차드 스톨만이 만든 FSF(Free Software Foundation)에서 시작된 운동으로 소프트웨어를 재능 기부 형식으로 해서 인류의 공동재산으로 개발하여 활용하자는 것이다.

오픈소스는 현재 운영체제에서 컴파일러, DBMS, 빅데이터 처리, 사무자동화 패키지, 딥러닝 등 오늘날 모든 소프트웨어 분야에서 널리 활용되고 있으며 기존의 상업용 SW를 능가하는 수준으로 발전되고 있다.

상업용 SW는 기술적 서비스를 함께 제공하는 장점이 있어서 많은 기업들은 상업용을 선택하고 있으나 오픈SW에 대한 서비스를 전문적으로 제공하는 기업들도 생겨나서 미래에는 오픈SW가 대세일 것으로 전망된다. 이것은 무료 SW나 서비스 사이트를 고객들이 우선적으로 사용하는 것과 같다. 오늘날 페이스북, 유튜브, 안드로이드 등 세계인들이 많이 사용하는 SW들은 모두 무료다.

크라우드 펀딩(crowd funding)은 공동투자의 개념을 다수로 확대하여 주식회사처럼 큰 금액을 많은 사람들이 투자하고 위험도 분산시킬 수 있는 장점을 가진다. 그래서 영화와 같은 문화콘텐츠에 많이 활용되고 있다.

크라우드 소싱(crowd soursing)은 아웃소싱(outsourcing)이 확대되어 다수의 외부 사람들의 힘으로 문제를 해결하는 것이다. 예를 들어 1만쪽의 문서를 번역해야 하고 시간제한이 있다고 가정할 때 1만 명을 동원해서 한쪽씩 맡으면 하루 만에 완료될 수 있다. 시간과 동원 인원의 상보 관계를 통해서 문제를 해결하는 것이다.

공모해서 해결하는 것이 크라우드소싱과 핵심은 같다. 명칭을 정한다거나 구호와 같은 것을 경진대회로 해결하기도 하고, 최근에는 기업들이 내부의 문제를 공개해서 빠르고 최선의 방식으로 해결하는 사례들도 늘고 있다. 과거에 황우석 교수의 논문에 대한 문제점이 인터넷에 공개되어 찾은 경우가 크라우드소싱의 좋은 사례이다.

국내에서 서비스 중인 뮤직카우(musicow)는 음악 저작권을 공유하도록 하는 곳이다. 음악 저작권을 단독으로 소유하지 않고 지분을 쪼개서 여러 사람과 함께 공유하여 수익도 배분할 수 있게 한다. 저작권 소유자는 지분을 팔아서 얻은 재원으로 새로운 곡을 작곡하는데 투자할 수 있는 장점을 가진다.

웹 2.0으로 대표되는 유튜브(youtube)는 동영상 플랫폼이다. 동영상 플랫폼이란 제공되는 서비스를 사용자들이 받는 것이 아니고 누구나 이 플랫폼을 이용해서 동영상을 올리고 다른 사람들은 올린 영상을 즐기는 도구를 제공하는 기능을 말한다. 초기에는 유튜브에 누가 영상을 올릴 것인가 하는 회의적인 시각이 많았으나 조회 수에 따른 광고 수익과 수익의 공유모델을 도입해서 오늘날에는 대표적인 영상 공유 사이트가 되었다.

동영상 공유의 장점을 가장 잘 누린 국가가 우리나라라고 할 수 있다. 과거 방송

권력이라는 거대한 미디어 플랫폼과의 전쟁에서 우리나라는 글로벌 시장에서 뒤쳐질 수밖에 없었으나 유튜브는 재원이 부족한 개인도 좋은 콘텐츠만 만들기만 하면 바로 글로벌 스타가 될 수 있는 수단이 된 것이다. 그래서 오늘날 수많은 유튜버들이 등장하고 고수익을 올리는 직업 역할을 하기도 한다.

한국 가수 싸이와 BTS가 세계적인 스타가 된 것은 이 유튜브 때문이며 우리나라의 문화콘텐츠와 홍보에 핵심적인 역할을 하고 있다. 그래서 한글이 가장 우수한 문자와 언어로 자연스럽게 알려지고 있으며 한류콘텐츠 외에도 음식 등 다양한 영역으로 확대되고 있다. 최근에는 한국어의 확대로 이어지고 있다.

최근에 등장한 틱톡(tiktok)은 모바일 시대에 맞게 세로 모드(스마트폰 크기)에 적합하고 바쁜 현대인의 쪼개기 시간에 맞춰 즐길 수 있도록 특화된 영상 SNS 서비스이며 사용이 확대되고 있다.

실시간 공유

2021년 1월 미국의 덴버시 길거리에 냉장고가 나와 있고, 무료 음식 표지가 붙어 있었다. 이 냉장고는 누구나 안에 들어 있는 음식을 꺼내서 가져갈 수 있고, 또 누구나 채워놓을 수 있는 음식 공유 냉장고이다. 쌀을 누구나 가져갈 수 있도록 항아리에 내놓는 사례의 확대라고 볼 수 있으며 냉장이 가능하여 더 효율적이라고 볼 수 있다.

오늘날 중고 물품을 공유하는 기능은 IT 기술과 접목해서 확대되고 있다. 온라인 벼룩시장을 통한 거래도 가능하고, 주고받기도 한다. 의류, 장난감, 신발, 도서 등이 국내뿐만 아니라 개발도상국으로 보내지기도 한다. 공유의 기능이 지구촌 차원으로 확대되어 자원재활용이 된다는 것은 매우 중요한 발전이다.

자전거와 전동킥보드를 공유하는 것이 늘어나고 있다. 서울시에서는 '따릉이'라는 이름으로 공공자전거 공유를 하고 있으며 전동킥보드의 공유가 운영 중에 있다. 사무실도 공유 개념을 적용해서 서비스되고 있다.[36] 최근에는 주방시설을 공유하

[36] 대표적으로 위워크(wework)가 있다.

여 함께 모여서 조리를 같이 하는 서비스도 등장하고 있다.

집을 공유하는 것이 에어비앤비(airbnb)이고 차량 공유가 우버(uber)다. 미래의 경제는 공유경제시대라고 부른다. 현재 고가의 연구장비는 연구기관별로 공유하고, 입자가속기 같은 것은 물리학자들이 세계적으로 공유한다.

최근에는 기술을 공유하는 운동이 전개되어 개발도상국에게 필요한 첨단 핵심기술이 아닌 적정기술을 공유하기도 한다. 정수필터가 부착된 라이프스트로(life straw)와 항아리 냉장고는 좋은 사례다. 전기도 없는 곳에 노트북과 스마트폰을 지원하는 것은 의미가 없다.

자동판매기와 식당 음식의 공유

구글에서는 코카콜라 자판기를 연결해서 사람들에게 무료로 코카콜라를 제공하는 Re:Brief 프로젝트를 하기도 했다. 앱에 접속해서 특정 자판기의 가격을 지불하면 해당 자판기에서 누구나 무료로 음료를 마실 수 있다.[37] 이런 서비스가 가능한 것은 자동판매기와 사람이 인터넷으로 연결되었기 때문이다. 사물과 사람이 연결되면 상상했던 모든 것들이 가능해진다.

그림 7-3 "모르는 사람에게 콜라를 사주는 작은 행복을 공유하세요"

밥 사주기 공유인 미리내 운동으로 다른 사람을 위해서 돈을 미리 지불하고 가면 그 식당을 찾아가거나 지날 때 미리 낸 음식 현황을 보고 먹을 수 있는 것이다.

[37] https://thisisgrow.com/work/project-re-brief-coca-cola

그림 7-4 미리내 운동에 참가중인 식당앞의 표지 예

USB Dead Drop 프로젝트는 베를린의 화가인 알람 바트홀(Aram Bartholl)에 의해 2010년 10월에 뉴욕의 브루클린에서 시작되었다. 콘텐츠 공유의 한 사례로 설치 예술과 결합하여 공공 벤치에 USB 저장소가 설치되어 있어서 누구나 콘텐츠를 저장할 수 있고, 누군가가 그 자리에 앉아서 콘텐츠를 받아서 감상할 수 있다. 이는 공공시설을 매개로 한 사례다.[38]

그림 7-5 공원의 벽에 설치된 랜덤 콘텐츠 공유를 위한 USB 메모리

동물 애호가들이 개인이 기르는 개나 고양이뿐만 아니라 주인이 없는 길고양이를 함께 돌보는 사례는 애완 동물 공유의 사례라고 볼 수 있다. 함께 먹이도 구입해서 제공하고, 영상을 찍어서 유튜브에 올려 많은 이들의 후원을 받기도 한다. 동물의 공유가 글로벌하게 전개되는 사례라고 볼 수 있다.[39]

[38] https://en.wikipedia.org/wiki/USB_dead_drop

[39] https://www.youtube.com/user/Gelmidur

위치 정보의 공유

위치 정보의 공유는 실생활에서 활용도가 아주 높은 서비스 중에 하나다. 오늘날 지도를 중심으로 한 위치 정보 관련 서비스들이 등장해서 편리성 증진에 지대하게 공헌하고 있다.

우버(uber)에서 처음 서비스가 시작되어 국내에서는 서비스 중인 '카카오택시'는 손님의 위치에서 가장 가까운 택시들을 연결시켜주는 서비스로 호출하면 현재 택시가 어디쯤 오고 있으며 몇 분후에 도착하는 가를 실시간으로 알 수 있어서 매우 유용하다. 손님과 택시를 연결해주는 문제를 이것 이상으로 더 잘 해결해주는 것이 있을까 생각해볼 일이다. 과거에는 '콜택시' 회사에 전화로 위치를 알려주면 택시를 호출해서 연계해주는 중계자가 있었으나 중계자의 역할을 플랫폼이 대신해주는 것이다.

카카오맵에서 '톡친구 위치공유' 메뉴를 선택하여 내 위치를 공유하고 싶은 단톡방 친구들과 일정 시간 간격으로 위치 공유를 통해서 현재 위치를 쉽게 파악할 수 있다. 또한 '테마지도'에서는 다양한 주제의 위치 정보들을 안내하고 있다.

네이처링 사이트는[40] 자연을 관찰하고 사진과 함께 위치를 기록해서 공유하는 곳이다. 본교 캠퍼스의 여러 가지 나무들을 소개하고 위치가 표시되어 있으니 참고하기 바란다.[41]

구글의 마이맵(mymap) 서비스는 구글의 지도 위에 자신이 표시하고픈 모든 위치 정보를 표시하여 남들과 공유할 수 있다. 가고 싶은 여행지들이나 여행 일정 계획과 이동 동선 등을 작성할 때도 유용하게 활용 가능하다.

데이터 공유와 산업 육성

공공데이터포털을 운영 및 유지하는 것에서 나아가 AI 시대를 맞아서 정부는 2020년 코로나로 인한 경기부양의 하나로 과거 미국의 뉴딜정책에서 후버댐 건설

[40] https://www.naturing.net/o/card

[41] https://www.naturing.net/m/2199/entryobs/4139

을 인용하여 디지털 데이터댐을 구축하였다. 이를 통해 빅데이터와 AI 산업을 일으키는 목적으로 사업을 진행하고 있다. AI 허브(https://aihub.or.kr/)에는 AI 학습을 위한 AI 데이터를 구축해서 서비스하고 있다.

'인공지능 학습용 데이터 활용 아이디어 공모전'을 개최하고 있으며 올해 초에 발표된 결과로 '시청각 콘텐츠 맞춤 AI 기반 수어 통역 영상 제작 솔루션'이 최우수상을 수상했다.

데이터 바우처 사업으로 중소기업들이 데이터를 활용한 서비스를 개발하려고 할 때 데이터를 구입하는데 필요한 비용이나 데이터 가공 비용을 지원하기도 한다.

과잉공유의 문제

필요한 공유는 좋은 일이다. 과거에 불가능한 것이 IT 기술 덕분에 전 세계적으로 모든 것을 공유하게 되는 것은 자원 절약과 사회적 동물인 인간의 모든 활동을 도와주기에 바람직한 일이다. 동영상을 통해서 우리는 먹방, 공방(공부하는 모습), 자연인으로 사는 모습, 낚시 등 모든 스포츠에서 나아가서 단순한 일상 생활 전체를 공유한다.

과유불급(過猶不及)이란 지나치면 모자름만 못하다는 것으로 뭐든지 지나친 것은 바람직하지 않다. TMI(Too Much Information)란 불필요한 것까지 아는 것도 문제라는 것으로 적절한 정보와 선을 유지하는 것이 필요하다. SNS에서 지나치게 많은 것을 공유하려고 하는 것에 대한 반작용에서 출발했다. 카카오톡 단톡방에서 특정인이 지나치게 많은 게시물로 '도배질'하는 것도 과잉공유(Oversharing)의 하나이며, 종교와 정치에 대한 과잉 표현도 제한해야 한다.

특정 연예인들의 생활모습뿐아니라 누구나 자신의 모습을 공유하며, 인간이 기본적으로 가지고 있는 관음증(다른 사람들에 대한 호기심)을 충족해주기 때문이다. 인간 외에도 대도시의 모습, 동물 스타, 음식 만드는 법, 생활의 지혜 등 수요가 있는 모든 것은 공유된다. 그러나 지나친 공유로 인한 부작용도 충분히 예상할 수 있기 때문에 적절한 자율적 제한도 필요하다(마약, 범죄도구 제작, 목불인견에 해당하는 영상, IS가 참수하는 장면을 공개하는 것 등은 규제되어야 한다).

최근에는 글로벌 추세에 역행하는 사례로 지나친 애국주의와 과잉분노가 세계적 문제가 되고 있다. 그러다 보니 사소한 표현조차도 확대 왜곡되어서 사회적 문제를 야기시킨다. 과잉입법도 문제다. 도덕의 문제를 법제화하는 것은 바람직하지 않다. 카메라 셔터음, 신데렐라법, 공인인증서법, 인터넷 실명제 등 세계적 추세와 다른 특이한 법을 제정하는 것은 국제화에 어긋나는 일이다.

요약

- 네트워크를 통한 컴퓨터의 연결은 사람뿐 아니라 사물까지 모두 연결시키고 있으며 고속 트래픽 처리 기술은 실시간으로 무제한 공유를 가능하게 한다.
- 지나친 공유는 공유하지 않는 게 더 나을 수도 있다. 오늘날 종교, 분노, 입법, 스펙 등이 과잉으로 넘치는 것이 문제의 하나다.
- 오픈소스 SW운동과 SW의 공유는 새로운 집단지능의 역할로 인류 문명 발전의 새로운 패러다임을 제공하고 있다. 인류 전체가 모여서 하나의 작품을 완성하는 모델은 SW뿐 아니라 모든 콘텐츠 제작 등 여러 분야로 확대될 것이다.
- 네트워크는 과거에 불가능했던 공유를 무한으로 쉽게 제공하는 플랫폼의 발전을 가져왔다.

실습문제

1. 구글 클라우드를 사용해서 문서, 학습, 아이디어 등을 공동작업해본다. 새로운 공유 사이트에 대해서 조사해보자(slideshare.net, Youtube, 공동일정관리 등).

2. 현재 공유되지 않고 있지만 앞으로 공유하면 좋을 것에 대해서 생각해보자. 비즈니스로 연결될 만한 것인지 검토해본다.

3. 공유자전거와 전동킥보드를 사용해서 이동해본다. 그리고 문제점과 개선할 사항이 있는지 조사해보자.

4. 구글 내 지도 서비스(mymaps.google.com)에서 자신만의 위치 정보를 등록하고 공유할 수 있다. 자신만의 지도를 만들어보고 위치를 10개 이상 등록한 후 화면을 스크랩해서 제출한다(위치 정보 예: 가고 싶은 세계 관광지, 친구들 집 위치, 평소 자주 가는 곳들, 맛집 정보 등).

Introduction to **COMPUTATIONAL THINKING**

C·H·A·P·T·E·R

08

컴퓨터식 사고 VII: 병렬컴퓨팅

학습 목차

"백지장도 맞들면 낫다. 사공이 많으면 배가 산으로 간다."

-우리나라 속담

8.1 병렬컴퓨팅

Introduction to
COMPUTATIONAL THINKING

병렬처리란

건전지를 직렬로 연결하는 것과 병렬로 연결하는 것의 차이와 유사하다. 병렬처리를 쉽게 이해하는 좋은 예는 음악을 들으면서 공부하는 것이다. 운동하면서 음악을 듣거나 식사를 하면서 TV를 보는 등 동시(concurrent)에 두 가지 이상의 일을 하는 것을 병렬처리라고 한다. 손이 두 개이므로 두 손으로 각각 다른 일을 하는 것도 병렬처리에 속하나 두 손을 따로 제어하는 것은 보통 사람들은 하기 어렵다. 두 가지 일을 동시에 하는 것을 **멀티태스킹(multitasking)**이라고도 한다.

일차선 도로에서는 교통량이 늘어나면 길이 정체가 된다. 그러나 다차선 도로에서는 일정 시간에 많은 교통량 처리가 가능하다. 다차선 도로가 병렬처리와 같다. 기차표 발매창구가 여러 개가 있으면 병렬처리이고 한 개만 있으면 순차처리로 밖에 처리가 안 된다.

속담에 "백지장도 맞들면 낫다."와 "사공이 많으면 배가 산으로 간다."는 여럿이 힘을 합치면 좋은 면도 있고 안 좋은 면도 있다는 것을 말해주고 있다. 병렬처리 또는 병렬컴퓨팅(parallel computing)은 한 개의 CPU보다 두 개 이상의 CPU를 사용하여 성능을 높이는 방식을 말한다. 이 방식은 하나의 CPU 성능 개선의 한계를 보이면서 개수를 늘리는 방식으로 전체적인 성능을 높이는 방식이다.

초기에는 CPU를 여러 개 사용하는 방식을 사용하였으나 최근에는 반도체 집적도가 높아지면서 아예 하나의 CPU 내에 여러 개의 CPU(이때 이름을 코어(core)라고 부른다)를 넣는 멀티코어 방식을 주로 사용하고 있다. 또한 멀티코어가 두 개(듀얼코어)에서 네 개(쿼드코어)와 여덟 개(옥타코어)까지 등장하였다. 애플의 새 CPU인 M1X는 12개의 코어를 갖는다고 발표된 바 있으며 시간이 지날수록 코어 수는 늘어날 것이다.

오늘날 중국 공산당에서 택하고 있는 집단지도체제는 한 사람의 권력 집중을 막기 위한 제도이며, 로마제국에서 시행했던 과두정치, 오늘날 기업이나 대학의 학생회에서 택하고 있는 공동대표제도 권력을 다수가 동시에 공유하는 시스템이다.

고속철도의 경우에도 적용이 가능한데, 동력을 담당하는 차량이 선두에 서서 끄는 방식이 있지만, 최근에는 모든 기차 차량에 동력장치가 설치되어 병렬로 동력을 제공하는 경우도 있다. 마차도 한 마리에서 두 마리, 네 마리가 끌도록 하여 더 많은 화물을 실을 수 있으며 항공기의 엔진도 2개 또는 4개로 늘려서 하중을 늘릴 수 있는 것과 같다.

병렬처리의 조건

병렬로 처리한다는 것은 처리해야 할 일을 쪼갤 수 있어야만 가능하다. 쪼갤 수가 없는 일도 있으며 그와 같은 일은 병렬로 처리가 불가능하다. 오랜 역사 속에서 최고의 권력자는 오직 한명일 수밖에 없는 것과 같다. 그 이유는 권력이라는 것은 나눌 수 없기 때문이며 부자간에도 권력 투쟁이 많았다는 것을 알 수 있다.[42]

병렬로 처리한다고 해서 성능이 배로 증가되지는 않는다. 그 이유는 일을 나누고 합치는 작업에서 성능의 손실을 가져오기 때문이다. 어떤 일에 여러 사람을 투입한다고 해서 끝나는 시간이 1/n로 줄어들지 않는 것과 같다.

100개의 숫자가 주어지고 덧셈 연산을 하는 경우 10개씩 나누어 병렬 덧셈으로 처리가 가능하다. 그러나 100개의 숫자를 정렬(sorting)하는 문제는 단순히 10개씩 나누어서 정렬한 후에 합한다고 해결되지 않는다. 문제의 종류에 따라서 병렬처리가 가능하기도 하고 못하기도 한다.

병렬처리의 사례

RAID 시스템은 빅데이터를 저장하여 처리하는 용도로도 사용되고 병렬처리로 성능을 높이는 데도 사용이 가능하다. 예를 들어 1TB(1024GB)를 디스크에서 읽어

[42] 이럴 때 드는 이유로 태양은 하나라는 것을 주로 거론한다.

오는데 디스크의 속도가 500M/s라면 총 2×1024초(약 34분)가 필요하다. 그러나 100GB씩 나누어서 10개의 디스크에 분산하여 저장시켰다면 전체를 읽을 때 10개의 디스크를 병렬로 동작시켜서 읽음으로 2×100초(약 3.3분)이면 가능해진다.

라즈베리파이(Raspberry Pi)는 아두이노(Arduino)와 같이 소형 IoT 개발용 컴퓨터다. 영국의 사우스샘톤(southampton) 대학에서는 64대를 레고 블록으로 연결해서 슈퍼컴퓨터(Iridis-Pi)를 만들었다고 발표했다. 작은 성능의 컴퓨터도 묶어서 병렬로 처리하면 충분히 슈퍼컴퓨터의 성능을 보일 수 있다.[43]

그림 8-1 라즈베리파이 64대로 만든 Iridis-Pi 슈퍼컴퓨터

동시작업과 병렬처리

병렬로 처리하는 것은 시간적으로 동시에 동작시키는 것을 의미하며 동시성(concurreny) 개념은 컴퓨팅에서 매우 중요하다. 서버의 경우 수천 명이 동시에 접속해서 사용하지만 한 사람씩 순차적(sequential)으로 처리하지 않고 동시적으로 처리한다.

이 개념은 프로기사(CPU가 빠름, 바둑 실력이 좋아서 수를 빠르게 볼 수 있다)가 아마추어 바둑기사(바둑 실력이 나빠서 수를 천천히 본다) 다수와 동시대국을 두는 것과 같다.[44] 이 경우는 한 사람씩 순차적으로 처리하므로 엄밀하게 동시처리

[43] https://projects-raspberry.com/raspberry-pi-supercomputer-built-at-southampton/

[44] 중앙일보 2015년 9월 19일 기사에 프로기사 100명이 광화문에서 시민 1000명과 동시대국을 두었다.

로 볼 수 없으므로 병렬처리가 아니다.

사실 컴퓨터의 동시처리는 한 개의 CPU를 가지고도 가능하며 병렬 CPU를 가지고 처리하면 더욱 빠르게 처리가 가능하다. 그러므로 동시작업(Concurrent Processing)과 병렬처리는 비슷해보이지만 엄격히 살펴보면 완전히 다른 처리 방식이다.

대규모 병렬처리

병렬처리의 기술이 발전하면서 병렬의 수준이 높아져서 열 개 이내에서 수백수천 개로 늘어나게 되었으며 이런 시스템을 대규모 병렬처리라고 한다. 대규모 병렬처리(Massive Parallel Processing)의 대표적인 사례로 빅데이터 처리와 데이터 센터에서 사용하는 PC들을 고속네트워크로 묶어서 수천만 명의 사용자 접속에 대한 처리가 있다.

병렬 프로그래밍

병렬 CPU나 멀티코어를 가진 컴퓨터를 활용하려면 SW를 병렬코드로 작성해야 한다. 프로그램이 실행되는 것을 프로세스(process)라고 부르며 컴퓨터 내에서는 여러 프로세스가 실행 중인데 이 프로세스를 여러 CPU로 분산해서 병렬로 처리할 수도 있다. 그러나 병렬의 단위가 프로세스라는 것은 한 프로그램을 병렬로는 처리하지 못한다는 것을 의미한다.

그러나 한 프로그램을 병렬로 처리하기 위해서는 프로그램 자체를 작은 단위로 쪼개야 하며 이 쪼개진 단위를 쓰레드(thread)라고 부른다. 그래서 멀티 쓰레드 프로그래밍을 통해서 쓰레드들을 동시에 병렬로 실행시키는 새로운 프로그래밍이 필요하다.

8.2 블록체인

Introduction to COMPUTATIONAL THINKING

블록체인(blockchain) 시스템에서 블록(block)이란 디스크 블록을 의미한다. 정보는 하드디스크에 블록 단위로 저장되며 보통 그 크기는 0.5M에서 현재는 4M 정도의 크기를 가지며 OS에 의해서 결정된다. 파일은 크기에 따라서 블록의 개수가 달라지며 블록들은 링크(link, 체인)로 연결된다. 즉 블록들이 링크로 연결되어 있는 것을 블록체인이라고 하는데 오늘날의 블록체인은 여기에 몇 가지가 추가되어 있다.

블록체인의 정보를 인터넷의 블록체인 시스템에 참여하는 컴퓨터(노드)들이 모두 분산해서 보유하며(블록들을 중복 저장) 링크도 인터넷으로 확장되어 있다. 그래서 하나의 정보가 블록체인에 참여하는 많은 노드들에 분산 저장되어 있어서 해킹, 조작이 어렵다는 것이다(조작하려면 특정 블록을 가지고 있는 모든 컴퓨터들을 해킹해서 해당 블록을 변경해야 하는데 그것은 기술적으로 불가능에 가깝다). 그리고 이 노드의 정보에 대해서 암호화 기술을 사용하여 보안성을 높혔다.

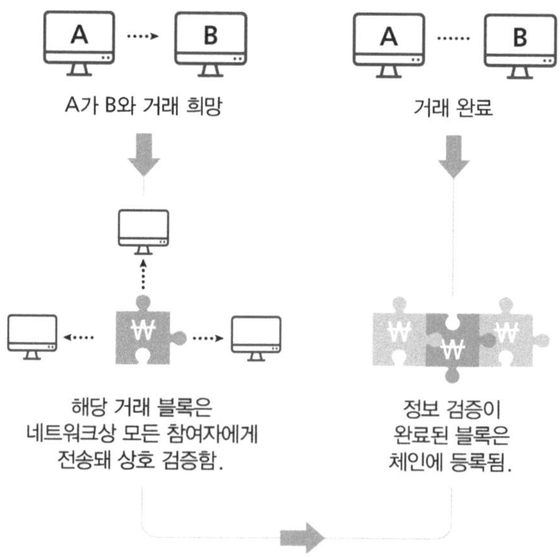

그림 8-2 블록체인 시스템의 거래 흐름도

과거 P2P(Peer to Peer) 시스템과 분산 데이터베이스 시스템 기술을 결합한 형태라고 볼 수 있다. P2P 시스템으로 만든 암호화폐인 비트코인(bitcoin)을 블록체인으로 확장한 것이다.[45] 개발자 사토시는 알려지지 않은 인물이며, 이 기술을 처음 화폐에 적용한 것일뿐 블록체인은 분산된 정보 공유시스템에 모두 적용이 가능하다. 그래서 오늘날 각종 증명서 등을 발행하거나 인증하는데 활용되기도 하면서 콘텐츠 사업 분야의 확대 적용이 가능하다.

블록체인이 각광을 받게 된 것은 비트코인이라는 암호화폐의 등장으로 인한 것이다. 비트코인을 만든 사토시[46]는 블록체인 시스템의 유용성을 검증하는 차원에서 만들었을 뿐 대규모 암호화폐로 제작한 것이 아니다. 그 근거로 비트코인의 총량이 제한되어 있어서 대규모 거래에 부적합하고 실제 처리 속도도 느려서 오늘날 실시간 트랜잭션 처리에 적합하지 않다.

비트코인의 성공으로 수많은 코인들이 만들어지고 있다. 그러나 가치가 확보되지 않은 코인의 투자는 도박이나 마찬가지다. 물론 비트코인이 가지는 문제를 해결하고 기능이 개선된 이더리움, 원유 1배럴의 가치와 연동된 베네주얼라의 코인도 있다. 초기에 1비트코인에 피자 한 판으로 거래가 된 비트코인은 6천만 원까지 상승했다가 내려와 현재 4천만 원 정도를 유지하고 있다.[47]

비트코인은 컴퓨터를 이용해서 암호를 풀면 코인을 발행하는 방식(금본위제도에서 금이 화폐와 호환되는 개념을 적용한 것)으로 코인 마이닝에 많은 업자들이 나서면서 그래픽카드가 품절되기도 했으며 수많은 컴퓨터를 동원해서 코인 마이닝하므로 전력 낭비가 사회적 문제로 지적되기도 했다.

참여하는 모든 노드에 거래원장을 자동 복제함으로써 거래를 보장해주는 기법으로 중앙집중형 시스템을 불필요하게 만들어 완전 민주주의가 가능하다.

---

[45] https://namu.wiki/w/블록체인

[46] 비트코인 개발자 사토시는 가명으로 아직 실명이 밝혀지지 않았다.

[47] 일론 머스크가 테슬라 자동차 구입에 비트코인 결제를 한다고 해서 폭등했었다. 2021년 7월.

탈중앙 집중형 시스템

비트코인으로 증명되듯 블록체인의 가장 큰 장점은 화폐발행 중앙기관이 필요 없다는 것이다. 중앙집중형이 아니고 완전 분산형 시스템으로 거래(트랜잭션)를 보장해주는 기능은 완전히 새로운 정보시스템의 가능성을 보여주는 것이다. 세계 은행 간의 송금에는 SWIFT망이라는 중앙통제 시스템이 필요하지만, 비트코인 송금에는 이런 것이 필요없다. 그래서 비트코인은 마약이나 마피아 같은 지하경제에서 필요한 송금을 담당하는 기능을 할 수 있어서 사회적 문제가 될 수 있다.

중앙은행이 필요하지 않다는 점이 가장 강력한 기능이다. 국내의 은행 간 계좌이체를 위해서는 모든 은행들과의 거래를 중개하는 시스템이 있어서 가능하다. 또한 전 세계의 은행 간 송금을 담당하는 중장 금융 결제망이 있어서 이 서버를 거치지 않으면 불가능하다. 그래서 미국이 통제하는 국가 간 금융 결제망에서 제외되는 국가의 은행은 퇴출될 수 밖에 없어서 국가를 제재할 때 사용하고 있다.

이와 같은 완전 자율 분산 처리는 원래 인터넷이 가지는 기본 개념으로 오늘날 인터넷은 중앙에서 통제하는 기구도 없고, 국가도 없어서 모든 국가가 사용하고 있다.[48]

정부가 발행한 신분증만이 공인되어 인정되며, 문서도 공증을 받아야만 신뢰를 확보받는다. 금융거래에서 사용하는 전자 공인인증서도 발행기관이 지정되었기에 신뢰를 얻는다. 그러나 블록체인은 이러한 중앙 공인 기관이 없이 상호 거래에 대해서 공인을 받게 되는 셈이다. A와 B가 어떤 거래를 했고 그 기록이 블록체인에 기록되는 순간 공증이 되는 것과 같다.

지구촌 단일 디지털 화폐의 탄생

인류의 역사는 국가의 영역이 넓어지는 방향으로 전개되어 왔다. 중간에 로마제국, 알렉산더제국, 몽골 제국으로 전 세계가 하나로 통합된 적이 있었고, 2차 세계대전도 세계를 하나로 묶으려는 전체주의자의 시도라고 볼 수 있다. 오늘날 유럽

[48] 정보통제의 최상국인 북한내에서도 인터넷을 사용하고 있다.

이 하나로 묶여 EU가 되었고 FTA와 같은 협약으로 경제적인 면에서 세계가 하나로 묶이고 있다. 이러한 흐름을 놓고 볼 때 국가 간의 장벽이 점차 줄어들고 있다.

이미 인터넷은 국가의 장벽을 허물어서 해외직구와 여행의 자유화, 영화/드라마 콘텐츠의 공유, 디지털 화폐의 출현은 장벽의 의미를 감소시킬 것이다. 이미 우리는 SNS와 유튜브를 통해 공유하고 있다. 인터넷이 세계 표준이 된 것은 기적적인 일이며 참으로 다행한 일이다. 차단은 하고 있지만 공산권 국가들도 모두 인터넷을 사용 중인데 이는 인류 역사이래 하나의 표준으로 통일된 것이 인터넷 외에는 하나도 없기 때문이다. 언어와 문화, 도량형, 자동차 통행법(좌측/우측), TV 송출방식, 무선통신망 등 모두가 다르다.

블록체인을 기반으로 지구촌 차원에서 주요 증명서 같은 것을 공증한다면 세상은 극히 편리해질 것이다. 그래서 의사와 같은 특정 자격증(전기, 건축사, 변호사 등 각종 국가 부여 자격)의 공유가 가능해지는 날이 오기를 기대한다.

요약

- 병렬컴퓨팅은 여러 대의 컴퓨터를 동시에 가동시켜서 부하를 나누어 가짐으로써 초대규모 연산 처리가 가능하도록 하는 기술이다. CPU도 멀티코어로 실제 여러 개의 CPU가 동시에 처리하고 있다.
- 블록체인은 인터넷으로 연결된 시스템들이 공동으로 정보를 관리하는 분산 정보시스템이라고 볼 수 있다. 네트워크 클라우드에 저장되는 정보는 지속성을 가지며 중앙제어가 필요 없는 완전한 분산 처리 시스템이다.

실습문제

1. 자신이 가지고 있는 PC와 스마트폰은 멀티코어를 가지고 있다. 코어의 개수가 몇 개인지 확인해서 화면을 제출한다.

2. 수많은 가상화폐들이 등장하고 있다. 가상화폐 거래소에 가입하고 1000원에 해당하는 가상화폐를 구입한 후에 지갑의 구입한 화폐 화면을 제출한다.

Introduction to **COMPUTATIONAL THINKING**

C·H·A·P·T·E·R

09

컴퓨터식 사고 VIII: 임베디드 컴퓨팅과 사물인터넷

학습 목차

"미래는 이미 와 있다. 다만 널리 퍼지지 않았을 뿐이다."

-윌리암 깁슨

9.1 사물 이야기

Introduction to COMPUTATIONAL THINKING

대형 컴퓨터에서 출발한 컴퓨팅 기술은 개인용 PC에서 휴대하는 스마트폰으로 진화했으며 더욱 소형화되어 이제 모든 사물 속으로 내장되기 시작했다. 컴퓨터와 일체화된 사물들은 최대한 지능화되어 최고의 활용성을 가지게 될 것이다. 오늘날 지능화된 사물들은 서로 연결되어 인간을 제치고 스스로 자율적인 컴퓨팅 서비스를 제공하게 될 것이다.

동양 전통에서의 사물

사서삼경의 하나인 대학에서 가장 중요한 8조목은 격물(格物), 치지(致知), 성의(誠意), 정심(正心), 수신(修身), 제가(齊家), 치국(治國), 평천하(平天下)이다. 만사의 첫 번째가 바로 격물인 것이다. 격물의 뜻은 사물의 이치를 이해하는 것이다. 그래서 선비들은 일생을 격물하는 데 노력했다.

주나라 시절의 제도에 대한 기록인 "주례 동관 고공기"를 보면 다음과 같은 구절이 있다. 知者創物. 巧者述之守之, 世謂之工. 百工之事, 皆聖人之作也. 즉 지식이 있는 사람은 사물을 만들고 교자는 서술하여 후세에 남기는 데 이러한 일을 공(工)이라고 하고 이러한 수백 가지 공(工)에 관한 일을 하는 사람을 성인(聖人)이라고 부른다.

인간에게 이롭고 새로운 물건을 만드는 일에 대해서 매우 높이 평가하고 있다는 것을 알 수 있다. 오늘날 사물과 컴퓨터의 통신 결합으로 새로운 사물인터넷 제품을 발명하여 인류에 기여하는 일은 매우 가치 있는 일이다.

사물에 대한 종교적 철학으로 동학의 3경 사상을 들 수 있다. 경천(敬天)은 하늘을 공경하라는 뜻이다. 경인(敬人)은 사람을 공경하라는 것으로 사람이 곧 하늘과 같으니 하늘을 공경하듯 사람을 공경하라는 것이다. 중요한 것은 여기에 나아가서 사물을 공경하라는 경물(敬物)이 있다. 세상 만물을 하늘과 사람과 같이 공경하라는 것이다. 동물이나 식물 또는 사물은 함부로 대해서 안 된다는 철학은 높이 평가받아야 한다.

사물을 공경하는 것은 박물관에 가보면 오래전 물건이나 위인들이 직접 사용하던 물건을 특별히 보관하는 것을 보면 추리할 수 있다. 기본적으로 모든 사물을 공경하는 것은 필요하다. 샤머니즘이 사물 속에 신성이 있다고 숭배하는 것을 보면 비슷한 면이 있다.

사물의 진화

모든 것은 변한다. 사물도 시간에 따라서 진화한다. 전화기는 유선으로 음성을 전달하는 기능으로 출발했으며 초기 모델은 스피커와 마이크가 분리된 형태로 크기도 컸다. 아날로그 형식의 전화기에서 디지털 전화기로 음질이 개선되고 부피가 커졌으며 다이얼 방식에서 버튼 방식으로 변경되었다. 그리고 자동응답 기능이 추가되고 음성녹음 기능이 추가되어 음성 메시지를 나중에 들을 수 있게 되었다. 유선 전화에서 가정 내의 무선 전화기가 등장하여 전화기에 매달려 통화하지 않고 자유로이 움직이며 전화할 수 있게 되었다.

이동 전화의 시대가 개막되고, 컴퓨터가 내장된 스마트폰이 등장하였으며 속도의 증대에 따라서 비디오 영상 전화가 가능해졌고 스크린의 크기가 점점 커지다 보니 폴더블 스마트폰이 현재 시판 중에 있다. 폴더블이 롤러블(rollable) 형식으로 또는 삼중 폴더블 폰으로 발전할 예정이다.

모든 사물은 처음 발명되고 시간이 지나면서 개선되고 기능이 추가되면서 발전된다. 물론 아직도 초기의 발명품 형태를 유지하고 있는 것도 많이 있다. 대표적인 것이 우리나라의 지게다. 나무에서 플라스틱이나 철제로 변경이 되기는 했지만 지게의 형태로 남아 있다. 호미는 처음 만들어졌을 때의 모양과는 다르겠지만 앉아서 밭일을 하는데 최적으로 모양새가 진화하여 3차원으로 잘 갖추어져서 외국으로 수출되어 인기를 끌고 있다.

사물의 진화 원리

생물체의 진화 원리는 자연 선택(natural selection), 교잡(crossover), 돌연변이(mutation)로 알려져 있다. 사물들도 아래와 같은 원리들이 결합하여 진화한다.

- **변형**: 처음에 만들어진 모양에서 지속적으로 개선되어 현재의 모양으로 진화한다. 현재 세계에서 각광받는 우리나라의 호미를 보면 이해할 수 있다.
- **센서**: 다양한 센서 기능이 사물에 부착된다. 스마트폰에 센서들이 늘어나듯이 오늘날 자동차에 다양한 센서들이 추가되고 있다.
- **연결**: 사물들은 제어장치와 연결될 뿐 아니라 다른 사물들끼리도 연결되어 부가 서비스를 제공한다. 자동차끼리 연결되면 앞 자동차의 긴급 브레이크는 뒤 자동차에 즉시 전달되도록 하여 연쇄 충돌을 방지할 수 있다.
- **융합**: 두 사물이 하나의 사물로 융합되어 새로운 사물이 된다. 사진 카메라와 비디오 카메라는 오늘날 하나의 카메라로 합쳐졌다.
- **정보처리**: 기기에 컴퓨터가 내장되어 센서에서 수집된 데이터에 대한 간단한 처리기능이 부여된다. 점차 처리능력이 발전하면 기기 내에서 모두 처리할 수도 있다. 처리가 어려운 경우는 서버로 연결되어 처리 결과를 받을 수도 있다.
- **지능**: 고도의 컴퓨팅 기능이 추가되면 AI에 해당하는 연산을 담당할 수도 있다. 물론 나중에 초지능 사물로의 진화도 가능하다.
- **이동**: 움직이지 못하는 사물에 바퀴 등 이동 수단이 추가되어 이동성을 갖춘다. 휴지통이 이동 휴지통으로, 자동차에 드론 날개가 부착되어 날 수도 있다.

사물의 진화 단계

이러한 진화 원리를 기반으로 초기에 사물이 탄생하여 진화하는 과정을 단계로 정리한 것이 표 9-1에 나타나 있다. 사용한 사물은 화분을 예로 들었다.

표 9-1 사물의 진화를 단계별로 정리

번호	레벨명	설명	화분 사물의 예	진화원리
1	더미, 수동	정적, 외부의 힘으로 움직임	보통 화분	발명
2	전동	스스로 움직임, 능동적 사물로 변신	외부 명령에 의해서 전후좌우로 움직인다.	이동
3	센서	주변 환경 인식	수분, 습도를 감지하여 표시한다.	센서
4	컴퓨터	정보처리단계	수분, 습도, 조도 결과에 따라서 알람을 울린다.	임베디드 컴퓨팅
5	네트워크	주변 사물과 연결	주변 화분에게 문의해서 양지바른 곳으로 자리를 옮긴다.	연결
6	지능(AI)	인공지능으로 자율 판단 관리	식물의 종류에 따라서 자동으로 수분, 습도, 온도 조절을 한다.	지능
7	융합	타기능과의 통합	화분에 음성인식 스피커, 조도 센서, 미세먼지 알림 등을 통합한다.	융합

적정 기술을 가진 사물

사물이 진화하고 있지만, 적정한 사물이 중요하다. 전기가 없는 곳에 노트북은 무용지물이기 때문에 휴대용 태양열 충전 기기 등이 사용되고 있다. Qdrum은 먼 거리로 물을 길어서 운반해야 하는 곳에서 필요한 사물로, 굴러갈 수 있는 형태의 플라스틱 드럼이다.[49] 소켓볼(sOccket)은 축구공과 같아서 축구를 즐기는 동안에 공이 굴러가면서 내부의 전지를 충전시킨다. 집으로 가서 공 안에 소켓을 꽂으면 3시간을 사용할 수 있는 전등이 된다.

[49] http://www.qdrum.co.za/

9.2 스마트 사물들

Introduction to
COMPUTATIONAL THINKING

사물과 컴퓨터의 결합

정적인 형태를 가지는 더미(dummy)한 사물이 두뇌를 가진다는 것은 특정한 기능을 수행하는 센서(sensor)와 움직임을 통한 반복적인 작업을 제어할 수 있게 된다는 것을 의미한다. 전기모터와 결합되어 특정한 동작을 인력으로 하지 않고 모터의 힘으로 편리하게 움직인다.

수력을 이용한 풍차나 물레방아가 전기를 이용하게 됨으로써 장소에 구애받지 않고 설치가 가능해졌다. 또한 절구나 맷돌이 있다면 다양한 기능을 자동으로 반복하는 운동을 통해 절구질을 한다거나 맷돌이 자동으로 돌아간다는 것을 의미한다. 전기 재봉틀은 발로 움직이지 않아도 된다. 오늘날의 컴퓨터 자수기는 문양을 자동으로 옷감에 새겨준다.

밥을 하는 솥에 대해서 생각해보자. 아궁이에 장작불을 때고 밥을 하던 시절에서 벗어나 오늘날 전기 가마솥 기기는 밥의 종류만 선택하면 전자동으로 밥을 해주는 컴퓨터 기기다.

임베디드 컴퓨터에 영향을 주는 기술

- **마이크로컴퓨터**: CPU의 발전에 따라서 성능이 달라진다. 초기 8비트에서 시작한 CPU는 오늘날 64비트가 보편화되고 있다.
- **SoC(System on a Chip)**: CPU와 메모리, 네트워크 등 여러 기능의 장치들이 하나의 칩으로 만들어져 SoC가 된다. 오늘날 스마트폰에는 SoC 칩이 들어가 있으며 APU(Application Processing Unit)라고도 한다. APU에는 CPU, 그래픽 처리기, 메모리, 통신용 모뎀이 모두 하나의 칩으로 만들어진다.
- **배터리**: 전력으로 동작하는 특징으로 배터리의 용량과 수명이 스마트 사물에

매우 중요하다. 전기 보급이 어려운 지역에서는 태양광 충전과 같은 보조장치가 필요하게 된다.

- **저전력**: 같은 CPU도 배터리로 동작하기 때문에 동작 시간이 중요하며 저전력을 요구하는 칩 제조기술이 중요하게 된다. 스마트폰에서 인텔사의 CPU 대신 ARM사의 CPU를 사용하는 이유이기도 한다.
- **센서**: 스마트하다는 것은 센서를 가진다는 것과 같은 의미일 정도로 주변 상황을 탐지하는 기술은 필수불가결하다. 움직임, 위치, 카메라, 비디오, 라이다, 중력, 가속도, 온도, 방사능 등 수많은 센서가 개발되고 있으며 오감 센서로의 발전이 진행 중에 있다.
- **통신**: 서버와 주변 사물들 간의 통신 기능은 필수적이다. 그러므로 다양한 통신 기술들이 등장하고 있으며 블루투스, Wifi, Zigbee, LoRA, NFC 등 많은 기술들이 사용 중에 있다.

센서 개발 경쟁

사물 속에 두뇌가 들어가려면 센서(Sensor) 기술이 필수적이다. 인간도 오감 센서를 통해서 느끼는 감각을 뇌 속에서 처리하듯이 센서와 결합해서 서버에 전달하기만 하거나 간단한 연산 또는 지능적 연산을 수행하는 것이 가능하다. 사물의 크기와 응용에 따라서 컴퓨팅 파워는 달라진다.

스마트폰에만 해도 초기에는 배터리를 절약하기 위해서 통화 중에는 화면이 꺼지는 근접 센서와 빛의 양에 따라서 화면의 밝기를 제어하는 조도 센서, 그리고 위치 인식을 위한 GPS, 스피커와 카메라로 구성되었으나 가속도 센서 등 총 10개가 넘는 센서들이 들어있으며 시간이 지남에 따라서 계속 늘어나고 있다. 일본에는 방사능 측정 센서가 내장된 스마트폰이 판매중이기도 하다. 스마트워치는 동작 측정(걷기 횟수, 거리)에서 나아가서 심전도, 심박수, 혈압, 혈중 산소포화도를 측정할 수 있다. 종합 건강측정 기기로 변신중이다.

2021년 3월 삼성전자와 애플이 혈당 측정 센서 개발로 경쟁 중이라는 소식이 들렸다. 의료 검사를 위해서는 채혈해야 하는 문제로 번거로우며 특히 혈당검사를 해야 하는 당뇨환자들에게 채혈 없이 검사가 가능한 장치의 개발이 긴요하다. 삼성전자는 레이저를 혈관에 투사해서 측정하는 원리를 이용하고, 애플은 테라헤르츠(Thz) 전파를 발신해서 측정하는 원리를 사용하고 있다.

임베디드(Embedded)란 개념은 컴퓨터가 사물의 내부에 내장되어 사물과 일체화된 형식으로 기능을 제어하는 것을 말한다. 즉 컴퓨터가 독립된 형태로 사물과 통신하며 제어하는 방식도 있을 수 있지만, 아예 컴퓨터가 사물 속으로 들어가서 사물을 제어하는 것을 말한다.

임베디드 컴퓨팅의 등장은 컴퓨터의 소형화 기술이 완성되어 가능해졌다. 컴퓨팅이 이루어지려면 CPU와 메모리가 있어야 하고, 저장장치도 필요하다. 그 외에 통신하거나 외부 인터페이스 등의 기능이 필요한데 오늘날 이 모든 것이 하나의 칩에 통합되어 만드는 게 가능하다.

스마트폰(smart phone)의 내부를 보면 응용처리기(AP: Application processor)라고 부르는 하나의 칩 속에 CPU, 메모리, 통신모뎀, 기타 연산 장치가 모두 포함되어 있는 것을 알 수 있다.

이러한 임베디드 컴퓨팅은 생산용 로봇이나 기타 다양한 특수 장치 속에서 폭넓게 활용되어 오다가 소형화와 인터넷 기술의 결합으로 일반화되어 오늘날에는 일반적인 모든 사물 속에 들어가게 되었다. 그래서 사물인터넷(IoT: Internet of Things)이라는 시대가 열리게 되었다. 사물인터넷이 추구하는 바는 모든 사물 속에 컴퓨팅과 인터넷이 내장되어 지능화된 정보처리기로 변신하는 것이다.

아무런 기능이 없는 사물에 컴퓨터가 내장되면 스마트(smart)한 장치로 변신(transform)하게 된다. 오늘날 새로운 사물인터넷 기기들이 쏟아져 나오고 있으며 기존의 사물에 내장된 형식에서부터 독립된 신제품 기기까지 다양하며 그 한계는 오직 인간의 상상력에 제한될 뿐이다.

자동차의 에어백, ABS(Anti-block Brake System), 차체자세제어, TPMS(Tire Pressure Management System), 자율주행 제어시스템 등이 모두 임베디드 시스템의 일종이다.

스마트 사물들

스마트 벨트는 허리둘레를 측정해서 결과를 그래프로 스마트폰을 통해서 제시하여 체중관리를 하도록 도와주는 기능과 함께, 벨트의 조임을 자동으로 해주기도 한다.

스마트 침대의 주요 기능으로는 수면상태를 인식해서 숙면시간을 알려주는 기능이 있다. 알람시간에 맞춰서 침대를 흔들어 깨워주기도 한다. 기타 조명과 음악 등은 보조기능이다.

최근에 한류의 붐에 따라서 새롭게 각광받는 우리나라의 사물로 '호미'와 '포대기', '갓'과 '지게', '담요' 등을 들 수 있다. MP3 플레이어와 셀카봉, 스마트폰의 전신인 터치폰도 우리가 처음 만든 사물로 사물인터넷 시대에 우리가 세계를 선도할 수 있는 좋은 기회라고 볼 수 있다.

사물과 의인화

동화 속에서는 사물들이 사람으로 변신하여 함께 모험을 하기도 한다. 이때 대체로 사람이 마술에 걸려서 사물로 변신하여 있다가 주인공의 활약으로 다시 사람으로 되돌아오기도 한다. 미녀와 야수에서 나오는 촛불, 주전자와 시계는 얼굴 모양을 해서 사람과 대화를 하며, 영화 카(car)에서는 자동차들이 사람처럼 말을 하는 장면이 나온다.

이러한 동화 속의 사물이 실제로 가능해지고 있다. 스피커가 음성을 알아듣고 대화하는 인공지능 스피커들이 이미 여러 종류가 출시되어 있으며 스마트 거울에 앉아서 "이 세상에서 누가 제일 예쁘니?"하고 물으면 대답을 해준다. 알리바바와 40인의 도적에서는 동굴 앞에서 "열려라 참깨"하고 외치면 문이 자동으로 열리는 것은 이미 음성 명령으로 제어하는 시대에서는 간단한 일이다. 외칠 필요 없이 보통 스마트키를 소유하고 있으면 가까이 가면 자동으로 열린다. 물론 얼굴인식을 해서 열어주기도 한다.

아라비안 나이트의 나는 양탄자도 이미 나는 드론이 개발 중이며 머지 않아 양탄자 형태의 비행체가 개발되어 타고 다닐 수 있을 것으로 전망된다. 사물인터넷 기술은 인간의 상상을 모두 가능하게 해주는 마법과 같은 기술로 재현되고 있다. 해리포터 영화에 나오는 움직이는 그림의 액자와 위치를 알려주는 지도 그리고 주문과 동작으로 제어하는 마술봉, 덮으면 물체가 사라지는 투명망토 등도 현재 상당히 유사하게 구현이 완료되고 있는 중이다.

사물을 의인화하는 방법으로는 다음과 같이 입출력을 음성으로 사람이 말하듯이 출력하고, 음성을 인식하는 기능이 필수적이다. 그리고 디스플레이를 부착해서 사물의 내부 과정과 상태를 표정 그래픽이나 이모티콘 형식으로 외부에 표현하는 것이다.

- 출력을 음성으로 한다.
- 음성을 인식하여 명령을 수행한다.
- 자신의 상태를 디스플레이를 이용하여 표정이나 이모티콘으로 나타낸다.

스마트 사물의 예

기존에 있었던 사물이 스마트 사물로 진화한 것으로는 스마트 워치, 스마트 밴드, 전동 킥보드, 로봇 청소기, 스마트 침대, 스마트 허리띠, 스마트 기저귀, 스마트 화분, 스마트 체중계, 스마트 온도계, 스마트 의상, 스마트 거울, 스마트 스피커, 스마트 TV, 스마트 커튼, 스마트 지팡이, 스마트 안경 등을 들 수 있다. 또한 세탁기, 전기밥솥, 전자레인지, 에어프라이어, 물걸레청소기, 스팀청소기, 공기청정기, 김치냉장고, 코털 깎이, 호두까기인형, 로봇청소기, 리모컨 전동차, 스마트 귀청소기 등으로 진화하고 있다.

사물인터넷의 등장은 기존의 사물을 스마트하게 만들기도 하지만, 전혀 없었던 완전히 새로운 사물을 탄생시키기도 한다. 이에는 드론, 셀카봉, 네일 프린터 등이 있다. 물론 오랜 시간 스마트하게 진화하지 않고 그대로 유지하는 사물들도 있다. 이런 사물로는 호미, 바늘, 지게, 풍선 등을 들 수 있다.

드론과 드론쇼

사물인터넷 기술의 최고봉 중 하나는 드론 쇼(drone show)다. 작은 드론들 수백 대가 모여서 하늘을 디스플레이로 만든다. 스마트 사물은 자체적인 기능만으로도 유용하지만, 이 사물들이 대량으로 연결되어 많은 데이들을 생성할 때 더 큰 유용성을 발휘하는 경우도 많다. 드론들이 수백 개가 모여서 신년 맞이 쇼를 하는 것이 대표적인 사례이다. 2018년 동계 올림픽 개막쇼에서 세계인들을 놀라게 하였다.

하나의 드론은 저렴하고 제작도 쉽지만, 3차원 공간에서 상호 정밀한 위치인식을 하면서 특정한 문장이나 그림을 그리는 것은 쉬운 기술이 아니다. 오늘날 지방자치단체들이 지역 축제에서 불꽃놀이보다 드론 쇼를 더 도입하고 있으며 부산의 광안리에서는 매주 상설 공연을 하기도 한다.

의료용 임베디드 기기들

캡슐 내시경 기기는 알약 크기로 만들어져서 식도부터 직장으로 배출될 때까지 소화기관의 모든 부분을 촬영해준다. 최근에는 외부에서 자기장으로 캡슐을 움직여가며 검사가 가능하다. 또 3세대 캡슐 내시경은 이동 중에 용종 같은 질환을 발견하면 제거하는 기능까지 가지고 있다.

인체 내부의 장기 손상을 대체해주는 인공 장기들 또한 대표적인 의료 임베디드 기기다. 현재 인공 췌장, 인공 심장, 인공 간의 개발이 완료되어 활용 중에 있다. 십 년 내로 주요 장기들이 인공 장기로 대체될 것으로 예측하기도 한다.

9.3 사물인터넷

Introduction to
COMPUTATIONAL THINKING

최초의 사물인터넷(Internet of Things) 기기는 1982년에 카네기 멜론대학의 컴퓨터공학과 학생들이 만든 콜라 자동판매기이다.[50] 콜라를 사려고 판매기까지 갔는데 매진되어 허탕치는 것을 막고자 센서를 부착해서 현재 콜라 재고가 있는지를 인터넷에서 명령을 내리면 알려주는 단순한 기능만을 가지고 있으나 컴퓨터가 아닌 일반 사물이 인터넷으로 연결된 최초의 사례이다.

또 다른 예로 1992년에 케임브리지 대학생들이 공동으로 사용하는 커피포트에 현재 커피가 있는지 원격으로 알고 싶어서 인터넷 카메라를 설치해서 카메라 사진 영상으로 커피의 양을 확인할 수 있도록 했다.[51] 이 커피포트는 이베이(eBay)에서 경매로 독일의 스피겔사가 3,350파운드에 구매해서 2001년부터 무료로 제공 중이라는 소식이다.

컴퓨터만을 연결하던 인터넷에서 모든 사람들이 연결되는 시대로 접어들었고, 이제는 모든 사물까지 확장되어 초연결시대를 향해 가고 있다.

사물을 연결해서 얻을 수 있는 기능을 단계별로 정리하면 다음과 같다.

- **1단계:** 사물을 식별하고 상태를 파악
- **2단계:** 사물의 상태를 파악하고 원격 명령으로 제어
- **3단계:** 사물이 자체적으로 감지해서 처리하고 결과만을 서버에 제공
- **4단계:** 초지능 처리를 사물 내에서 처리 완료

1단계 사물의 사례를 들면 사물을 식별하고, 현재 상태가 정상인지 파악하는 것이다. 사물을 식별한다는 것은 그 사물의 ID(identifier)를 부여해서 파악하는 것으로

[50] https://knowyourmeme.com/memes/internet-coke-machine

[51] https://knowyourmeme.com/memes/trojan-room-coffee-pot

국방 분야에서는 피아식별로 활용할 수 있다. 날아오는 비행기가 아군기인지 적군기인지 파악하는 것은 매우 중요하다. 또 미사일이 어떤 미사일인지 식별하는 것도 필요하다.

사물인터넷의 통신 기술

통신 기술은 유선과 무선으로 다양한 기술들로 발전하고 있으며 속도와 거리, 부품 비용, 부품 크기, 전력소모량 등에서 많은 차이가 있다. 특히 사물에서는 소형화와 전력소모량이 중요한 결정 요소이다. 스마트워치가 보편화되기에는 배터리 충전 빈도가 높아서 아직 불편한 점이 많다(전통 시계는 배터리를 교환하면 수년간 유지된다. 매일 충전하는 조건은 사용을 제약한다). 그러므로 장비들의 활용 목적에 맞는 통신 방식을 채택하여야 하며 사물인터넷의 조건에 맞는 통신 기술이 사용되고 있다.

휴대폰으로 개발된 무선 통신망은 현재 5G까지 발전해오고 있으나 모든 사물에 적용되기에는 비용과 부품의 크기 등이 문제가 된다. Wifi는 무선인터넷 통신망이지만, 거리 제한을 가지고 있어서 전 지역으로 확장하기에는 한계가 있다. Zigbee 기술도 사물인터넷용으로 등장했으나, 제한된 거리를 갖기에 가정용으로 주로 활용된다. 블루투스는 짧은 거리와 저전력이라는 장점으로 개인 공간(Personal Area) 통신으로 주로 활용된다. 그래서 스마트워치, 이어폰, 셀카봉, 스피커 등에서 활용하기에 적절하다.

사물인터넷을 위한 전용통신망을 구축하고자 등장한 기술이 LoRa이다. 저전력으로 16km 영역의 통신을 가능하게 하여 국내에서는 이미 통신망 구축이 완료되었다. 기존의 무선통신망을 사용하지 않고 사물 전용으로 개발되어 향후 발전이 기대된다.

사물인터넷의 주요 응용으로 스마트 농장을 들 수 있다. 농지에서 재배하지 않고 공장형으로 제작되므로 도시에서도 농작물 재배가 가능하다. 습도와 온도, 영양분들을 자동으로 공급하여 원격으로 관리할 수 있다는 장점을 가진다.

국내의 스마트팜 전문 기업인 엔씽은 컨테이너를 활용해서 스마트 농장을 제작했다. 대규모 공장형 농장의 경우 제작 비용과 시간이 소요되고 이동성이 떨어지는 점을 고려해서 모듈 방식인 컨테이너 개수를 늘리는 방식으로 규모를 선택할 수 있는 장점을 가진다. 2020년 CES에서 혁신상을 수상하며 농작물 재배를 필요로 하는 아랍에미리트에 수출하기도 했다.

농업 분야에서의 사물인터넷 기술

벌은 농작물의 수분에 필수적인 매개체다. 그래서 화분용 벌통을 관리하기 위해 개발된 스마트 벌통은 벌 관리를 자동화한다. 벌들의 출입을 감지해서 총 벌의 마리 수와 온도 습도 감지, 먹이 관리, 환기팬 조절 등을 수행하며 스마트폰으로 정보를 전달해준다.[52] 벌의 활동을 2.3배, 작물 수정율을 1.3배 증진하였다.

AR과 5G 기술을 접목해서 원격으로 트랙터를 제어하기도 한다. 이제 농지에 가지 않고도 트랙터를 원격으로 조종해서 농사를 짓는 것이 가능해진 것이다.[53]

드론으로 농약을 살포하는 예는 이미 보편화되었다. 농약 살포에 따른 농부의 농약 피해를 감소시킬 수 있다. 현재 국내에 드론 교육센터가 이미 몇 개 운영 중이다.

유라이크코리아는 바이오캡슐 '라이브케어(LiveCare)'를 개발했는데 소의 건강상태를 자동으로 측정해서 알려준다(발정, 수정, 체온, 운동량 등).[54]

스마트 농장은 주로 빌딩 형태로 구축되었으나 국내의 벤처기업은 컨테이너 형태로 개발하여 확장성 있게 제작하였다. 중동지역으로 채소 재배용으로 수출 중에 있다.

기자재 관리를 위한 사물인터넷

인터넷이 연결되는 사물로는 고가의 기자재들이 먼저 접속되기 시작한다. 고가의 기자재들의 장비 상태 파악이 중요하며, 보다 고급 기능이 추가될 것이다.

---

[52] 농촌진흥청, 사물인터넷(IoT) 기술 적용한 화분매개용 벌통 개발, The Fact, 2020.11.5 기사.

[53] LG U+, 농촌에 5G 심는다. https://paxnetnews.com/articles/53340

[54] https://ulikekorea.com:442/index

중요한 사람에게 적용되는 경우의 예로는 병원에서는 의사가 해당된다. 실시간으로 의사의 위치를 파악할 수 있도록 되어 있으며, 중요한 고가 기자재의 경우도 실시간으로 위치 파악을 할 필요가 있다. 물론 중요한 물류의 경우도 마찬가지다. 오늘날 화물 자동차의 실시간 위치가 모두 파악되어 관리된다.

사물의 관리를 위해서 소형 태그가 개발되어 판매 중이며, 이 태그를 부착하여 해당 사물과의 일정 거리 유지에 활용된다.

두산에서 제작하는 2021년형 굴착기에도 사물인터넷이 연동되기 시작했다. 장비의 위치, 가동 현황, 엔진과 유압계통의 부품 상태를 두산커넥트로 전 세계 어디에서나 스마트폰을 통해 파악해서 관리 및 운영의 효율화를 도모할 수 있다.

센서 저널리즘

측정과 데이터 전송을 누구나 쉽게 할 수 있는 시대가 되면서 센서 저널리즘이 가능해졌다. 트위터 글들을 모아서 기사를 만들 듯, 이제 기상청의 발표에만 의존하지 않고 교통량, 미세먼지, 방사능, 사건 및 사고, 기상 등 모든 분야의 데이터를 모아서 분석하면 기사가 만들어질 수 있고, 컴퓨터에 의해서 자동으로 기사가 작성될 수도 있다. 오늘날 여러 가지 경제 지표나 스포츠 중계의 결과는 자동으로 작성된다.

미국 뉴욕 주의 공영 라디오 방송국에서 '매미 프로젝트'를 통해 2013년에 17년마다 출현하는 매미를 예측하기 위한 센서 프로젝트를 실행하였다. 간단한 아두이노 키트로(800개 지역에 1750대를 설치) 측정된 데이터를 분석하여 매미의 출현 지역을 예측했다.[55]

오늘날 감시를 필요로 하는 자에게 부착하는 전자발찌, 아이들의 위치 추적용 목걸이, 우산이나 가방 등 중요한 사물들이 일정한 거리에서 벗어나면 알람을 통해 알려주는 태그 등이 있다.

[55] https://project.wnyc.org/cicadas/#buildyourown

초연결사회 시대

하이퍼커넥티드 사회로 모든 것이 서로 연결되어 일심동체에서 '다심동체'의 시대가 온다. 인류에게 새로운 역사가 전개될 것이다. 그러나 과잉연결에 따른 부작용을 잘 제어해야 한다. 지구촌의 연결은 국가 간의 장벽을 줄여줄 것으로 전망했으나 SNS의 소통 증대로 오히려 사소한 갈등이 개인의 대중들에 의해서 증폭되듯이 퍼지는 사례를 많이 볼 수 있다. 브라질에서 나비의 날갯짓이 지구의 기후에 영향을 미치는 일이 실제로 가능해지는 것이다. 국가와 민족이나 종교적 갈등도 오히려 더 증대되고 있다. 이해의 증대로 인하여 교류가 확대되는 것이 아니고 분노의 증폭으로 갈등이 확대될 수도 있는 것이다.

IoT의 미래: IoRT, IoB

사물인터넷의 미래는 IoX로 X에는 로봇 등 사물들이 해당되며 **로봇넷(IoRT: Internet of Robot)**와 **뇌네트워크(IoB: Internet of Brain)**을 들기도 한다. 로봇들이 단결하여 인간을 지배하려고 시도할 수 있으며 미래에는 인간이 로봇의 지배를 받는 공상영화들이 등장하고 있다. 그러나 오히려 인간이 현재 숭배하는 '신'을 초지능 로봇으로 대체할 가능성이 보다 현실적이다. 우수한 능력의 인간을 지도자로 삼는 것보다 초지능을 가진 로봇(휴머노이드)이 능력이나 모든 면에서 월등하기 때문이다.

인간의 뇌가 가지고 있는 정보(지식, 감정 등)를 읽어내는 센서(현재 한참 개발 중에 있으며, 간단하게 뇌파를 가지고 응용하는 제품들이 등장하는 단계)가 완성된다면 사람들의 생각을 읽을 수 있게 될 것이다.

로봇

로봇의 역사

누구나 하기 싫어하는 것은 누가 대신해주기를 바란다. 물론 하고 싶은 일만 하는 것이 인류의 꿈이다. 이 문제를 해결하고자 특정한 일을 수행하는 로봇(robot)이 등장했으며 일상적인 업무(컴퓨터로 하는 일)를 대신해주는 RPA다. 그리고 인간과 동일하거나 뛰어난 인간형 로봇인 휴머노이드가 등장하고 있다.

미래에는 로봇이 모든 것을 다 해줄 것이고, 제리 카플란의 책 "인간은 필요 없다"를 보면 알수 있다. 인간이 필요 없는 것이 아니고 원제는 "Humans need not apply" 인간은 일할 필요가 없다는 의미이다.[56] 인간이 할 일이 없어서 길거리에는 일하는 로봇들이 차지하고 인간은 거지 신세를 나타내는 사진이 그림 9-1에 있다. 그래서 결국 미래에는 로봇세를 신설해야 한다는 주장이 많다.

그림 9-1 맨하튼의 길거리에서 동냥하는 인간과 거리를 다니는 로봇들

[56] 인간은 필요없다. 제리 카플란, 한스미디어, 2016. https://book.naver.com/bookdb/book_detail.nhn?-bid=10154666

역사 속 자동화된 기계 로봇

'로봇'이라는 용어는 1920년에 체코슬로바키아 극작가인 차펙(Karel Čapek)이 <로섬의 만능로봇(Rossum's Universal Robots, R.U.R.)>이란 희곡에서 처음 사용한 것으로 전해진다. 로봇의 어원은 체코어로 천한 노동, 중노동, 강제노동 등을 뜻하는 '로보타(robota)'이다.[57] 어원에서 알 수 있듯이 인간이 하기 싫은 일을 대신 시키고자 하는 욕망에서 만들어진 것이다.

로봇은 오토마톤(automaton) 기계로 만든 자동화 기구를 의미한다. 시계를 만들고자 했던 꿈은 최초로 물시계(漏刻)로 중국의 당나라 시절에 등장했으며 671년에 백제에서 일본에 물시계를 전수해주었다는 기록이 있다.[58] 718년에 신라에는 누각전(漏刻典)을 설치하여 관리했다고 삼국사기에 나타나 있다. 현존하는 자격루는 1434년에 제작되었다. 1410년에 만들어져 현재에도 동작하는 체코슬로바키아의 천문시계가 있다.

1870년대에 스위스의 시계공 자크 드로(Jaquet Droz)는 사람 모양의 기계 인형이 글씨를 쓰고, 피아노를 치고, 그림을 그리는 기계 장치를 만들었다.[59]

미캐니컬 터크(mechanical turk)는 1769년에 헝가리의 켐펠렌(Wolfgang von Kenpelen)이 오스트리아 쉔브룬 궁전의 마리아 테레사 황제를 위해서 만든 것으로 체스를 두는 사람처럼 생긴 기계다. 그러나 실제로는 기계 하부의 상자 안에 '실제 사람'이 들어가서 기계 장치로 팔을 움직여 체스를 두도록 만들었다. 원격 조정으로 체스를 두는 기계 장치라는 것만으로도 사실 대단한 발명품이다.

이 미캐니컬 터크의 이름을 따서 아마존이 서비스(https://www.mturk.com/)를 시작했으며 집단지능으로 문제를 해결하고자 할 때 수많은 사람들이 실제로 참여해서 문제를 나누어 풀도록 했다.

로봇을 만들 수 없어서 인간을 노예로 활용해왔다. 농사를 짓거나, 사람이 타고 다니는 가마 등 물론 동물이 인간을 도와주기도 했으나 동력원의 발명으로 인해서

---

[57] [네이버 지식백과] 로봇 - 자동인형에서 인공지능 로봇까지 (세상을 바꾼 발명과 혁신, 송성수, 생각의힘)

[58] http://contents.history.go.kr/front/nh/view.do?levelId=nh_008_0060_0030

[59] https://www.youtube.com/watch?app=desktop&v=WofWNcMHcl0

더 이상 동물을 이용하지 않게 되었다. 인간의 엔진 발명으로 동물이 해방되었으며 인류의 신분제도가 폐지된 것은 기술의 발달로 더 이상 노예 계급이 필요하지 않아서 가능해진 것이다. 컴퓨터를 기반으로 한 로봇은 노예 인간, 동물들을 해방시켰으며 앞으로 인간이 하고 싶지 않은 모든 일로부터 자유롭게 해줄 것이다.

산업용 로봇

최초의 산업용 로봇은 1961년에 미국의 조지 드볼(Goerge Devol)이 만든 유니메이트(Unimate)로 팔 하나가 달린 형태의 주조(die cast)를 하는 기계였다. 조립 공정이 단순하고 위험한 주조, 용접 등의 일을 산업현장의 대량 생산 시스템에서 폭넓게 활용되고 있다.

국제로봇연맹에서 2018년에 발표한 자료에 의하면 노동자 1만 명당 로봇 수를 의미하는 로봇 수에서 631대로 세계 1위를 달성했다고 한다. 국내 제조업 경쟁력을 알려주는 지표 중의 하나다.[60]

그림 9-2 1769년에 만든 미캐니컬 터크 체스 게임 오토마톤

산업용 로봇의 장점은 크게 3가지로 볼 수 있다. 비용 효율로 적은 인건비를 말한다. 인건비 때문에 개발도상국으로 공장을 이전해야만 하는 것을 멈출 수 있다. 다음

[60] http://www.hani.co.kr/arti/science/technology/831591.html

으로는 24시간 일하며 일정한 품질을 유지한다는 것이다. 그리고 산업재해 등 사람이 하기에는 위험한 일을 대신한다는 것도 중요하다. 높은 곳으로 올라간다든지 고열과 빛으로 하기 힘든 용접을 대신하는 장점을 가진다.

로봇 도입의 단점은 일자리가 줄어들어서 노동 계급의 해체가 가속화되는 것인데 이것은 기업의 문제가 아니고 사회적 문제이므로 기업 입장에서는 도입하지 않을 이유가 되지 않는다.

단순 작업을 하는 로봇들

여성을 가사로부터 해방시켜준 1등 공신으로 청소기를 들기도 한다. 빨래라는 일로부터의 해방은 생활의 혁명이나 마찬가지다. 물론 전기밥솥의 역할도 크다. 주방의 다양한 조리기구들은 생활의 편리를 가져다주었다. 물론 식기세척기도 빼놓을 수 없다. 오늘날 거실에 자동안마 의자를 도입하기도 한다. 이것도 일종의 로봇으로 안마사들의 역할이 줄어들 것이다.

단순한 일이야말로 사람이 가장 하기 싫어하는 일이다. 컨베이어 벨트에 의한 대량생산 시스템을 구축하면서 근로자들에게 단순 조립공정만 하루 종일 하도록 일을 배치한 것과 한 근로자가 여러 가지 작업을 섞어서 작업하도록 하는 것을 비교할 때 여러 작업을 하는 것이 생산성과 근로의욕 측면에서 더 우수하다는 것이 입증되었다.

그러기에 단순한 일을 기계가 대신해준다는 것은 인간을 노동으로부터 해방시키는 중요한 시작이다. 단순한 기능적인 일들은 무궁무진하다. 혼자서도 스포츠를 즐길 수 있도록 공을 던져주는 야구기계, 볼링장의 핀들을 세워주는 기계, 구두 닦아주는 로봇, 세차장에서 세차를 해주는 기계도 로봇의 일종이다.

수술용 로봇

의료분야에서도 로봇이 도입되어 '로봇 수술'이 확대되고 있다. 이것은 로봇이 수술하는 것이 아니고 로봇팔을 이용하여 의사가 수술을 하는 것으로 좁은 신체 내에 작은 로봇 팔을 넣어서 미세한 수술 동작을 원격으로 조종하여 시행하는 것을 말한다. 복강경이나 내시경 등에 주로 이용할 수가 있고 작은 절개 부위로 인해 수술 후 회복도 빠르게 된다. 특히 미세하게 조정하는 수술에 있어서 의사의 손떨림으로 인한 실수를 방지할 수 있는 장점을 가진다. 수술용 로봇의 대당 가격이 15억에서 20억이기 때문에 수술 비용이 비싸다는 단점을 가진다.

아마존의 물류 로봇

인터넷에서 책을 팔던 아마존은 오늘날 세계 최고의 기업(2021년 3월 9일 시가총액 기준 4위, 삼성전자는 13위)이 되었다. 세계인으로부터 쏟아지는 주문은 특별히 제작해서 만든 20만 대의 물류 로봇이 자동으로 창고에 가서 물건들을 꺼내서 포장하는 곳으로 가져다 주며 이 물류 로봇이 아마존의 경쟁력 중 하나다.

인간이 하기에는 위험하거나 좁은 공간의 작업용 로봇

오랜 시간 우주선을 타고 날아가야만 하는 환경에서는 아직 인간이 탑승하는 것이 불가능하다. 그래서 인간은 이미 오래전부터 태양계를 탐사하는 로봇을 만들어서 사용해왔으며 화성 탐사 로봇이 대표적이다. 그리고 좁은 공간이나 유독 가스사고의 우려가 높은 지하의 각종 배관 검사를 위해서 제작된 로봇들이 활용되고 있다.

지진 쓰나미로 인한 후쿠시마 발전소에 보관된 플루토늄 연료봉을 꺼내서 옮겨야 하는데도 현재 '로봇'을 개발하여 운반하려고 노력 중에 있다.

군사용 로봇

로봇 병사들, 무인 전투기, 무인 헬기, 전투 조종사 양성이 어렵고 위험한 일이다. 무인 드론이 원격으로 조종되어 임무를 수행한다. 미래의 전투는 용병도 아니고 로봇들 간의 전쟁이 될 것이다.

초지능을 가진 로봇

미래에는 초지능과 함께 인간보다 뛰어난 감지 능력을 보유한 인간이 꿈꾸는 슈퍼맨이 등장할 것이다.

2015년에 홍콩의 카지노에서는 휴머노이드 로봇이 카드를 다루기도 한다. 요리하는 로봇들이 늘어가는 추세이며 있으며 빠른 속도로 확대될 것으로 전망된다. 패스트푸드 식당은 주문과 동시에 로봇들이 조리해서 서빙 로봇이 가져다주는 형식으로 바뀔 것이다.

미래에 필요로 하는 로봇들

로봇 청소기는 이미 대중화되어 널리 사용되고 있다. 우리의 일상생활에서 불편한 일을 도와주는 로봇이 있으면 편리할 것이나 아직 없는 로봇들이 많다. 예를 들어 일상생활이 어려운 환자 등을 위해서 머리를 감겨주는 로봇, 옷을 입혀주는 로봇, 식사를 도와주는 로봇을 생각해볼 수 있다. 등산을 할 때 아직도 가마꾼이나 인력거꾼들이 있는데 로봇이 대신할 수 있을 것이다. 짐을 운반해주는 로봇, 로봇 당나귀를 타고 다닐 수도 있다. 사람이 필요로 하는 힘든 일들은 모두 로봇으로 대체될 것이다.

현대자동차는 타이거라는 이름의 걸을 수 있는 자동차를 발표했다. 바퀴 부분을 관절로 만들어서 평소에는 바퀴로 주행하다가 장애물이나 길이 없는 곳에서는 네 발로 변신해서 걸어 다닐 수 있으며 특수 드론이 옮겨주기도 하도록 설계했다.

그림 그리는 로봇

사진을 가지고 초상화를 그려주는 로봇이 등장했다. 현대미술관에서 그려주는 로봇의 초상화는 어설픈 작품이었으나, 2019년 4월부터는 KT가 광화문에 5G 체험관을 만들어서 초상화를 그려주는 서비스를 제공하였다. 일본의 덴소사에서 발표한 로봇은 발전된 초상화 작품을 만든다.

그림 9-3 현대미술관 초상화 로봇

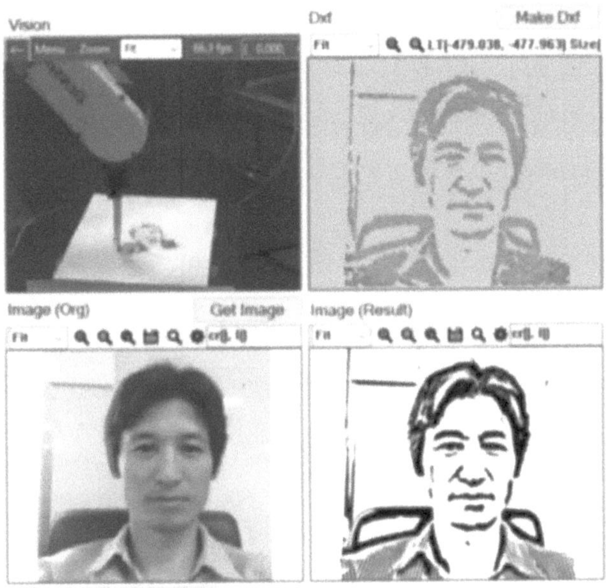

그림 9-4 DENSO사의 초상화 로봇 작품

곧 우리는 길거리에서 초상화 그려주는 곳에 설치된 로봇 화가를 보게 될 것이며 또한 화가들은 일자리가 줄어들 것이다. 그러나 곧 유화작품을 그려주는 로봇이 등장하면 풍경 사진을 특정 화가의 화풍에 따른 작품으로 변환하여 그려주는 시대가 올 것으로 전망된다.

9.5 소프트웨어 로봇 RPA

Introduction to
COMPUTATIONAL THINKING

RPA(Robotic Process Automation)는 소프트웨어를 사용하여 진행되는 모든 업무를 사람 대신해주는 SW 로봇의 이름이다. 생산직 근로자를 도와주는 산업용 로봇이 있다면 컴퓨터를 활용한 사무직을 도와주는 SW 로봇이 있다. 대부분의 기업들이 사무용 PC를 이용하여 출근하자마자 업무 시스템에 로그인부터 시작해서 퇴근할 때까지 컴퓨터 SW를 활용한 작업을 진행한다.

메일 확인하기, 기안하기, 회신하기, 데이터 입력하기, 출력하기, 처리 결과 화면 보내기 등 단순하게 반복되는 일련의 작업은 모두 자동화할 수 있다. 워드프로세서나 엑셀의 작업에서 자주 반복하는 작업은 매크로(macro) 명령을 정의해서 하나의 키로 일련의 작업을 실행할 수 있다. 바로 이러한 일련의 작업을 여러 SW에 대해서 수행할 수 있게 만든 것이 RPA다.

- 데이터를 추출하고, 분석하고 결과 만들기
- 이메일 자료들에서 중요한 데이터 추출하기
- 엑셀 자료들을 합하고 선택하고 분석하기
- CAPCHA 내용을 인식하여 로그인하기

오늘날의 사무직들은 하루 종일 컴퓨터 앞에서 업무를 수행한다. 결재도 전자결재로 이루어지므로 재택근무와 원격근무도 가능하며 팀원들과의 회의는 원격회의를 통해서 하면 된다. 회의 참석에 따른 이동시간 절감, 자료 공유의 편리함, 발언 기회 등을 회의 주재자가 쉽게 통제할 수 있고, 회의 기록도 자동으로 저장되는 등 원격회의는 해보면 실제로 대면회의보다 더 효율적이라는 것을 알 수 있다.

컴퓨터로 하는 일들은 대체로 업무 규칙에 따른 일들이며 오피스 SW 패키지들을 활용한다. 오피스 SW들은 웹사이트 로그인, 이메일 보기, 첨부 문서 열기, 문서 자료 해독 및 자료 추출, 엑셀 파일 작업, 문서 작성하기, 문자 보내기, 메일 보내기 등이 주요 작업이다. 이와 같이 규칙적이고 반복적이며 자주 수행하는 일들은 자동화할 수 있으며 이러한 업무 자동화의 일을 도와주는 SW가 RPA다.

많은 기업들이 RPA를 도입해서 업무 생산성을 획기적으로 높이고 있어서 AI RPA로의 발전은 완전 자동화를 가능하게 할 것으로 전망된다.

RPA의 예로 주문(invoice)이 메일로 입력되면 PDF 문서를 분석해서 주문 내역을 시스템 내부로 입력하는 일을 자동화할 수 있다. 문서 분석에 AI 기술을 활용할 수도 있을 것이다. 그리고주문자에게 주문을 잘 받았다는 회신 메일과, 사내 업무 책임자에게도 자동으로 보고 메일을 발송한다. 이러한 일련의 작업은 수동으로 처리하지 않고 자동화가 가능하며 실제 90%를 자동화하고 10%만을 수동으로 처리하여 업무 생산성을 높인다. 주문 처리뿐만 아니라 급여 처리도 RPA를 사용하여 필요 인력을 대폭 감소시킬 수 있다.

RPA를 활용하려면 전문 SW 도구를 활용하며 유아이패스(UiPath), 체크메이트(Checkmate) 등이 있고, Robin RPA 프로그래밍 언어를 사용할 수도 있다.

AI RPA

단순 반복적인 작업들은 RPA에 의해 자동화되지만 의사결정이 요구되는 부분에 대해서는 사람이 개입할 수밖에 없다. 그러나 의사결정을 도와주는 데이터 마이닝 기술의 발전은 취사선택에 있어서 적용되는 규칙만 확정된다면 이것마저 자동화가 가능하다. 최저가 입찰 원칙이나 유사 사업 경험, 납품실적, 신용도 등 구매 제품 결정 과정도 충분히 데이터에 의한 의사결정이 가능하며 마이닝 도구가 사람보다 더 잘 할 수 있는 영역이다.

교육 분야에서 학생들의 학업 성취도의 경우 강의 보조 시스템은 학생들의 출석 데이터와 과제물 수행 결과 및 점수, 각종 시험과 퀴즈 점수, 팀 프로젝트와 온라인 토론의 참가 시간 등 모든 것을 파악하고 있으며 온라인 강의라면 강의를 언제 어떻게 얼마나 수강했는지조차 알 수 있다. 그래서 중간에도 학생이 취득할 예상 학점을 예측하여 실패 가능성이 있는 학생에게는 경고 등을 미리 알려주어 학업을 도와줄 수 있으며 최종 학점도 자동 산정이 가능하다.

MS에서는 파워 오토메이트 데스크탑(Power Automate Desktop)이라는 RPA 솔루션을 발표하였다.

그림 9-5 MS의 파워 오토메이트 템플릿 예. 트위터의 글에서 감정을 분석하여 감정 결과를 알려준다.

IFTTT: 인터넷 골드버그 장치

도미노 게임은 블록들을 순서대로 쌓아놓고 하나가 쓰러지면서 연쇄적으로 다음 블록을 쓰러뜨리는 게임이다. 골드버그 장치(goldberg machine)는 블록이 아니고 모든 사물들이 사용된다. 보통 구슬이 쉽게 사용되지만 굴러가고 떨어지면서 연속적인 동작으로 일으키도록 설계되어 창의융합 교육의 한 방법으로 많이 활용한다.

골드버그 장치란 "생김새나 작동원리는 아주 복잡하고 거창한데 하는 일은 아주 단순한데다 재미만을 추구하는 매우 비효율적인 기계"를 의미한다.[61] 루브 골드버그는 일상생활에서 간단한 일을 일부러 복잡하게 만들면서 살아가는 인간을 풍자한 만화가로 '비효율적인 제도'를 익살스럽게 풍자한다.[62]

[61] https://namu.wiki/w/골드버그_장치

[62] https://ko.wikipedia.org/wiki/루브_골드버그_장치

그림 9-6 루브 골드버그가 창안한 골드버그 머신의 예로 스프를 먹으면 냅킨이 입을 닦아준다.

이러한 개념을 인터넷에서 사용하는 다양한 서비스들과 결합한 도구가 ITFFF 서비스다.

IFTTT(IF This THEN That) 서비스는 어떤 이벤트가 발생하면 다음 이벤트를 자동으로 동작시키는 형식으로 구성된다.

- 인스타그램에 사진을 올리면 내 페이스북의 앨범에도 추가한다.
- 페이스북에 글을 쓰면 트위터로도 자동으로 발송한다.
- 누가 페이스북에 댓글을 달면 이메일로 전송한다.
- 집 문 앞 카메라에 얼굴이 인식되면 스마트폰으로 전송한다.
- 새 메일이 도착하면 내 직장의 LED 라이트가 켜진다.

메일이나 SNS, 블로그와 같은 SW뿐만 아니라 사물인터넷 기기들도 포함될 수 있다. 그래서 내 SNS에 댓글이 달리면 책상 앞의 LED 전구에 불이 들어오게 할 수도 있다.

9.6 휴머노이드

Introduction to
COMPUTATIONAL THINKING

BC 19세기에 만들어진 메소포타미아 신화에서는 인간의 탄생 이야기가 나오는데 신 마루둑이 신전을 건축하는 일을 시키려고 인간을 창조했다고 한다. 혼돈의 여신 티아맛의 남편 킹구(kingu)의 동맥을 절단해서 그 피로 만들었다. 기독교의 창세기에는 하느님이 자신의 모습을 본떠서 흙으로 인간을 빚어 만들었으며 목적은 없다. 우리나라는 홍익인간의 목적으로 인간세상을 다스리도록 하늘에서 내려온 것으로 되어 있다.

인간은 로봇을 왜 만드는가? 일차적 목표는 일을 시키기 위해서다. 휴머노이드(Humanoid)를 만드는 목적은 인간이 신과 같은 능력을 가졌다는 것을 과시하려는 목적도 다수 포함된다. 나중에는 휴머노이드를 통해서 자신의 복제 인간의 역할을 하도록 하여 영생을 이루는 것도 가능할 것으로 전망된다.

전기와 컴퓨터가 없던 시절부터 정밀기계로 인간과 같은 동작을 하는 기계를 만드는 것은 인류의 꿈이었다. 그래서 탄생한 것이 미캐니컬 터크와 스위스 장인의 글씨나 그림을 그리는 로봇이었다.

로봇에 대해서는 만화를 통해서 친숙하다. 로보트 태권V가 있었고, 아톰과 마징가 Z가 있었다. 이제 이러한 꿈이 이루어지려는 즈음에 와 있다.

휴머노이드 로봇의 선두기업인 미국 보스턴다이나믹스(boston dynamics)[63]사는 이미 울퉁불퉁한 길 위를 균형을 잡으면서 걸어가는 휴머노이드를 개발했다. 앞으로 등장하는 휴머노이드는 물리적인 측면에서 이미 인간을 넘어섰다.

그림 9-7은 한국미래기술사에서 천억을 투자해서 개발한 두 발로 걷는 보행 로봇으로 사람이 탑승해서 조정하는 형식의 세계 최대 크기의 로봇이다.

[63] 보스턴다이내믹스사는 구글에서 인수했다가 소프트뱅크를 거쳐서 2020년에 현대자동차에서 인수했다.

그림 9-7 국내에서 개발된 세계 초대형 휴머노이드 로봇(사람이 탑승하여 조정)

휴머노이드 시대가 가져올 미래에 대해서는 공상과학 영화나 드라마에서 잘 소개되고 있다. 영국 드라마 "The Humans", 미국 영화 "Her", 우리나라 드라마 "보그맘", 그리고 공각기동대, 가디언오브갤럭시, 로보캅, 아이언맨, 터미네이터 등이 있으며 앞으로 더욱 많이 등장할 것으로 전망된다. 인류와 휴머노이드가 공존하는 시대의 갈등과 전쟁 등에 대한 이야기도 많다.

그림 9-8 울퉁불퉁한 길을 걷는 휴머노이드 로봇

겉으로 봐서는 인간과 휴머노이드의 구별이 불가능해질 것이다. 따라서 쉽게 구별할 수 있는 제도적인 방안이 필요하다. 로봇 3원칙 등의 규제를 만들 수는 있지만, 지키지 않는 집단과 국가가 등장할 것이므로 살인 전문 로봇이나 곤충 등 미래에 대한 우려도 많다. 핵이나 장거리 미사일, 생화학 무기와 같은 대량살상무기를 인류가 자율적으로 규제하고는 있지만, 북한이나 이란과 같은 국가가 등장해서 별 효용성이 없기에 미래는 불안한 측면도 많다.

최근에 유행하는 여러 가지 좀비물 영화[64]들이 등장하고 있는데 미래에는 지구가 좀비들로 가득하고 소수의 인류가 생존을 위해서 노력하는 시대가 올지도 모른다.

웹로봇 시뮬레이터 Webots

로봇을 실제로 제작하여 실험하는 것은 예산이 많이 소모되어 쉽게 하기 어렵다. 로봇을 제작하고 실험하는 것도 모두 소프트웨어로 가능하도록 만든 것이 로봇 시뮬레이터이며 웹에서 수행할 수 있게 만든 솔루션의 대표적인 것이 웹봇(webot)이다.

모든 형태의 로봇을 제작하고 시뮬레이트 할 수 있는 오픈소스 도구로 스위스 연방공대에서 1998년부터 제작하여 배포하고 있다. 미리 제작된 모델을 가져다가 수정해서 활용하는 것도 가능하다. 그림 9-9는 웹봇 사이트에서 KHR-2HV 로봇을 선택하여 각종 메뉴를 이용해서 동작을 실험할 수 있는 예를 보여주고 있다. 동영상도 함께 제공하며 다양한 동작을 하는 영상을 볼 수 있다.[65]

[64] 대표적으로 "워킹 데드", "킹덤", "스위트홈", "월드워Z", "부산행" 등이 있다.

[65] https://www.youtube.com/watch?v=AtaGm9nR-EM&t=73s

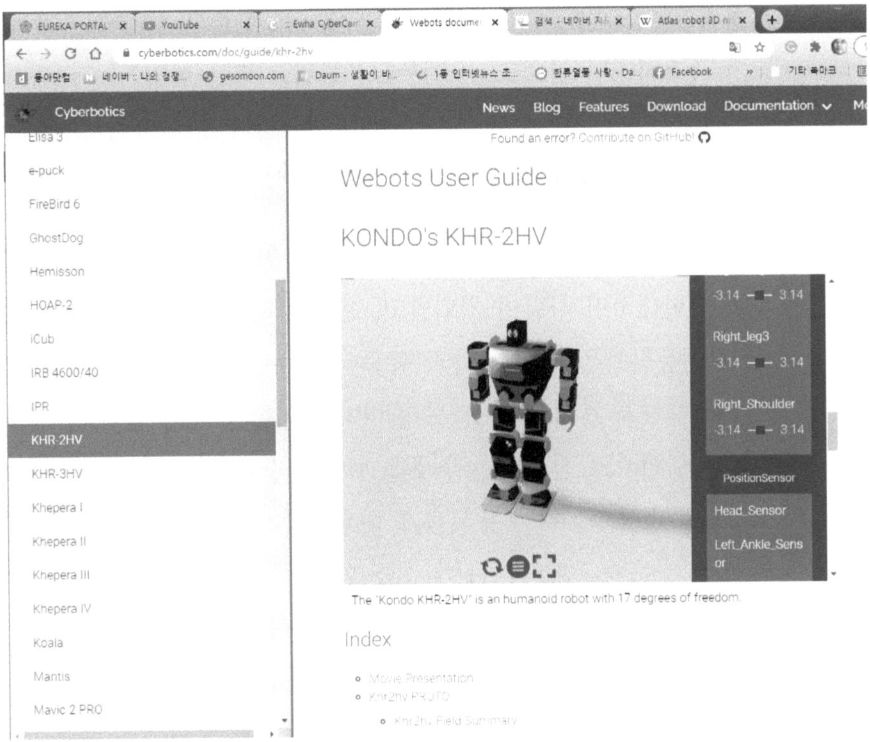

그림 9-9 웹봇 시뮬레이터에서 제공하고 있는 다양한 로봇 모델과 인터페이스 화면

온라인 게임에서 아바타를 선택하여 가상 공간에서 이동하면서 행동하는 모든 것이 온라인 휴머노이드 시뮬레이터와 같다.

그림 9-10 EA UFC 온라인 게임의 화면 예

로봇과 휴머노이드의 시대에 필요한 것은 로봇들과 공존하는 것이다. 사람도 팀워크가 중요하지만 앞으로는 로봇과의 팀워크 또는 협업이 중요해지고 있으며 신기술에 대한 거부보다는 적극적 활용이 필요하다. 그리고 인간과 점차 구별이 어려워지는 시대의 해결과제의 하나로 휴머노이드를 인간과 구분하는 법이다.

과거 동물들과 사람은 당연히 구별이 되어 왔으나 점차 동물권 보호가 강화되면서 동물을 학대하면 사람이 처벌받고, 동물의 사망 시 장례까지 치르는 시대가 되었다. 반려동물들은 거의 사람과 동등한 수준에 도달한 것이다. 일본에서는 강아지 로봇에 대해서 휴머노이드들도 반려자의 역할을 하게 될 것이고 그러나 차별을 금지하는 방향으로 진행되는 추세를 보면 인간과 휴머노이드의 차별에 대해서 휴머노이드들이 조직화하여 동등하게 대우해달라고 요구할 수도 있다. 1999년 소니사가 만든 강아지 로봇 아이보는 2014년 부품 중단으로 더 이상 수리가 불가능해지면서 그림 9-11과 같이 반려로봇으로 사용하던 일본인들이 합동 장례식을 치른 사례가 보도되었다.

그림 9-11 아이보 장례식을 치르는 일본인들, 뉴욕타임즈 유튜브 캡처

요약

- 임베디드 컴퓨팅은 컴퓨터를 사물에 내장시켜서 사물의 원래 기능에 소프트웨어를 추가한 것으로 사물과 컴퓨터가 결합된 것이다.
- 사물인터넷(IoT)은 모든 사물에 임베디드 컴퓨팅 기능이 결합하여 만들어진 스마트 사물을 가능하게 한다. 모든 사물은 특별한 예외를 제외하고는 스마트해질 것이다.
- 로봇은 자동으로 움직여서 특정한 기능을 수행하는 장치로 오늘날 수많은 로봇들이 등장해서 노동을 대신하고 있다.
- RPA는 소프트웨어 로봇으로 업무를 자동화할 수 있어서 모든 사무직 SW 업무도 자동화될 것이다.
- 휴머노이드의 시대가 오고 있으며 인간의 노동은 모두 휴머노이드가 대신할 것이다.

실습문제

1. 사물을 하나 선택하여 그 사물의 진화를 단계별로 설명하라(예: 키보드, 자전거).

2. 뉴욕 매미 프로젝트에 있는 아두이노 키트를 이용하여 간단한 온도 감지 센서를 제작해본다.

3. 스마트폰의 GPS 센서를 사용해서 위치를 기록해주는 앱들이 많으며 '트랭글'도 그 중의 하나다. 트랭글 앱을 설치하여 3,000보 이상 이동한 궤적의 화면을 올린다(지역 정보 설명도 함께 올리고 트랭글이 설치가 안 되면 유사한 다른 앱을 사용해도 좋다).

4. Webots[66]를 다운로드해서 오픈 소스 로봇 시뮬레이터를 사용한다. 특정 모델을 선택하여 메뉴를 통해 동작을 시켜본다. 그리고 원래의 모습과 동작시킨 모습을 스크랩해서 제출한다.

5. [RPA 실습문제] IFTTT나 MS의 파워 오토메이트를 사용해보고 화면을 스크랩에서 제출한다.

6. 휴머노이드를 인간과 구별하는 방법에 대해서 생각해보자. 과거에 노예를 구별하기 위해서 낙인을 찍었다. 피아 식별을 위해서 특별한 색상의 띠를 머리에 두른다. 과거 전쟁에서 아군과 적군을 어떻게 구별했을까?

7. 일상생활에서 필요한 로봇들에 대해서 생각해보자.

---

[66] http://www.cyberbotics.com/

Introduction to **COMPUTATIONAL THINKING**

C·H·A·P·T·E·R

10

문제해결 I: 알고리즘

학습 목차

"소프트웨어 설계를 하는 두 가지 방법이 있다. 하나는 빠진 게 없는지 쉽게 확인하도록 최대한 단순하게 만드는 것이고, 또 한 가지는 빠진 게 없는지 확인할 수 없도록 최대한 복잡하게 만드는 것이다."

-C.A.R. Hoare

10.1 Introduction to COMPUTATIONAL THINKING 알고리즘이란

알고리즘(algorithm)은 옛날 호라즘 왕국(오늘날 우즈베키스탄/타지키스탄 지역)으로 불리우는 콰래즘(kharazm) 지역 출신의 9세기 세계적인 수학자 "무하마드 이븐 무사 알 콰리즈미(Muhammad ivn musa Al khwarizmi)"의 이름을 땄고 라틴어로 변형되면서 '알고리즘'이 되었다. 콰리즈미가 쓴 인도에서 기원한 아라비아 숫자를 이용하여 만든 사칙연산을 다룬 대수학책 "알 자브라"가 대수학(algebra)이 되기도 했다.[67]

알고리즘은 컴퓨터 분야의 중요한 교과목명이기도 하고, 전문용어였으나 오늘날 자주 사용할 정도로 급속히 대중화되었다. 국어사전을 보면 "어떤 문제의 해결을 위하여, 입력된 자료를 토대로 하여 원하는 출력을 유도하여 내는 규칙의 집합"으로 어떠한 입력을 통해 원하는 출력을 내도록 하는 절차적 방법이다. 식재료를 가지고 음식을 만든 조리법도 알고리즘이라고 할 수 있다.

속담에 "고기를 잡아주지 말고 고기 잡는 법을 가르쳐 준다"라는 말이 있다. 방법이 더 중요하다는 말이다. 알고리즘은 수학 문제를 푸는 절차 외에도 어떤 일을 하는 절차나 방법에 모두 사용 가능한 단어다. 된장 만드는 법, 구들 놓는 법, 김치 담그는 법 등 우리나라 고유의 전통문화 방법이 지금까지 알려지지 않아서 우리나라에서만 사용되어 왔다는 것도 놀라운 일이다.

중국의 제지술(한나라 때 발명)이 천년이 넘는 시간이 지난 후에야 유럽에 전해졌다는 것은 놀라운 일이다. 간단한 기술이 실제로 전달되는 데는 오랜 시간이 걸린다. 고려 말에 최무선이 화약 제조법을 천신만고 끝에 알아내어 왜구와의 해전에 사용해서 승전을 이끌어 낸 것도, 거북선을 제조해서 임진왜란을 치른 것도 모두 제조 알고리즘이 미친 영향에 대한 좋은 사례다.

오늘날 기업 간의 기술확보 전략은 전쟁과 같으며 국가가 나서서 관리하기도 한

---

[67] https://en.wikipedia.org/wiki/Algorithm

다. 주요 기술은 기업 간의 거래로 인정하지 않고 금지를 시키는 경우도 많다.

기술과 알고리즘

삼성의 반도체 제조기술과 LG와 SK의 배터리 기술 등 특허분쟁도 기술개발에 관한 것으로 모두 알고리즘이라고 볼 수 있다.

신라에는 쇠뇌라는 활이 있어서 천보노(千步弩)라고 해서 300m의 사거리를 가졌다. 우리나라의 활은 각궁이라고 해서 물소뿔과 민어 부레의 아교로 제작하여 물소뿔의 확보가 쉬운 일이 아니었다. 구진천의 화살 제조법을 알기 위해서 구진천을 당에서 데려가 그 비밀을 요구했으나 끝내 거부했다. 중국에서 천보의 화살을 만든 것은 송나라에서 가능했다고 한다.[68]

임진왜란이 한국의 도자기 제조 기술 등 기술 선진국이었던 조선을 약탈하려는 목적도 컸다고 알려져 있으며 도공들을 가장 많이 끌고가서 사무라이급 대우를 해주어서 일본의 도자기가 세계 최고 수준으로 발전하게 되었다.[69]

요리법(레시피)도 간단한 알고리즘의 예로 볼 수 있다. "인생은 짧지만 예술은 영원하다."라고 알려진 서양 속담이 있다. 이 말의 원문은 "Life is short, but art is forever."로 쓰기도 하지만 원래 그리스의 의학자인 히포크라테스가 한 말로 영어 Art에 해당하는 그리스어는 'techne'로 기술(technique)을 의미하는 것이었다. 기술이나 의술도 함께 사용하는 말로서 한 번 병을 치료하는 의술을 발견하면 영원히 인류의 질병을 고칠수 있다는 뜻이다. 지금까지 없었던 새로운 알고리즘을 만들면 그 기술은 영원히 전달되기에 특허로 가치를 보호받을 수 있다.

세네갈에 벼 품종을 개발하여 2배 이상의 수확을 할 수 있도록 기술을 개발하여 전수함으로써 아프리카 국가들도 경제발전을 도모할 수 있으므로 기술이란 국가 발전에 결정적인 역할을 한다. 사막의 아랍에미리트에서 쌀을 최초로 생산하는 데 성공하여 이제 중동에서도 식량 자립을 꿈꿀 수 있는 것이다.

---

[68] https://namu.wiki/w/ 구진천

[69] 한국에서 천민 계층이었던 조선의 도공들은 조선인 마을을 별도로 만들어서 일본인과 결혼도 금지시키고 문화도 그대로 유지시키는 등 최고 수준의 특별 대우를 해주었다.

그래서 일제 강점기에 한반도에는 공과대학을 설립하지 않아서 해방 후 일본 엔지니어들이 철수하는 바람에 더욱 기술 자립에 어려움이 많았었다. 우리의 기술 자립 의지는 KAIST 설립과 대덕연구단지를 중심으로 한 각종 국책 연구소의 설립으로 가능해졌다. 오늘날 우리는 우주산업만을 제외하고 공학의 모든 분야에서 세계 최일류 국가에 도달하는 데 성공했다.

알고리즘을 모를 때 해결법

알고리즘을 만들어야 문제를 해결할 수 있지만, 알고리즘을 모르는 경우도 있다. 대표적으로 바둑 알고리즘이다. 프로기사들이 주어진 상황에서 다음 수를 두었던 기보 데이터는 있지만, 그 상황에서 왜 그 수를 두었는가를 설명할 수 있어야 체계적인 알고리즘 설계가 가능하다. 그러나 바둑 SW를 만들면서 프로기사의 바둑 알고리즘 파악에 실패하여 프로기사의 실력을 가진 바둑 SW를 만들 수 없었다.

그러나 2016년 말에 딥러닝 기술로 만들어진 구글의 알파고(Alphago) SW는 프로 바둑기사를 압도적으로 이기면서 이제 더 이상 인간은 바둑 SW를 이길 수 없는 시대를 열었으며 SW에게 바둑 두는 법을 배워야 하기에 이르렀다. 알파고는 사실 알고리즘이 없고 단지 수만 개의 바둑기보를 학습해서 저장했을 뿐이다(저장하는 방법도 중요한데 딥러닝의 수많은 링크에 가중치(weight) 값에 분산 저장되어 있으며 인간의 두뇌 속 시냅스의 연결강도와 유사하다).

문제와 해결법을 모두 저장해서 검색으로 해결하는 빅데이터, 유전자 알고리즘과 같이 모든 가능성을 다 시도해서 해결책이 나올 때까지 해보는 방법, 그리고 딥러닝도 입력과 출력을 알고 어떤 과정으로 나오는지 모르기 때문에 사용하는 방법의 하나다.

알고리즘과 저장의 관계

예를 들어 덧셈을 할 때, 5 + 9를 계산하려면 첫 번째 방법으로 5 = 1 + 1 + 1 + 1 + 1이고, 9는 1 + 1 + 1 + 1 + 1 + 1 + 1 + 1 + 1이므로 5 + 9 = 1 + 1 + 1 + 1 + 1+ 1 + 1 + 1 + 1 + 1 + 1 + 1 + 1 + 1로 합쳐서 1의 수를 세는 방법으로도 계산이 가능하다.

두 번째는 9 = 5 + 4 이므로 5 + 9 = 5 + 5 + 4로 변환한 후 5+ 5 = 10이므로 10 + 4로 변환하여 14로 계산할 수도 있다. 마찬가지로 곱셈 연산인 5 × 9를 계산할 때도 5 + 5 + 5 + 5 + 5 + 5 + 5 + 5 + 5로 9번 5를 늘어놓은 후 2개씩 묶어서 더한 10 + 10 + 10 + 10 + 5로 변환한 후에 덧셈을 수행하여 45로 계산할 수 있다.

```
5 + 9 = 1 + 1 + 1 + 1 + 1  +  1 + 1 + 1 + 1 + 1 + 1 + 1 + 1 + 1 = 1의 숫자를 세기 = 14
5 + 9 = 5 + 5 + 4 = 10 + 4 = 14
5 × 9 = 5 + 5 + 5 + 5 + 5 + 5 + 5 + 5 + 5 = 10 + 10 + 10 + 10 + 5 = 45
5 × 9 = 구구단으로 검색 = 45
```

그림 10-1 5+9와 5×9 덧셈과 곱셈을 수행하는 방법

그러나 우리가 구구단을 암기하고 있다면 바로 45를 계산할 수 있는데 이 구구단을 머리에 저장해놓고 문제를 푸는 것이 저장 기반 문제풀이 알고리즘이며 우리의 머리 용량 한계로 전체를 다 암기할 수 없는 경우 수학 책 뒤의 부록에 나와 있는 여러 가지 테이블(sin, cos, root)을 참조하는 것이 외부기억장치에 저장한 것으로 검색해서 푸는 것과 같다.

그래서 특정 연산 알고리즘을 모르는 경우 저장한 결과를 검색하는 문제로 변환하여 풀 수도 있다. 사실 이 세상에서 만나는 모든 문제들을 모두 저장할 수만 있고 모든 인류가 공유한다면 저장되어 있지 않은 새로운 문제를 만나기 전에는 문제를 풀 일이 없다. 모든 체스판 데이터나 모든 바둑판 데이터를 저장해놓는다면 어떠한 바둑의 상황에서도 저장된 판을 검색하여 다음 수를 둔다면 항상 승리할 수 있는 것이다.

이 세상의 모든 바둑판을 저장하는 것과 이것을 압축해서 저장해놓는 것이 바로 딥러닝의 학습 모델이다. 즉 공통된 상황을 중복 저장하지 않은 약간의 압축 기능이 머리가 좋다 나쁘다의 기준이 된다.

10.2 주요 알고리즘

Introduction to
COMPUTATIONAL THINKING

문제를 해결하기 위해서는 여러 가지 방법이 있다. 예를 들어 여행 가방에 달려 있는 번호 키는 4자리 숫자로 구성되어 있는데 번호를 잊어버렸다고 하자. 이때 번호를 찾는 알고리즘에는 여러 가지를 생각해 볼 수 있다.

- **처음부터 전체를 모두 순서대로 적용해보기**: 0000에서 9999까지 만 개의 숫자를 하나씩 시도해본다. 이 방법은 시간이 걸리지만 해결책을 찾을 수는 있다. 컴퓨터 암호를 8자리, 12자리로 늘리고 숫자에서 알파벳과 특수문자를 포함하는 이유가 컴퓨터로 시도하는 경우에도 일정한 시간 내로 찾을 수 없도록 하기 위함이다.
- 자신의 생일이나 주민등록번호 등 평소 종종 사용하는 번호를 먼저 시도해본다. 경험적 지식을 활용하여 탐색 범위를 줄이고 가능성이 높은 번호를 먼저 시도함으로써 시간을 단축시킬 확률이 높아진다.

첫 번째 방법이 전수조사에 해당하는 방법이며 두 번째 방법을 휴리스틱 알고리즘이라고 한다. 주요 알고리즘을 들면 다음과 같다.

욕심쟁이 기법(greedy method)

이 방식은 문제를 해결하기 위해서 문제들이 작은 단위로 쪼개지고, 쪼개진 문제에 대한 최적의 선택을 해나가다 보면 전체적으로 최적의 답을 얻는다는 가정으로 진행되는 기법이다. 그러나 이 방식이 적용되는 경우도 있지만 그렇지 못한 경우도 있어서 최적의 부분 해들의 합이 전체적인 최적의 해가 아니기 때문에 차선의 답을 얻을 수 있다.

서울에서 부산까지 가는 빠른 시간을 선택한다고 하자. 그때 중간 경유지들이 있을 수 있고 중간 경유지까지 빠른 시간에 간다고 해서 중간 경유지부터 최종 목적지까지의 소요시간을 모르는 상황에서는 부산까지 가장 빨리 가는 것을 보장해 주지는 못한다. 오늘 하루를 최선의 행복에 맞추어 선택한다고 해서 하루하루 누적되어 훗날 가장 행복한 미래를 보장하지 않고 오늘 고생하는 선택이 오히려 훗날 더 큰 행복을 가져다 주는 것과 같다.

그리디 알고리즘의 예를 들어보자. 500원과 400원, 100원짜리 동전이 있다고 하자. 거스름돈을 주어야 하는 경우 우리는 통상 동전의 개수를 최소화하려고 한다. 그리고 동전의 개수를 최소로 하려면 큰 액면의 동전을 먼저 사용하고, 나머지에 대해서 적은 액면의 동전을 사용한다. 그리디 알고리즘은 먼저 큰 액면의 동전을 우선 사용하는 방식으로 진행한다.

거스름돈이 1200원이라고 하면, 우선 500원짜리를 2개 선택하고, 나머지 금액 200원에 대해서 100원짜리 2개를 선택하게 되며 총 동전은 4개가 된다. 그러나 500원짜리 대신에 400원짜리를 선택하면 400원짜리 3개로 문제는 해결되며 동전 개수는 더 적어서 최선의 답이 된다. 그러나 그리디 알고리즘은 500원을 먼저 선택하기 때문에 때론 최선의 답을 얻지 못하게 되는 문제가 있는 것이다.

즉 500원이 아니고 다른 선택(이 경우 400원)을 할 수 있는 알고리즘이 바람직하다. 모든 경우를 다 조사하는 방법의 경우는 최적의 답을 찾는다. 제한된 시간에 최소의 선택 시도로 적절한 답을 내는 것이 중요하며 그리디는 나름 간단하고 괜찮은 알고리즘이기는 하다.

500원보다 액면이 작은 400원을 선택하는 것은 "일보 전진을 위한 이보 후퇴" 즉 전략적 후퇴라고 볼 수 있다. 이러한 일시적으로는 좋지 않아 보이는 선택이 가능한 방법이 중요하며 쇠를 강하게 하려고 사용하는 담금질(annealing)과 같은 방식이 필요한 것이다. 담금질은 쇠를 강하게 하기 위해서 열을 가하여 쇠를 무르게 한 후 망치로 두드려서 오히려 강철의 조직을 더 치밀하게 만드는 효과를 준다.

척확지굴(蚇蠖之屈)이라는 주역의 계사 편에 나오는 고사 성어는 자벌레가 몸을 굽히는 이유는 몸을 펴서 앞으로 나아가려고 하는 것이라는 뜻이다.

실제 현업에서 사용하는 그리디 알고리즘

배달 전문 업체인 '배달의 민족'에서 최근에 인공지능 배달 시스템을 활용한다는 소식이다. 그러나 실제로는 그리디 알고리즘을 사용하고 있다. 고객이 음식 배달 주문을 하면 제한된 시간 내로 배달이 되도록 시스템이 동작하여야 하며 이때 중요한 것은 식당의 위치, 고객의 위치, 그리고 라이더(배달 요원)의 위치 그리고 라이더가 현재 배달하려고 가고 있는 고객의 위치다. 이 네 위치를 고려해서 최단 거리로 배달이 가능한 라이더에게 배달을 맡겨야 한다.

현재는 알고리즘을 사용하지 않고 모든 주문에 대해서 라이더들이 전달을 받은 후(우버나 카카오택시도 같은 방법을 사용한다) 라이더가 판단해서 주문을 선택하고 있다. 그래서 라이더가 무리하게 많은 배달을 하고자 선택하다 보니 실제 배달 시간이 과다하게 소요되어 고객의 불만을 가져오게 한다. 음식의 경우 제한된 시간 내의 배달이 매우 중요하지만 시스템이 이것을 보장하지 못하게 되어 그리디 알고리즘으로 세 위치를 고려해서 적절한 라이더에게 배정하는 방식으로 변경하였다.

무차별 대입(brute force), 전수조사(exhaustive) 기법

이 방법은 가능한 해결방안이나 선택을 최적의 답을 찾을 때까지 모두 적용해보는 것이다. 전체를 하나도 빠뜨리지 않고 검사하기 때문에 시간과 비용이 가장 많이 소요되지만, 최적의 답을 찾을 수 있다. 실제 현장에서는 가능성 있는 선택을 우선적으로 적용하는 방식으로 부분적인 답을 찾는 것이 통상적이다. 또한 선택의 가짓수가 제한적인 경우에만 사용이 가능하다. 컴퓨터의 성능이 향상되어 과거에는 불가능한 이 기법이 오늘날에는 충분히 가능한 경우가 많아지고 있다.

4자리 암호를 모를 때 총 만 개의 모든 숫자를 다 시도해서 암호를 찾는 것과 같으며 컴퓨터로 이런 맹목적인 시도가 가능하므로 오늘날 암호를 8자리 이상과 알파벳에 특수기호까지 요구하는 이유가 된다. 숫자만으로 10^8가지인 가짓수가 알파벳을 추가하면 34^8가지로 확대되며 특수기호까지 추가하면 오늘날의 컴퓨터로도 전수조사로 해결이 불가능하다.

휴리스틱 기법

휴리스틱(heuristic)이란 경험을 의미하는 것으로 해결하고자 하는 문제에 대한 지식과 경험을 가진 경우에 바로 이 경험 지식을 문제해결에 적용하여 보다 빠르고 쉽게 푸는 방식을 말한다. 서울에서 부산까지 빠른 길을 찾을 때 모든 경로를 다 찾아보는 것이 아니고, 고속도로가 일반 국도보다 빠르다는 것과 부산이 남동쪽에 있으므로 남동쪽 방향의 경로에 집중해서 찾게 되면 시간이 절약된다.

동적 알고리즘

동적 프로그래밍(dynamic programming)이라고 부르는 이 기법은 작은 문제들에 대한 답들을 누적해서 전체 문제를 해결하며 이때 작은 문제에 대한 답들을 저장해서 큰 문제를 푸는 데 활용함으로써 부분문제에 대해서 반복적으로 풀 필요가 없게 되어 시간을 절약하는 장점을 가진다. 즉 저장을 통해서 문제를 빠르게 푸는 방식을 의미한다.

유전자 알고리즘(genetic algorithm)

문제들을 DNA의 진화 법칙처럼 선택(selection), 돌연변이(mutation)과 교잡(crossover)의 원리를 이용하여 초기 답안 집합을 부여하고 진화의 원리를 적용해서 새로운 답안을 만들어내는 과정을 통해서 답을 찾는 기법으로 제한적인 문제에 활용이 가능하다.

10.3 Introduction to COMPUTATIONAL THINKING 알고리즘의 표현

알고리즘을 표현하는 방법은 지식을 표현하는 방법과 유사하다. 컴퓨터 프로그램에서 알고리즘을 표현하는 방법으로 많이 사용되는 방법이 플로우차트(flowchart)다. 그러나 플로우차트는 그리기도 번거롭고 복잡한 알고리즘을 표현하는 경우 오히려 가독성이 떨어지기도 한다.

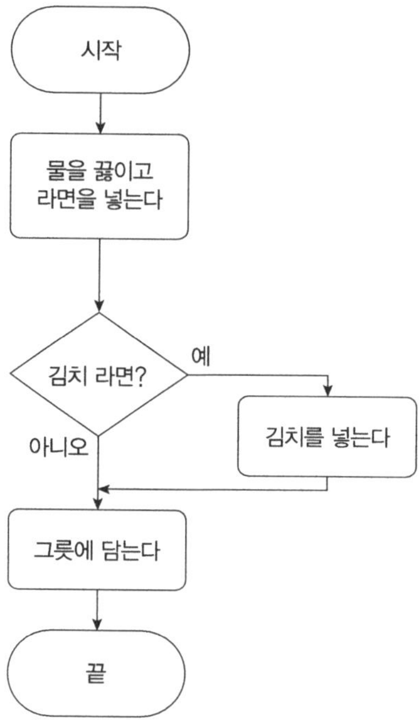

그림 10-2 라면 조리를 위한 플로우차트 알고리즘 표기 예

그래서 의사 코드(pseudo code)라고 자연스러운 문장 속에 변수와 함수 호출 등을 이용하여 표현하는 것을 많이 사용한다. 자연어로 표현할 수도 있지만 표현이 애매해질 수 있으므로 오히려 사용하지 않는다.

알고리즘: 라면 끓이기

```
1. 물을 끓인 후 라면을 넣는다.
2. if 김치 라면을 만들고 싶다.
3. then
4.        김치를 적당량 추가한다.
5. 다 익었으면 그릇에 담아서 먹는다.
6. 끝.
```

그림 10-3 라면 조리를 위한 의사 코드로 표현한 알고리즘의 예

알고리즘과 시간제약

어떤 문제가 주어지면 보통 언제까지 해결하는 시간적 제약을 가진다. 무제한의 시간이 주어지는 문제는 없으며 두 가지 해결 방법이 있는 경우 대부분 빠른 시간 내로 해결할 수 있는 방법을 더 선호하게 된다. 물론 시간과 해결에 필요한 비용을 함께 고려하는 것이 대부분이다.

그러므로 알고리즘을 선택하는 데 있어서 어느 것이 더 최적인가를 판단할 필요가 있다. 가격과 품질을 모두 고려하는 가성비가 있듯이 알고리즘도 비용과 시간을 모두 고려해서 선택해야 한다.

곱셈을 모른다면 덧셈으로 해결할 수가 있다. 덧셈의 속도가 느리지만, 덧셈을 빨리하는 것이 곱셈하는 방법을 찾는 것보다 빠르면 우리는 이미 알고 있는 단순한 방법을 택한다. 정렬도 퀵정렬이 더 빠르지만 데이터의 크기가 작다면 간단한 버블정렬을 이용하여 수행하는 것이 더 효율적이다. 데이터의 크기에 따라서 알고리즘은 선택되며 속도와 호환된다.

10.4 Introduction to COMPUTATIONAL THINKING 알고리즘이 지배하는 시대

오늘날 많은 분야에서 알고리즘이 중요한 역할을 하며 우리의 생활 전반에 깊숙이 침투되고 있다. 온라인 쇼핑, 영화나 드라마 감상, 유튜브의 영상 감상, SNS의 친구나 콘텐츠를 볼 때, 언론의 기사를 볼 때, 나들이 시 길 찾기, 외식하기 위해서 식당을 고를 때, 모두 다 추천 알고리즘에 의해서 선택을 권유받으며 실제로 고객이 직접 검색하는 것보다도 시스템의 추천에 의해서 70%의 콘텐츠를 본다고 조사되어 있다. 물론 증권거래 시 종목 추천도 있다.

유튜버들에게는 유튜브의 알고리즘을 분석해서 어떻게 하면 자신의 콘텐츠가 추천되고, 빠른 시간에 구독자 수를 늘릴 수 있는가에 관심이 많으며 관련 서적들이 출간되어 있다.

기업에서는 면접 시 질문 내용을 알고리즘이 추천해주며, 서류와 자기소개서 평가도 알고리즘이 수행한다. 워싱턴 DC의 교육 책임자가 학력을 높이려는 목적으로 모든 교사들을 평가해서 하위 5%를 무조건 해직시켰는데 교사 평가 알고리즘을 조사해보니 학생들의 평균 성적이 지난 학기와 감소되는지 여부만 가지고 평가를 했다고 한다. 이 알고리즘이 알려지고 나서부터는 모든 교사는 학생들이 성적을 중심으로만 교육을 하는 과정에서 일부 부정행위로 학생들 성적을 올려주는 비교육적인 일까지 생기고 인성교육 같은 것은 관심도 없게 되는 부작용이 커져서 문제라고 한다.

빅데이터는 기존의 통계 자료를 근거로 하며 기존의 자료가 편향되거나 왜곡되어 있으면 그 잘못된 점을 더 강화시키는 방향으로 진행되어 불공정과 불평등이 더 지속될 수가 있다. 미국에서 흑인이나 라틴계는 40%가 불심검문을 받으며 백인의 경우는 전체의 4.7%만이 받는 인간의 편견이 더 심화될 수 있다.

알고리즘은 일종의 콘텐츠 큐레이션 역할 즉 정보의 필터 기능을 수행하고 있다. 그러나 이 알고리즘이 균형 잡힌 것이어야 한다. 인터넷 기사에 대한 댓글 조작 사건은 소수의 인원으로 사회적 여론을 얼마든지 조작 가능함을 보여주고 있다. 댓글 조작을 대량으로 수행하는 SW를 활용하면 소수의 인원이 수십만 개의 계정을 활용해서 얼마든지 가능하다.[70]

특정 알고리즘에만 잘 맞는 형식으로 사회가 진화되면 토익 만점을 받은 학생이 실전 영어는 못하는 일이 발생하게 된다.

네이버 기사 알고리즘의 문제

네이버는 언론기관이 아니다. 단지 언론사의 신문기사들을 전달하는 인터넷 포털일 뿐이다. 그러나 실제 언론에서 제공하는 기사들 중에서 어떤 기사를 어떤 순서로 배치하느냐에 따라서 달라지며 또 모든 기사에 대해서 댓글을 달 수 있도록 하여 인터넷을 기반으로 실제 언론사를 지배하는 역할을 해왔다. 네티즌들은 언론기관을 접속해서 기사를 보는 것이 아니고 네이버에서 제공하는 통합 뉴스만을 보고 댓글을 달기 시작하면서 실질적인 언론의 역할을 한 것이다.

저명한 언론학자 맥루한은 언론기관은 단지 기사만을 전달하는 매체일 뿐이지만 그는 "미디어가 곧 메시지다."라는 명언을 남겼다. 미디어가 곧 기사(메시지) 자체라는 것은 어떤 기사를 어떤 순서로 배치하는 것이 편집권이고 그것이 메시지 자체라는 것이다. 의미는 언론기관은 취재한 기사를 전달하는 역할만을 할 뿐 기사의 가치 부여에 대해서는 중립적이라는 것이 아니고 언론 기관 자체가 메시지를 의미하는 것으로 기사의 취재를 결정하고, 중요도에 따라서 편집하는 것 자체가 중요하다는 것을 의미한다.

오랫동안 네이버는 기사를 편집하는 권한을 이용하여 국내 언론과 여론을 지배해왔다. 최근에 와서는 댓글을 통합으로 작성하는 것을 언론기관에 권한을 위임하고, 또 '뉴스스탠드'라는 언론사별 화면을 만들어서 나름 중립을 유지한다고 하지만 아직 통합 기사와 댓글은 여전히 심각한 문제가 되고 있다.

[70] 바둑이 사건으로 주범들이 구속되어 현재 재판이 진행 중에 있다.

추천 알고리즘과 세렌디피티

자신이 제작한 콘텐츠를 유튜브 같은 플랫폼에서 광고와 연계되어 많은 사람이 본다는 것 자체가 비즈니스로 연결되다 보니 많은 유튜버(youtuber)들이 생겨나게 되었으며 어떻게 하면 자신이 만든 콘텐츠가 먼저 노출되고 추천되는지를 궁금해 한다. 물론 조회 수와 구독자 수, 좋아요, 댓글의 숫자가 중요하다. 그리고 제목을 길게 하고, 키워드를 많이 다는 것이 필요하다. 관련 도서들이 출간되고 있지만 구글에서 추천 알고리즘에 대해서는 절대 비밀을 유지하고 있다.[71]

추천 알고리즘이 어떻든 우리는 시스템에 의해서 추천된 콘텐츠를 접하게 된다. 그리고 "왜 나한테 추천되었는지"는 고민할 필요 없이 그냥 인연이겠거니 하고 세렌디피티(serendipity)로 받아들이는 것도 좋다. 세렌디피티라는 용어는 영국의 작가 호레이스 월폴(Horace Walpole)이 1754년에 쓴 편지에서 "세렌딥의 세왕자"란 동화를 이야기하며 "그들이 미처 몰랐던 것들을 항상 우연하면서도 지혜롭게 발견"한다고 표현하면서 사용되었다.

낙관적 vs 비관적 알고리즘

"돌다리도 두드려 보고 건넌다."라는 속담이 있다. 과연 실제 돌다리를 건널 때 두드려보고 건너는 사람이 있을까? 낙관적인 사람은 안전할 것으로 가정하고 건너지만, 극히 비관적인 사람은 진짜 하나씩 모두 두드려보고 건너게 되어 시간이 지연된다. 어느 선택이 더 좋을까? 알고리즘을 설계할 때와 모든 문제해결에서 항상 일어나는 문제로 모든 최악의 경우(worst case)를 다 고려해서 대처방안을 만든 후에 진행하는 것은 막대한 비용과 시간이 소모될 수 있다. 그렇다고 모든 상황에 대해서 낙관적으로 생각하고 다소 무리하게 진행할 수도 없다. 이 문제도 결국 사안에 따라서 적절한 선택이 필요한 것이다.

알고리즘을 설계할 때 문제에 대한 정확한 이해가 중요하다. 문제가 심각해질 것이라고 비관적으로 보고 설계할 수 있으며 반면에 낙관적으로 보고 설계할 수 있

[71] 크리스토프 드뢰서 저, 전대호 역, 알고리즘이 당신에게 이것을 추천합니다. 해나무, 2018.

고, 그에 따른 성능 차이가 매우 크기 때문이다. 이것은 보안 문제에 많이 적용된다. 외부의 침입이 많을 것으로 예상하는 것, 또 암호 설정에서 암호 공격이 많을 것으로 예상하는 것 등이 모두 비관적인 것이며 대처에 상당히 많은 투자를 해야 한다.

"빈대 잡으려다 초가삼간 태운다."라고, 지나친 보안을 위한 투자는 과다 비용과 서비스 편리 감소를 가져오기 때문에 적절한 수준을 선택해서 유지하는 것이 좋다. 오늘날 정보시스템은 데이터베이스를 기반으로 하여 수많은 트랜잭션들이 동시에 수행되는데 이 동시성 제어를 위한 기법으로 낙관적과 비관적 기법으로 나누어진다. 비관적인 알고리즘을 사용하게 되면 절대로 충돌로 인한 데드 록이 발생하지 않도록 철저히 짜여져서 트랜잭션들의 동시성이 저하된다. 반면에 트랜잭션들을 실제로 충돌이 많지 않은 낙관적인 가정으로 운영하면 많은 트랜잭션들이 동시에 처리되어 동시성을 통한 성능이 향상될 수 있다.

이러한 문제는 우리가 사는 실생활에서도 선택이 가능하며 비관적인 알고리즘들은 표 10-1과 같은 상황을 가정해서 대처하고자 만든다.

낙관적, 비관적 선택에 따라서 알고리즘과 그에 따른 비용이 달라지게 되며 이때 어떠한 기준으로 선택하여야 하는가가 중요하다. 이러한 경우 역시 가격과 성능비를 산출해보듯이 두 가지 경우에 따른 공리주의[72]에 입각해서 판단하는 것이 필요하다. 백신의 부작용보다는 접종에 따른 사회적 이익이 더 크기 때문에 백신 접종을 확대하는 이유와 같다.

---

[72] 최대다수의 최대 행복을 극대화하는 방향으로 의사결정을 할 수밖에 없다.

표 10-1 낙관적과 비관적 알고리즘에 따른 상황별 대처 방식

번호	상황	낙관적 대처
1	트랜잭션 동시성 제어	충돌은 없으므로 병렬로 먼저 실행, 뒷부분에 충돌 여부 체크 후 처리, 병렬성 증대로 인한 성능 향상
2	회원가입 시 암호설정	개인의 암호 설정은 개인에게 맡긴다. 단 자릿수나 만드는 방법에 대해서는 안내를 한다.
3	자동차 뒷좌석에 가방을 두고 내린다.	자동차 유리창을 깨고 가방을 훔쳐가는 일은 거의 발생하지 않는다.
4	스마트폰을 뒷주머니에 넣고, 길에서 통화한다.	스마트폰 소매치기는 거의 없다.
5	카페에서 잠시 볼일을 보러 자리에 노트북을 두고 다녀온다.	카페에는 CCTV도 있고, 남의 물건에 손대지 않는 문화를 믿는다.
6	택배 물건은 집에 사람이 없는 경우 문 앞에 두고 가라고 요청한다.	내 집 앞에 물건이 놓여있어도 가져가지 않는다.
7	용의자 총기 휴대	체포 조사
8	대량살상무기 보유(핵, 생물학 무기)	협상에 의한 타결
9	인생관	낙관적 희망, 행복
10	사람은 신뢰할 수 있다.	믿고 맡기어 상호발전
11	운전자는 과속한다.	안전은 운전자의 양식에 맡긴다. 아우토반 속도제한 없음. 자동차 산업의 발전 도모.
12	외국 소고기 수입	외국에서도 안전성 인정하니 따른다
13	코로나 방역	자율 격리, 개인의 안전 윤리에 맡긴다.
14	백신도입	임상 3상까지 안 했더라도 좋은 결과로 예상하고 우선 도입한다. 다른 나라 접종 상황을 보고나서 하더라도 한다.
15	기차표 검사	기차표는 모두 구입해서 탑승한다고 가정. 무임승차자는 10배의 벌금을 과금한다.
16	백신 접종자는 마스크를 착용하지 않아도 된다.	백신 접종자의 경우 야외에서는 마스크를 벗어도 된다.

비관적 대처	결과
실행 전에 모든 자원을 확보하고 실행한다. 병렬성이 저하될 수 있다.	돌다리를 두드려보고 건너느냐, 그냥 건너느냐 문제와 유사
12자리로 알파벳, 숫자와 기호를 함께 사용하며, 첫 문자는 대문자로, 3개월마다 변경, 예전에 사용하던 암호는 안 되고, 개인과 관련된 번호(주민번호나 전화번호, 생일 등)는 절대 사용하면 안 된다.	암호를 만드는 일 자체가 스트레스이며 잊기도 해서 어려움이 많다.
가방을 두고 내리는 일은 가져가라는 뜻이나 마찬가지로 절대 안되며, 반드시 뒤 트렁크 속에 넣어야 한다.	국내에서는 괜찮지만 미국에서는 트렁크로 옮겨야 한다.
뒷주머니에 넣고 다니면 소매치기가 가져가고, 길에서 전화를 하면 지나가면서 스마트폰을 채간다. 그래서 절대 안전지역에서만 통화하고, 가방 속에 넣어야 한다.	중남미 지역에서는 스마트폰 소매치기가 많다고 한다.
카페에 노트북을 두고 가는 것은 가져가라는 것이나 마찬가지여서 절대로 안 되고, 반드시 휴대해야 한다.	외국인들이 한국에 와서 제일 놀라는 상황 중 하나다.
문 앞에 물건을 두는 것은 가져가라는 것과 마찬가지다.	물론 전문털이범도 있기는 하지만 대체로 국내에서는 안전하다. 그러나 해외의 경우는 다르다고 한다.
사살	경찰에 의한 비무장 시민 사망
국제 제재, 다국적군 전쟁	
비관적 우울증과 긴장, 불안 속에 삶, 비극	정신적 스트레스와 우울증
의심과 추적 조회 등	불행한 관계의 종말
과도한 과속방지턱, 속도 제한(30km, 50km) 및 감시카메라 설치	안전비용, 저속 운행에 따른 경제적 손실
외국의 안전성 의심, 광우병 유발, 수입 규제	국가 간 자유무역 방해, 관계 손상, 자국 경제적 손실
2주 철저격리, 강력한 거리두기, 방문 시 체온측정하기	영업 감소에 따른 경제적 손실, 대중교통은 체온측정 제외 모순
임상 3상이 안 끝나면 절대 안 된다. 다른 나라가 맞더라도 자국 내에서 별도로 임상을 다시 해야 한다.	일본은 백신을 확보하고도 자국 임상 조건 때문에 대기상태에 있다. 우리나라는 선진국들이 이미 다 구입했음에도 기다린다고 하다가 도입을 못하고 있다.
무임승차가 많기 때문에 반드시 게이트에서 검표를 해야 한다. 검표기와 인건비가 상당하다.	대한민국과 일본, 중국의 경우를 비교하면 동아시아 국가 간의 차이가 크다.
백신을 맞았더라도 감염의 가능성이 있으므로 절대로 안 된다. 또 백신을 맞지 않은 사람이 마스크를 안 쓰는 경우가 있으므로 허용 불가.	백신 무접종자의 노마스크 가능성으로 백신 접종자가 불편함을 감수해야 한다.

요약

- 알고리즘은 문제를 해결하는 절차적 지식을 의미하며 방법에 따라서 컴퓨터의 성능을 좌우한다.
- 알고리즘에는 전수조사, 욕심쟁이 기법, 휴리스틱, 동적프로그래밍, 유전자 알고리즘 등 주요 특징에 따라서 사용할 수 있는 여러 가지 방법이 있다.
- 알고리즘을 모르는 경우에는 모든 것을 저장하고 검색하는 방법이 대안이 될 수 있다.
- 문제를 바라보는 시각이 낙관적이냐 비관적이냐에 따라서 알고리즘이 달라지며 결과가 매우 다르게 된다.

1. 여행을 계획하는 것도 알고리즘이다. 서울에서 거문도를 여행하는 일정을 작성해 보자. 교통편과 시간을 구체적으로 다양하게 정하고 각각의 방법에 따른 총 소요 시간과 비용을 계산하여 어떤 것을 선택하는 것이 최선인지 설명한다.

2. lucid.app 사이트는 플로우차트를 그려주는 도구이다. 이 도구를 이용해서 조리법이나 생활에 사용하는 알고리즘을 만들어본다(플로우차트 시작노드에 자신의 이름, 끝 노드에 학번을 추가한다). 파워포인트 등 다른 플로우차트 그림 도구를 이용해도 좋다.

3. 숫자들을 순서대로 정렬하는 알고리즘을 만들어서 플로우차트로 표현해보자.

4. 낙관적 vs 비관적인 문제해결 사례에 대해서 조사해보자.

C·H·A·P·T·E·R

11

문제해결 II: 추상화, 함수/라이브러리, 객체지향 모델링

학습 목차

"재능의 정의는 복잡한 것을 단순하게 만드는 것이다."

- 아인슈타인

11.1 Introduction to COMPUTATIONAL THINKING 추상화

추상화(abstraction)란 인간이 사물을 이해하고 인식하는 대표적인 과정으로 복잡한 전체를 핵심적인 특징만으로 요약하여 이해하는 것을 말한다. 단순화(simplify)와도 연결되며 약도, 지하철 노선도, 아이콘 등이 이에 해당한다.

문제의 세부를 벗어나 전체를 본다. 숲을 보고 문제를 해결하는 것으로 디테일에서 벗어나면 답이 보인다. 숲에서는 문제가 간단할 수 있다. 문제를 일반화하여 풀이하기 위해서는 수많은 디테일한 문제들을 일반화하여 어떤 성격의 문제인지 핵심을 파악하는 것이 중요하다. 그래서 우리가 예전에 접했던 문제와 같은 것인지 아니면 유사한 것인지 새로운 것인지를 분류해서 파악한다.

추상화를 상위 개념과 하위 개념으로 단계를 나누어 파악할 수 있다. 대표적인 추상화의 상하위 계층으로 보통 일반화(generalization)과 집단화(aggregation) 계층으로 나누어 볼 수 있다.

개념 일반화(generalization) 계층

일반화 계층은 IS-A 계층이라고 하는데 그 이유는 동물의 하위 개념이 개이므로 "The dog is an animal"로 표현할 수 있기 때문이다. 즉 개념상 상위 개념인 B와 하위 개념인 A 사이에는 즉 "A is a B" 관계가 성립한다.

우리 주변에는 많은 IS-A 계층이 있으며 대표적인 것이 동식물의 분류라고 할 수 있다. 교통 수단의 일반화 계층을 그리면 그림 11-1과 같다.

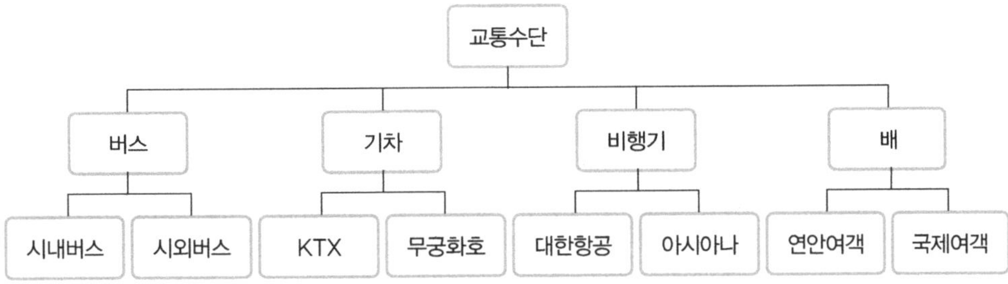

그림 11-1 교통수단의 IS-A 계층 예

일반화(Generalization) 계층을 세분화(Specialization) 계층이라고도 한다.

부분(PART-OF) 계층

IS-A 계층 외에도 개체들의 포함관계에 따른 계층을 들 수 있으며 A가 B의 부품인 경우 "A is a part of B"가 성립하여 우리는 PART-OF 계층이라고 부른다. 국가나 지방 행정 구역과의 관계, 자동차나 비행기와 같이 복잡한 구성품들의 관계를 표현하는 경우 많이 사용된다. 그림 11-2는 인간의 신체에 대한 PART-OF 계층을 보여주고 있다.

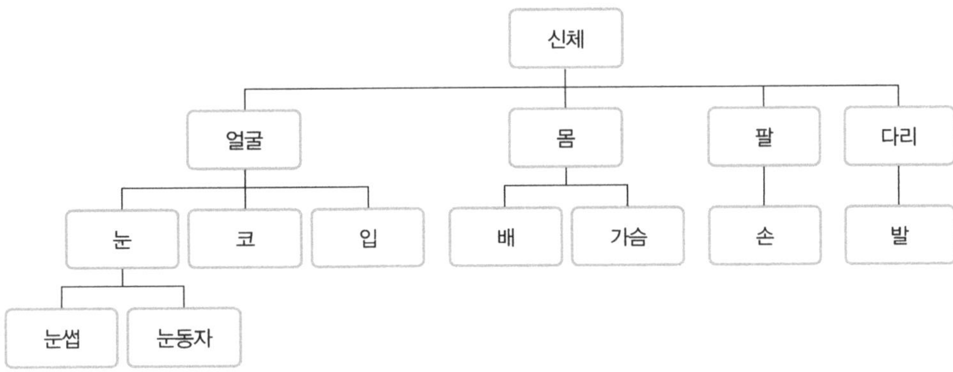

그림 11-2 인간의 신체에 대한 부분(PART-OF) 관계 계층 예

모델링

계층 구조를 완성해나가는 방법은 자연스럽게 2가지를 들 수 있다. 집을 그릴 때 지붕부터 그리는지 바닥부터 그리는지 나무를 그릴 때 기둥부터 그리는지 전체 잎부터 그리는가로 구분되는 것과 같다.

상향식 모델링

가장 작은 구성요소들을 가지고 블록 쌓기식으로 쌓아가면서 위로 향해서 모델링하는 것을 상향식 모델링(bottom-up)이라고 한다. 어떤 아이디어를 도출하기 위하여 공모전을 통해서 나오는 아이디어들을 모아서 하나의 큰 그림을 그리는 것과 같으며 의견수렴의 절차가 상향식이다.

하향식 모델링

큰 그림을 그리고 세부적으로 나누어가면서 모델링하는 방법으로 큰 목표나 완성품을 개념적으로 그린 후에 세부사항으로 나누어가면서 완성해나가는 모델링이다. 물론 상향식과 하향식을 섞어가면서 접근하는 방법(하이브리드)도 있다.

하향식 모델링을 문제해결에 적용한 사례로 만다라트(Mandart) 모델링을 들 수 있다. 연화법(Lotus blossom technique)이라고 불교의 만다라 모양에서 따온 것으로 일본의 마쓰무라 야스오가 개발한 방식이다. 3 × 3 칸을 만든 후 한 가운데에 큰 목표를 적고, 주위의 8곳의 칸에 목표를 달성하기 위해서 실천해야 하는 8가지를 적는다. 다음에 다시 각 8개를 달성하기 위해서 필요한 8가지를 3 × 3 칸을 만들어서 적어나가는 방식이다.

할일 1	할일 2	할일 3						
할일 4	소목표 1	할일 5					소목표 2	
할일 6	할일 7	할일 8						
			소목표 1	소목표 2	소목표 3			
	소목표 4		소목표 4	목표	소목표 5		소목표 5	
			소목표 6	소목표 7	소목표 8			
	소목표 6						소목표 7	

그림 11-3 만다라트 하향식 아이디어 만들기

11.2 Introduction to COMPUTATIONAL THINKING 함수와 라이브러리

SW가 복잡하고 방대하므로 코드들을 묶어서 함수라는 추상화 이름을 부여하여 프로그램을 파악함으로써 쉽게 이해할 수 있다. 함수는 이해도 편리하지만 반복해서 재사용하는 경우에 더 유용하다. 그리고 많은 사람들이 공통으로 사용하는 함수(책으로 간주)들은 묶어서 라이브러리(도서관 같은 곳)를 만들어서 재활용하기 편리하다.

함수

함수(function)는 함수명과 매개변수를 입력 받아서 호출하면 정의된 기능을 수행하여 그 결과를 돌려주는 역할을 한다.

$$y = f(a, b, c, \ldots, k)$$

프로그램 내에서 함수의 역할은 여러 가지가 있으나 특정한 기능을 하는 함수를 정의하여 프로그램 내에서 재사용하려는 것이 가장 크다. 함수로 정의하면 프로그램 내에서 여러 번 반복해서 호출하여 사용할 수 있으며 다른 프로그래머와 공유를 할 수도 있고 네트워크상에서 어느 누구와도 공유가 가능하다.

대하소설을 장, 절 등으로 나누듯이 대형 프로그램을 함수 단위로 쪼개서 체계적으로 관리하려는 목적도 있다. 물론 프로그래머가 모든 함수를 다 작성할 수 없으므로 전문적인 프로그래머의 함수를 가져다 쓰려는 목적도 있다. sin(x)와 같은 수식뿐 아니라 유체역학 등 공학계산을 위한 함수 등이 해당한다.

시스템 내장함수는 컴퓨터 시스템을 제어하는 용도로 시스템에서 제공하는 함수들을 말한다. 예를 들어 프로그램 내에서 다른 '특정 프로그램'을 실행시키고 싶으면 시스템 내장함수를 호출하면 된다. 또한 시스템의 상태(사용자 수, 프로세스 수, CPU 이용율, 디스크 공간 크기 등)를 파악하고자 할 때도 필요하다.

프로그래밍 언어별 내장함수는 각 프로그래밍 언어에서 제공하는 다양한 필요함수들을 말한다. 모든 언어에서 공통으로 제공하는 함수들도 있고, 특정 언어에서만 제공하는 함수들이 있다. 오늘날 유용한 많은 함수들을 제공하는 언어를 많은 사람들이 선호한다.

R과 Python의 패키지

프로그래밍 언어에서 제공하는 함수로는 한계가 있으며 누구나 제작한 함수를 다른 사람이 쉽게 공유할 수 있는 기능이 더 중요하다. R과 Python이 오늘날 널리 사용되는 이유 중에는 다른 사람이 만든 함수 라이브러리를 패키지로 만들어서 누구나 쉽게 프로그램으로 다운로드하여 사용할 수 있기 때문이다.

어느 프로그래밍 언어가 더 좋은가를 선택할 때 프로그래밍 언어의 구문이 중요하다. 그러나 구문이 비슷하다면 그 다음에 중요한 것은 사용 가능한 라이브러리(library)의 규모라고 볼 수 있다.

이것은 스마트폰의 초기 앱 경쟁과 유사하다. 애플 iOS를 기반으로 한 스마트폰의 출현으로 많은 앱 생태계가 구축되어 있는 상황에서 후발주자인 구글의 안드로이드는 앱 생태계가 부족해서 사용할 수 있는 앱들이 많이 않았다. 물론 오늘날에는 이 앱 생태계가 역전되기는 했지만, 특정 제품을 선택하는 기준으로는 사용 가능한 앱의 규모가 매우 중요하다.

마이크로소프트와 삼성전자가 독자적인 OS 타이젠(Tizen)를 만들어서 앱 시장에 도전했으나 결국 생태계 확보에 실패하여 시장에서 사라졌다. 현재 미국의 화웨이에 대한 제재로 안드로이드를 사용할 수 없는 화웨이사는 홍멍 OS(Harmony OS)를 가지고 스마트폰 시장을 유지하려고 하지만 중국 내의 시장에서는 가능하더라도 글로벌 시장에서는 성공하기가 어려울 것이다. 북한에서는 보안 차원에서 별도의 OS를 가진 스마트폰을 사용하고 있으며 글로벌 앱들은 접근할 수도 없이 북한 내에서 제작된 앱만을 다운로드해서 사용이 가능하다.

웹 API

현재는 클라우드에 저장된 라이브러리를 웹 API(Application Programming Interface)를 통해 접속하여 처리하는 모델로 진화하고 있다. 연산이 클라우드에서 이루어지며 스마트폰이나 PC에서는 함수명과 입력 파라메타 값만을 보내면 클라우드 서버에서 처리한 결과를 보내주는 형식이다. 텍스트를 아나운서 음성으로 변환하거나 음성 데이터를 인식해서 텍스트로 변환, 언어를 번역하는 등 고도의 연산처리를 필요로 하는 경우 클라우드 서비스는 더욱 중요하다.

최근에는 딥러닝과 AI의 발달로 이미지를 입력하면 얼굴을 인식해주거나 사진 속에 사물을 인식하는 함수들도 있어서 함수를 호출해서 사용할 줄만 알면 누구나 AI 응용을 만들 수 있다. 그래서 기초 코딩을 배워야 한다는 이유가 된다.

라이브러리

라이브러리(library)는 책들을 모아놓은 도서관처럼 많이 사용하는 함수들을 모아놓은 것이다. 그러므로 라이브러리를 다운로드해서 설치하고 코딩 시 호출하여 사용한다. 라이브러리를 패키지(package)라고 부르기도 한다.

C언어에서는 #include "library.h"로 라이브러리를 지정한다. 이때 라이브러리 폴더에 라이브러리가 저장되어 있어야만 컴파일이 가능하다.

반면에 Python에서는 import "library name" 형식으로 라이브러리를 지정하기만 하면 시스템이 클라우드의 지정된 위치에서 라이브러리를 다운로드해서 실행시켜주므로 간편하다. R도 Python과 동일하다.

라이브러리는 시스템에서 기본적으로 제공하는 라이브러리와 제3자가 개발해서 제공하는 라이브러리로 나누어진다. 라이브러리는 컴파일된 목적코드(object code)로 제공되기 때문에 소스코드에 대한 저작권이 보호된다. 라이브러리는 고가로 판매되기도 하며 무료로 제공되기도 한다. 인터넷에는 각 언어별 라이브러리 포털 사이트들이 있어서 필요한 라이브러리만 찾으면 직접 코딩하지 않아도 되는 장점이 있다.

11.3 Introduction to COMPUTATIONAL THINKING 객체지향 개념의 등장

프로그래밍은 절차 중심으로 연산의 순서적 전개에 따른 프로시저(procedure) 중심 프로그래밍에서 출발했다. S에서 사용하는 데이터의 종류와 개수가 많지 않은 경우에는 이러한 방식이 가능하지만 사용하는 데이터의 구조가 복잡해지고 프로시저들이 방대해지면서 전체를 이해하는데 어려움이 따르기 시작했다.

자료구조(data structure)란 기본 데이터들을 다양한 형태로 구조화해서 특정한 기능을 가진 자료구조로 만드는 것이다. 대표적인 자료구조에는 스택(stack), 큐(queue), 리스트(list), 배열(array), 트리(tree), 그래프(graph)가 있으며 최근에는 프레임(frame) 구조도 많이 사용한다. 자료구조에는 특정 연산이 부가될 수밖에 없으며 예를 들어 스택에는 팝(pop), 푸시(push)가 있고 큐에는 추가(enqueue), 삭제(dequeue)와 같은 연산이 있다.

추상 데이터 타입(ADT: Abstract Data Type)은 이러한 다양한 자료구조를 형식적으로 표현한 개념으로 구조와 연산에 대한 정의로 표현된다. 추상 데이터 타입의 개념이 발전하여 객체(object)로 표현하며 객체는 구조와 연산(메소드)을 하나로 묶어서 표현할 수 있다.

객체 중심 개념의 등장은 SW가 방대해지면서 다루는 추상 데이터 타입이 많아지고 체계적으로 관리하기가 어려워서 객체 중심으로 표현하기 위함이다. 객체들을 여러 SW 모듈에서 공유하고 재사용하며 객체에 대한 변경을 용이하게 하려는 목적으로 등장했다.

객체지향 프로그래밍 언어: 스몰토크

객체지향 개념은 복사기 회사로 유명한 제록스(Xerox)가에서 개발한 프로그래밍 언어 스몰토크(Smalltalk)가 발표되면서 알려졌다. 프로시저 중심의 프로그래밍에서 객체 중심의 프로그래밍이란 획기적인 전환이었다. 그러나 모든 데이터(정수

하나도 객체)를 객체로 취급하는

$$1 + 2 = 3$$

위 식을 스몰토크에서는 '1'이란 객체에 +란 메소드(method)를 적용하고 파라미터로 2란 객체를 주면 그 결과는 3이란 객체가 된다고 해석한다.

$$1.5 + 2 = 3.5$$

이 식에서 똑같이 '+' 연산자를 사용하고 있지만 실제 컴퓨터는 정수의 덧셈과 실수의 덧셈 알고리즘이 다르기 때문에 다른 연산을 적용해야 한다. 그래서 객체에 따라서 연산의 종류가 달라져야 하므로 객체 중심이 더 우수하다고 생각했다.

객체지향 프로그래밍 언어: C++

UNIX의 보급에 따라서 C언어가 대중화되면서 객체지향 개념을 추가한 C++가 발표되었으며 기존의 언어와 통합하여 널리 사용되기 시작했다. 그러면서 하드웨어에 독립적인 가상머신(Virtual Machine)의 개념에 기반한 자바(Java) 언어가 발표되면서 객체지향 언어가 확고히 자리 잡았다.

자바(Java), C와 C++, Python과 R에서도 객체지향 개념을 지원하고 있다.

객체지향 프로그래밍 언어에서 출발해서 객체지향 데이터베이스, 객체지향 소프트웨어 공학으로 발전하였다.

데이터베이스 분야에도 객체지향 데이터 모델이 발표되고 객체지향 DBMS들이 등장하였으나 오래전부터 사용되던 관계 데이터 모델을 기반으로 해서 객체지향 개념을 추가한 객체 관계 데이터 모델(Objejct-Relational Data Model)로 발전하게 되었다. 오늘날 주요 DBMS는 이 모델을 따르고 있다.

객체지향의 주요 개념

클래스(Class)는 같은 종류(또는 문제해결을 위한)의 집단에 속하는 속성(attribute)과 행위(behavior)를 정의한 것으로 객체지향 프로그램의 기본적인 사용자 정의 데이터형(user defined data type)이라고 할 수 있다. 클래스는 다른 클래스 또는 외부 요소와 독립적으로 디자인하여야 한다. 프로그래머는 아니지만 해결해야 할 문제가 속하는 영역에 종사하는 사람이라면 클래스를 사용할 수 있다.

객체(Object)는 클래스의 인스턴스(실제로 메모리상에 할당된 것)이다. 객체는 자신 고유의 속성(attribute)을 가지며 클래스에서 정의한 행위(behavior)를 수행할 수 있다. 객체의 행위는 클래스에 정의된 행위에 대한 정의를 공유함으로써 메모리를 경제적으로 사용한다.

메소드(Method), 메시지(Message)는 클래스로부터 생성된 객체를 사용하는 방법으로서 객체에 명령을 내리는 메시지라 할 수 있다. 메소드는 한 객체의 서브루틴(subroutine) 형태로 객체의 속성을 조작하는 데 사용된다. 또 객체 간의 통신은 메시지를 통해 이루어진다.

캡슐화(Encapsulation)는 지금까지는 통상 데이터에만 초점을 두었으나 데이터와 그 데이터를 처리하는 함수(정수와 정수 관련 연산들, 덧셈, 뺄셈, 곱셈, 나눗셈 연산 등)를 하나로 묶어서 캡슐로 만든다는 개념으로 관리하기가 편해지고, 불필요한 정보를 공개하지 않고 숨겨주는 기능도 함께 가져서 이를 정보 은닉(information hiding)이라고도 한다. 또한 이와 같은 추상 데이터 타입과 관련 함수를 클래스로 캡슐화해서 주고받으면 공유와 재사용도 편리해진다.

추상화(Abstraction)는 객체와 함수를 묶어 줄 뿐아니라 객체들 간의 IS-A 계층을 통해 추상화해서 관리할 수 있다. 같은 종류의 객체들(데이터 구조와 함수가 같은 것)을 클래스(class)로 정의하며 실제 객체들은 클래스의 인스턴스(instance)가 된다.

상속성(Inheritance)은 클래스 계층에서 상위 클래스의 데이터와 메소드들은 하위 클래스에서도 자동으로 상속된다는 개념으로 데이터를 재정의할 필요가 없으며 상위 클래스의 메소드를 하위 클래스에서 재사용하는 목적도 얻을 수 있다.

다형성(Polymorphism)은 '+' 연산도 객체의 타입에 따라서 다른 연산이 호출된다는 개념이다. 덧셈 연산은 정수이면 정수 덧셈 연산이, 실수이면 실수 덧셈 연산이호출된다. 그러나 사용자는 객체의 타입에 무관하게 그냥 덧셈 연산만을 호출하면 된다.

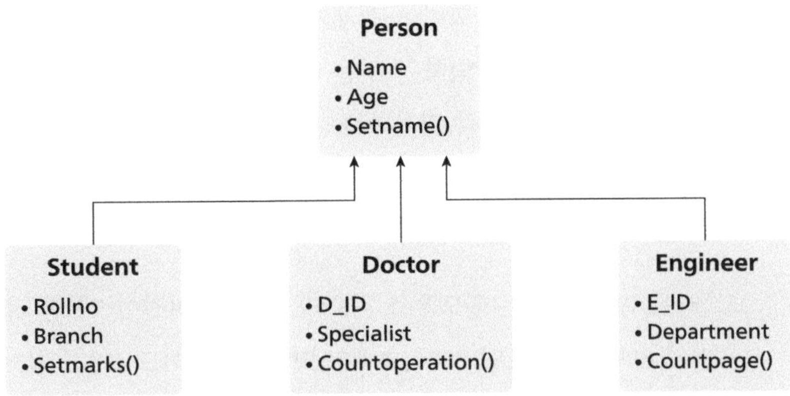

그림 11-4 객체지향 개념에 따른 객체 모델의 예
(Student, Doctor, Engineer는 Person 클래스의 하위 클래스이고 데이터 구조와 메소드를 가진다.)

오늘날 우리가 사용하는 윈도우즈 사용자 인터페이스도 객체지향 개념으로 만들어져서 사용이 편리하다. 윈도우즈에서는 모든 객체를 클릭한 후에 오른쪽 버튼을 누르면 그 객체에 대해서 수행 가능한 연산이 메뉴로 팝업되어 나타나며 사용자는 그 메뉴 중에서 하나를 선택하면 되어 매우 편리하다. 객체에 따라서 연산의 종류는 달라지며 사용자는 신경쓸 필요 없이 직관적으로 이해하기 쉬운 조작을 하는 셈이다.

(a) 바탕화면에서 오른쪽 클릭

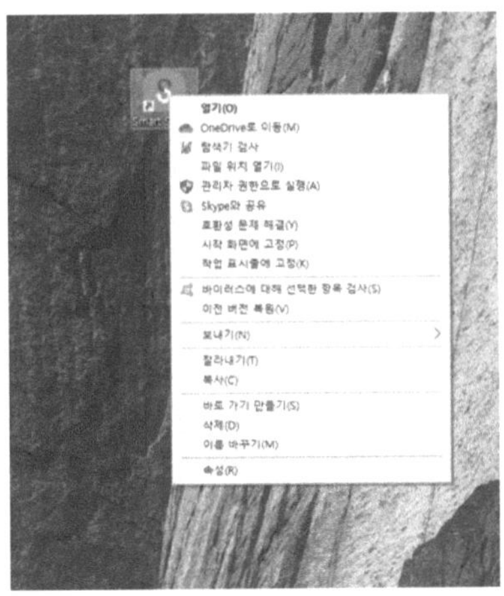

(b) 윈도우즈의 객체에 대해서 오른쪽 클릭

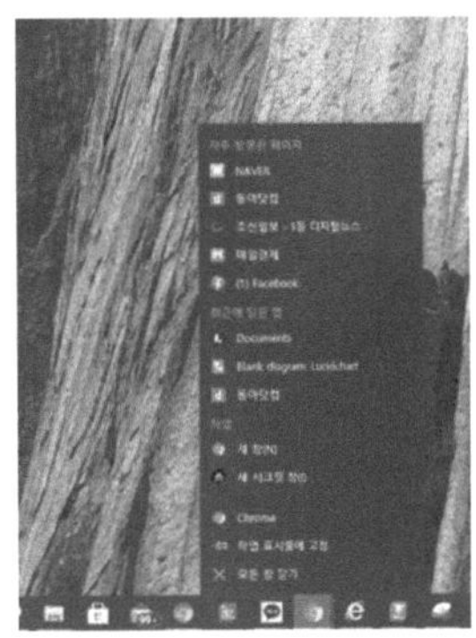

(c) 윈도우즈 하단 객체에 대한 오른쪽 클릭

그림 11-5 윈도우즈에서 객체에 오른쪽 마우스 클릭 시 나타나는 다양한 메뉴들 예

그림 11-5는 윈도우즈 화면이 객체지향으로 제작되었음을 보여주고 있다. 그림에서 오른쪽 마우스를 클릭하는 것은 모두 같지만 현재 마우스가 가리키고 있는 객체의 종류에 따라서 각각 다른 메뉴가 팝업되어 있는 것을 알 수 있다. 스마트폰의 인터페이스도 객체 중심으로 제작되어 객체를 누르면 나타나는 메뉴가 객체마다 다르게 되어 있음을 알 수 있다.

오늘날 SW의 크기는 윈도우즈 비스타 2007년 버전이 5천만 라인, 구글 크롬 브라우저가 6백7십만, 보잉 787이 6백5십만, 안드로이드 OS가 천5백만이며, 페이스북의 SW가 6천만 라인, 구글사가 운영하는 서비스 SW는 2십억 라인이다.[73]

객체지향 개념은 데이터베이스의 데이터 모델에 추가되어 객체-관계 데이터 모델(Object-Relational Data Model)에 따른 DBMS가 주로 사용된다. 대규모 SW개발에서도 객체지향 소프트웨어 공학 개발 방법론들이 활용되고 있다.

[73] https://www.visualcapitalist.com/millions-lines-of-code/

요약

- 추상화에는 대표적으로 IS-A와 PART-OF의 계층으로 나누어진다.
- 반복적으로 사용되는 기능은 함수로 정의해서 이들을 라이브러리에 저장하여 모든 사람들이 공유하도록 한다. 라이브러리는 클라우드에 저장해서 실행 시 다운로드하여 처리하도록 한다.
- SW의 크기가 방대해지면서 설계와 모델링하는 방법으로 객체지향 개념이 필요하게 되었다. 데이터 구조와 연산을 객체로 묶고 계층 구조로 추상화한 것이 객체지향 모델링이다.
- 대규모 SW 엔지니어링 사업에서는 객체지향 SW개발 방법론이 주로 사용된다.

실습문제

1. 집에서 사용 중인 가정용 가전제품의 일반화(IS-A) 계층도를 그려보자.

2. 자동차나 컴퓨터 등 사물을 하나 선택하고 그 사물의 PART-OF 개념 계층도를 그려본다.

3. 윈도우즈나 스마트폰에서 객체를 각각 다르게 가리키면서 오른쪽 버튼을 눌렀을 때 나타나는 메뉴에 대해서 살펴보자.

Introduction to **COMPUTATIONAL THINKING**

C·H·A·P·T·E·R

12

문제해결 III: 유추와 확장현실

학습 목차

"한 가지를 가르치면 열 가지를 안다. 친구 따라 강남 간다."

-우리나라 속담

12.1 유추

Introduction to
COMPUTATIONAL THINKING

유추(類推, analogy)의 개념은 다음과 같다. A와 B의 관계에 대응되는 C에 대한 D를 찾는 것이다.

> *A is to B as C is to D. (A:B = C:D)*
>
> *Reading is to the mind as food is to the body.*
> *(책과 마음의 관계는 음식과 신체의 관계와 같다.)*

또한 "X가 멍멍하고 짖었다." X에 올 수 있는 단어에 대해서 질문하면 인간은 '개'라는 것을 알고 있으나 어떻게 하면 컴퓨터로 하여금 이것을 알게 할 것인가가 과제다. 또 "King : Queen = Man : ?"에서 대응되는 '?'에 적합한 단어는 무엇일까, 답은 'Woman'이다. "대한민국 : 서울 = 일본 : ?"에 맞는 단어는 '도쿄'가 된다.

영어를 배울 때 단어의 뜻을 외우려 하지 말고 문장 속에서 모르는 단어가 나올 때 무슨 뜻일까를 추측해서 학습하라는 것과 문장을 통째로 외우는 교육이 효과가 있다는 것을 배우게 된다.

워드 임베딩(word embedding)은 단어와 단어가 사용된 문장의 단어들을 학습시켜서(빅데이터 문장 집합) 단어를 n차원의 벡터(n개 숫자의 집합)로 표현하는 딥러닝 기법이다. 그 결과 그림 12-1과 같이 '왕'과 '여왕' 사이의 좌표에 대응되는 '남자'에 해당하는 단어가 '여자'로, 공간 속에 매핑되는 것을 알게 되었다.

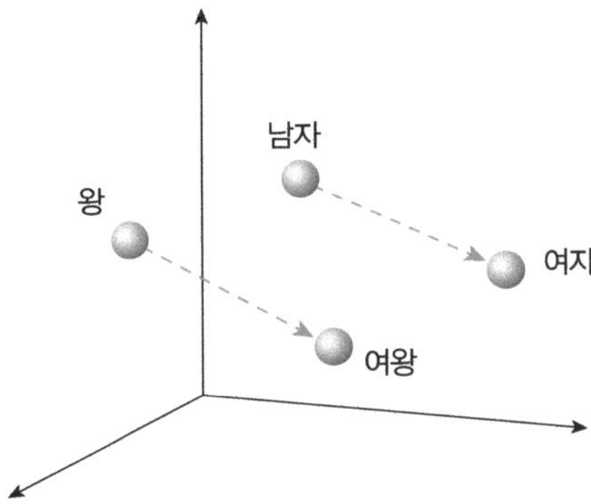

그림 12-1 워드 벡터를 이용한 유추 예

"대한민국 : 서울 = 일본 : ?"으로 질문하면 '도쿄'를 출력한다. "아버지 : 남자 = 할머니 : 여자"를 출력하여 마치 시스템이 인간과 같이 단어가 가지는 의미를 파악하고 있는 것과 같다고 볼 수 있다.

유비 추론

유비 추론(reasoning by analogy, Analogical Reasoning)이란 유비(類比) 즉 비슷한 종류를 찾아서 추론하는 방식을 말한다. 사례 기반 학습(Case based Reasoning)이라도 부른다. 어떤 일을 겪거나 할 때 과거의 사례에서 사용한 해결책을 이용하는 것으로 서양의 재판에서 사용하는 판례법이 이에 해당한다. 수많은 사례들을 묶어서 일반화하여 제도를 만드는 과정도 일종의 추론으로 귀납법(induction)에 해당한다. 법전을 근거로 재판을 진행하는 성문법은 연역법(induction)에 해당한다.

온고지신(溫故知新)은 과거의 것을 잘 이해함으로써 새로운 것을 알 수 있다는 의미로, 데이터 마이닝의 핵심이다. 과거의 데이터를 잘 정리해서 분석함으로써 미래를 예측하는 것으로 단지 컴퓨터를 이용한다는 것이다. 데이터 마이닝의 시계열 분석(time series analysis)은 시간에 따라서 변화하는 패턴을 분석하여 미래를 예측하는 전형적인 방법이다. 특정 회사의 주가 변동 패턴, 거시 경제의 경기 동향, 지진의 발생 패턴, 태풍의 진로 패턴 등이 모두 이에 해당한다.

역사로부터 배운다. 과거로부터 배운다. "어리석은 자는 경험에서 배우고, 현명한 자는 역사에서 배운다."라는 비스마르크의 말은 미리 예측해서 피하지 못하고 당면해서 겪고 나서야 교훈을 얻는다는 말이다. 문제는 "역사는 합의된 거짓말이다."라는 나폴레옹의 말처럼 교훈을 얻기 위해서는 사실에 기반한 역사라야 하는데 역사를 왜곡해서 기록하는 것이 문제다.

미래는 오늘의 연장. 하늘 아래 새로운 것은 없다. 인도의 대서사시 마하바라타와 라마야나에 대해서 "이 세상 모든 것이 마하바라타에 있으니 마하바라타에 없는 것은 이 세상에도 없다."고 말한다. 마하바라타는 그리스의 대서사시 일리어드와 오딧세이를 합한 것보다 8배 더 많은 분량을 가지고 있다. 세상의 모든 교훈이 다 들어있으므로 어떤 상황에서 인간이 선택할 행동에 고민할 필요가 없다는 것이다.

사람은 성장하면서 롤 모델을 따라서 배우기도 하고, 접하는 여러 선생님들의 행동거지에서 배우는 것도 중요하고 많다. 역사 속의 다양한 위인들을 스승으로 삼아서 배우는 것도 가능하며 이를 사사(師事)한다고 부른다.

물질 분석에서의 유추

화학이나 생물학 분야의 연구에서 신물질을 합성하거나 신약을 개발하면 물성 또는 효능을 분석하기 위해서 오랜 실험을 해야만 한다. 그러나 물질의 3차원 구조를 가지고 이미 알고 있는 유사한 물질을 검색해서 물성을 예측하여 실험 범위를 줄임으로써 분석 비용과 시간을 감소시킬 수가 있다. 즉 상당한 범위의 분석을 컴퓨터로 예측하는 것이 가능한 것이다.

"하나를 알면 열을 안다."라는 속담이 있다. 하나를 가르쳤을 뿐인데 어떻게 가르치지 않은 나머지 열 개를 알 수가 있을까? 개를 구별할 줄 아는 사람은 늑대를 보고 개로 생각할 것이고, 말과 당나귀는 비슷하다는 것을 안다. 꽃에 대해서도 유사성을 가지고 새로운 꽃을 구별하려고 한다. 동식물의 특징들을 가지고 분류하는 것과 마찬가지로 모든 사물에 대해서 유사성으로 인식하게 된다.

초중고와 대학을 졸업한 신입사원이 직장에 가서 바로 업무를 수행할 수는 없지만, 그동안 배운 학업 내용을 토대로 실제 업무를 대하면서 적용하는 것일 뿐이다. 즉 사람의 모든 생활의 근간은 유추라고 볼 수 있으며 로봇에게도 이러한 유추 능력을 정리해서 부여하는 것이 중요하다. 조금이라도 새로운 업무가 주어지면 안 해봐서 모른다고 해서는 곤란하다.

새로운 것을 발명하거나 새로운 창작을 하기 위해서는 우선 기존의 것에 대한 이해가 필요하며 모방하는 것부터 시작해야 한다. 그래서 일찍이 아리스토텔레스는 시학에서 "모방은 창조의 어머니"라고 한 것이다.

> *"모방한다는 것은 어렸을 적부터 인간 본성에 내재한 것으로서 인간이 다른 동물들과 다른 점도 인간이 가장 모방을 잘하며, 처음에는 모방에 의하여 지식을 습득한다는 점에 있다."*
>
> *-아리스토텔레스, 「시학」*

서예를 배울 때 처음에 하는 일이 임서(臨書)다. 대가의 글씨체를 본떠서 쓰는 것으로 구양순이나 안진경체를 임서한다. 알파벳이나 한자 쓰기를 배울 때 바탕에 희미하게 그려진 글자를 따라 쓰는 것과 같다. 자신만의 글씨체를 완성하기 위해서는 우선 어느 정도 잘 쓰는 것이 필요한 것이다.

친구 따라 강남 간다

진로를 선택하는 데 있어서 부모님과 선생님보다 친구의 의견을 더 중요하게 여긴다는 조사 보고가 있다. 흐름에 동참하는 것은 나쁘지 않다. 대세에 따라서 사는 것이 포모공포증(FOMO: Fear of Missing Out)에서 벗어나는 길이다. 그러나 네덜란드의 튤립 사재기 열풍처럼 지나친 것을 따라가서는 안 된다.[74]

비슷한 사람들끼리 서로 어울리며 따른다는 유유상종(類類相從), 처음에는 하얗더라도 검은 먹을 가까이하면 점점 검어진다는 근묵자흑(近墨者黑)도 모두 비슷한 고사 성어다. 그래서 우리는 어떤 사람을 판단할 때 그 사람이 어울리는 친구를 보면 안다고 했다. 그래서 친구를 잘 사귀는 것이 중요하다고 강조해왔다.

오늘날 우리가 세상을 인식하는 대부분의 방법이 사실 이 유추라고 볼 수 있다. 이미 과거에 알고 있는 것과 비교해서 가장 유사한 것으로 새로운 것을 대하며 이해하는 것이다. 오늘날 학습과 데이터 마이닝의 핵심 방법도 유추에서 비롯되며 특히 군집(clustering) 기법은 유추가 핵심이다.

---

[74] 튤립 구근 하나가 집 한 채 가격까지 거품이 꼈으며 램브란트도 재산을 모두 날려서 어렵게 살았다. 최근의 비트코인과 부동산 가격에도 거품이 많다고 필자는 생각한다.

생체 모방: 바이오 미미크리(Biomemecry)

자연에 대한 탐구는 인류가 보다 더 나은 생활을 하기 위해서 대자연의 생물들로부터 생존의 지혜를 배우기 위한 것이다. 비행기, 잠수함 등 많은 문명의 기기들은 동물들의 모양에서 비롯되었으며 아직 배울 것이 더 많다. 최근 로봇 개발에서 곤충을 모방한 로봇들이 등장하고 있다. 벽을 기어오르는 로봇에서부터 새와 곤충처럼 날아다니는 로봇, 다리가 수십 개 달린 지네, 거미, 어둠 속을 부딪치지 않고 날아다니는 박쥐가 있다.

날아다니는 민들레 씨를 모방한 낙하산, 엉겅퀴의 갈고리를 흉내 낸 벨크로(찍찍이), 상어의 피부를 참고해서 만든 수영복 등이 있다. 도마뱀의 발을 조사한 결과 나노털이 가지는 접착력에 대해서 발견하여 미세 입자 간의 접착력인 반데발스 결합(Van Der Waals' Bond)의 원리를 이용하여 인공 털을 제작하기도 했다.

모방에 의한 학습(Learning by Analogy)

배우는 것은 스포츠에서 잘 적용된다. 스키를 탈 때 잘 타는 사람의 동작을 보고 따라하면 된다. 동작의 경우 보고 따라하기만 하면 된다.

희극 배우 찰리 채플린의 유명한 일화인 '채플린 흉내내기' 시합에 나가서 1등을 하지 못했다는 이야기와 국내에서도 가수의 노래를 모창하는 '히든 싱어'에서 진짜 가수가 탈락하는 사례들을 보면 모방은 진짜와 구별하기 어려운 것에서 벗어나서 진짜보다 더 뛰어난 경우가 많다는 것을 알 수 있으며 모방이나 모창을 잘 하는 사람은 얼마든지 새로운 진짜를 만들 수 있다는 것이다.

첫 번째가 항상 승리하는 것은 아니다. 첫 번째를 모방하여 따라하는 기업이 성공한 사례는 무수히 많다. 웹이 등장하면서 야후(yahoo)가 최초의 검색 기업이었지만 구글이 승리했고, 동영상 공유 플랫폼으로 세계 최초인 아프리카(afreeca)TV[75]도 유튜브(youtube)에, MP3를 만든 아이리버도 애플사에, 스마트폰을 삼성, LG

[75] 당시 국내의 인터넷 실명제법으로 인하여 처음부터 글로벌 서비스로 진출하지 못한 아쉬움이 있다. 모택동의 참새 잡기 운동으로 수백만 명의 아사자가 생긴 것과 마찬가지의 어리석은 정책이 원인이다.

가 최초로 만들었지만 애플사에 주도권을 내주었다.[76] 즉 결론적으로 1등을 모방하는 것을 잘 해도 얼마든지 성공할 수 있다. 피카소는 말했다. “유능한 예술가는 모방하고 위대한 예술가는 훔친다.” 여기에 “평범한 예술가는 창조한다. 그러나 유능한 예술가는 모방하고 위대한 예술가는 훔친다.”고 스티브 잡스는 덧붙혔다.

후발 기업이 얼마든지 첫 번째 기업을 이길 수 있다. 음식의 원조집 경쟁이 치열하지만, 중요한 것은 음식의 맛이다.

아이들의 교재를 보면 사물들을 보여주고 이름을 가르친다. 그리고 문제는 비슷한 것과 다른 것 구별하기를 교육한다. 그러나 사물을 모두 정확히 파악한다는 것은 어렵다. 대나무는 이름에 나무가 붙어 있으나 실제로는 볏과에 속하는 풀로 분류된다. 토마토와 참외는 과일이 아니고 채소다. 호주 대륙에서 검은 백조(black swan)를 발견하기 전까지 인류는 백조가 흰색만 있는 줄 알았다.

작가 이문열은 자신에게 문학을 배우러 오는 문하생들에게 저명한 대하소설 전체를 그대로 써보라고 시킨다고 한다. 다른 사람의 작품을 써보는 것만으로도 문학공부가 되는 것이다. 쓰면서 소설의 전체 구성과 문장 표현 등 모든 것을 습득하게 될 것이다.

유사도 검색

사진이나 영상과 같은 콘텐츠에 대해서는 데이터베이스에서 사용하는 키워드의 동일성(Exact Match)을 사용하지 않고, 비슷한 콘텐츠를 탐색하는 유사도 검색을 주로 사용한다. 구글 검색엔진에서는 키워드 검색뿐 아니라 사진을 가지고 검색하는 기능도 제공한다. 그림 12-2는 이미지(image)를 선택해서 주어진 이미지와 유사한 이미지들을 검색한 결과를 보여주고 있다.

[76] 삼성의 터치폰, PDA폰, LG의 프라다폰이 오늘날의 스마트폰과 같다.

(a) 진돗개 사진

(b) 진돗개로 검색한 유사한 이미지 검색 결과

그림 12-2 구글 사진 검색 기능을 이용하여 진돗개 사진으로 검색한 결과 예

유사도 검색(Similarity Search)은 비슷한 옷이나 가방, 자동차 등 사물 검색에서 활용될 수 있으며 비슷한 영상 등 동영상 분석에도 가능하다. 또 범인의 얼굴을 몽타주로 만들어서 검색할 때에도 유용하다.

유사도를 측정하는 기준을 설정할 수 있다면 방대한 데이터들을 유사한 기준으로 묶어서 임의의 수 n개로 집단을 만들어주는 집단화(clustering)를 하는 데 사용되며 집단화하지 않고 미지의 객체를 예측하기 위해서 유사한 k개의 객체를 찾아서 분석하는 k-근접 이웃(kNN, k-Nearest Neighbour) 분석에서도 활용이 되고 있다.

문제는 심볼이나 숫자로 표현되는 데이터베이스에 대한 유사도 측정은 쉽게 가능하지만 영상과 같은 멀티미디어 데이터에 대한 유사도 측정은 인간도 파악하기 어렵고, 많은 변수가 있어서 어려운 일이다. 오늘날에는 딥러닝을 통해서 유사도 자체를 딥러닝이 스스로 파악해서 분석을 해주며 오히려 더 정확한 결과를 보여주고 있다.

진품과 가품의 구별과 GAN의 응용

모방 작품이 진품과 구별하기 어려운 수준으로 제조되면서 진품과 가품을 구별하기 위한 방안이 필요하게 되었다. 양주나 가방, 시계, 옷과 같은 명품 제품에서는 RFID 칩을 넣거나 홀로그램 마크를 부착하는 등 첨단 기술을 활용한다. 그러나 정교하게 제조된 위조지폐를 감식하기 어렵듯이 일반인들이 가품과 진품을 구별한다는 것은 불가능에 가깝다.

사진과 동영상을 가짜로 제작하는 분야에서는 딥러닝 기술이 적용되어 더 어렵다. GAN(생성 적대적 신경망, Generative Adversarial Network)이라는 기술은 진본을 변형시킨 콘텐츠를 생성하고 생성된 콘텐츠가 원본과 구별하기가 어려운지를 판별하는 방식을 사용해서 유사 콘텐츠를 만든다. GAN을 통해서 표정을 변화시키거나 영상의 연설을 다른 내용의 연설로 조작하는 것이 가능해졌다. 그 결과 고인의 영상을 재현하는 용도로 활용하기도 한다.

사진 합성 여부를 판별해주는 기술과 마찬가지로 동영상 합성을 이용한 가짜 영상들이 범람할 전망이며 이를 판별해주는 기술 또한 필요할 것이다. 그러나 이미 가짜 뉴스가 진짜처럼 퍼져서 여러 가지 사회 문제를 야기하고 진실이 밝혀지는 것은 이미 시간이 흘러 그 효과가 없을 때가 되므로 별 소용이 없게 된다. "사람들은 이제 진실을 믿는 것이 아니라 믿고 싶은 것을 믿는다."의 확증편향이 더욱 강해지는 시대에 가짜 동영상을 판별하는 것이 별 의미가 없게 될 것이다.[77]

kNN 발전전략

비슷하게만 해도 비슷하게 된다. 상식이란 보통의 사람들이 생각하고 선택하는 기준을 의미한다. 상식적으로만 해도 된다. 국가의 발전도 발전한 국가의 제도와 정책을 따라서 하면 된다. 발전 못하는 나라들은 대체로 발전에 도움이 되지 않는 법제도를 가지는 경우가 많다.

주변 k개의 데이터를 선택해서 평균을 구하여 의사결정, 남들 따라하기 전략이 좋다. 근묵자묵, 모방부터 하라. 국내의 대학들이 세계 경쟁력을 키운다고들 하지만 외국의 선진국 제도는 따라 하지 않는다. 대표적인 것이 교수들의 임금체계와 분산 권한, 종신제가 있다.

최근 저개발 국가들에서 우리나라의 발전을 모방하려는 움직임이 있다. 우리나라가 해왔던 전략대로만 하면 어느 국가나 성공할 수 있다. 우리도 최선진국처럼 되려면 되고 싶은 나라처럼만 하면 된다.

[77] 내로남불, 아전인수, 견강부회는 모두 인간의 확증편향 때문에 비롯된다.

12.2 Introduction to COMPUTATIONAL THINKING 확장현실

가상현실

가상현실(VR, Virtual Reality)이란 눈에 보이는 실제 모습이 아니고 컴퓨터의 그래픽 기술로 만든 제작된(가짜) 화면으로 구성된 영상을 말한다. 현실을 최대한 모방하고자 하는 것이 목표이며 이미 영화제작에 많이 활용되고 있으며 우리는 실제 촬영한 영상인지 가짜로 만들어낸 영상인지 구분하기 어려울 정도로 생생하게 만들고 있다. 가상현실은 실제를 모방한 가상의 영상이고 기술의 발전으로 이제 우리가 상상하는 모든 것을 영상으로 만들어 보여주고 있는 시대에 살고 있다.

실세계를 컴퓨터 속에 최대한 진짜인 것처럼 모방하여 표현하려는 것은 유추와 유사한 개념이다. 분명 진짜는 아닌 사이버 스페이스(컴퓨터가 만들어낸 가상의 공간) 속에서 진짜와 가짜를 잊어버릴 정도로 실감나도록 기술은 발전하고 있다. 우리가 눈으로 보는 현장과 구별하기 어려운 TV가 되려면 사진의 해상도가 16K(15360×8640) 이상이어야 된다고 한다.

영화관의 영상 해상도는 UHD(Ultra High Definition)의 화질로 4K(3840×2160)이다. TV는 4K에서 나아가 이미 8K(4K의 4배, 7680×4320, 3300만 화소)가 제품으로 출시되어 있으며 유튜브에는 8K 영상들이 올라와 있고, 최근에는 16K의 영상들도 나오고 있다. 일본은 2018년 12월 1일 8K 방송을 세계 최초로 시작했다.

사라진 과거의 모습을 보려면 새로 건설해야 한다. 미래의 모습을 보려면 상상하는 수밖에 없다. 그러나 컴퓨터 그래픽스 기술을 기반으로 한 가상현실 기술은 이 모든 것을 가능하게 한다.

가상현실은 컴퓨터의 3차원 이미지 처리 기술을 이용하여 실제로 없는 물체를 재현하는 것이다. 컴퓨터 그래픽스(computer graphics) 기술의 발달은 인간이 상상하는 모든 것을 눈앞에 펼쳐지게 만든다. 과거의 모습이나 사라진 공룡의 모습을 재현할 수 있으며, 우주 공간으로 확대되기도 한다.

가상현실 기술의 발달로 우리는 실제로 불가능한 온갖 가상체험도 할 수 있다. 낙하산, 스키, 승마, 자동차 경주 등 다양한 위험한 운동을 실감나게 체험한다. 비행기 조종사 교육도 실제 비행기 조종과 구별이 없을 정도로 정교하게 수행이 가능하다. 가상현실 체험 교육은 비용 절감뿐아니라 위험에서도 벗어나게 하는 장점이 있어서 확대되고 있다.

구글 지구본(earth)[78]은 지구 전체를 3차원으로 정밀하게 살펴볼 수 있는 SW로 실제 위성 영상 사진을 토대로 제작해서 직접 가보지 않고도 지구 전체 여행을 할 수 있다. 유일하게 방문이 불가능한 북한의 금강산이나 구월산뿐 아니라 구글 지구본을 통한 사이버 여행으로 많은 실향민들이 고향을 방문하고 있다.

그림 12-3 구글 지구본으로 본 알프스 마테호른산의 3차원 모습

가상체험과 실험

영화 제작 시 비행기가 충돌하는 장면이나 건물이 무너지는 장면을 촬영하기 위해서 실제 비행기를 사용하려면 상당한 비용이 소요되지만 오늘날 컴퓨터 그래픽

[78] https://www.google.com/earth/

으로 제작함으로써 비용 절감을 가져올 뿐 아니라 위험요소도 줄어든다. 주인공의 위험한 액션도 그래픽 처리로 가능해졌다.

실제 시뮬레이터(Simulator)는 비행기 조종과 같은 훈련을 실제처럼 수행하도록 제작하여 훈련 비용을 절감하게 한다. 이스라엘의 핵실험은 컴퓨터로 하고, 동물을 사용한 각종 생물학 실험도 오늘날 동물대체 실험을 통해서 동물보호 효과를 가진다.

가상체험은 위험한 스포츠 활동을 대신하게 함으로 위험으로부터 벗어날 수 있으며 자연보호까지 가능하므로 실감효과가 증대할수록 상당 부분을 대체할 것으로 전망한다. 최근에 코엑스에 설치되어 보여주는 3차원 파도치는 영상은 바다의 생생한 모습을 도시 한가운데로 가져온 효과를 주어 세계적인 주목을 끌고 있으며 뉴욕과 일본에서도 유사한 영상을 보여주도록 전파되었다.

증강현실

증강현실(AR, Augmented Reality)은 현실세계와 가상현실 기술을 결합한 것이다. 주로 현실에 가상 물체를 추가하는 형식으로 만들어진다. 예를 들어 폐허가 된 유적지에서 HMD(Head Mounted Display)를 착용하여 보면 가상으로 만들어진 과거의 유적이 가상현실 기술로 복원되어 보이는 것이다.

증강현실은 다양한 응용분야를 가진다. 스크린 골프장은 증강현실이라고 볼 수 있다. 스크린에 나타나는 골프장은 가상현실이지만 골프채와 공을 휘두르는 것은 실제다. 스키 보드 체험, 승마 체험, 자동차 경주와 4D 스크린 영화(영화 장면과 연동되어 의자가 움직이는 효과 등)도 일종의 증강현실이다.

삼성의 갤럭시 노트10부터 제공하는 AR두들 기능은 동영상을 촬영하면서 글씨나 다양한 그림 또는 3차원 객체를 쓰거나 추가할 수 있는 기능으로 사진과 글씨가 결합하는 것에서 나아가 실제 영상과 가상 객체를 결합할 수 있게 하여 AR이란 수식어를 부여했다.

그림 12-4 인형을 촬영하면서 추가한 3차원 그림 객체들

동작 인식과의 결합

증강현실은 동작인식 센서와 결합하여 사용자의 움직임과 연동된 가상현실을 제공함으로써 실감을 더욱 높이게 된다. 마이크로소프트에서 판매하는 키넥트(kinnect) 장치는 인체의 골격 움직임을 인식하기 때문에 탁구, 복싱 등 TV 앞에서 실제로 몸을 움직이면서 다양한 스포츠 오락을 즐기기도 하고, 운동의 자세 교정도 가능하다.

오늘날 게임오락장의 기기들은 증강현실 제품들로 채워지고 있다. 패러글라이딩을 착용하고 실제로 절벽에서 낙하해서 움직이는 체험을 할 수 있으며 입체적으로 회전하는 의자에 앉아서 비행기를 조종할 때의 느낌을 실감하게 체험하기도 한다.

아랍에미리트의 두바이에는 VR파크를 운영 중이며 다양한 증강현실 체험을 할 수 있다. 관광쇼에서 가상현실 고래 쇼 등을 보여주기도 하였다. 실제 스포츠카에 앉아서 자동차 경주를 즐길 수도 있다. 또 가상 동물원에서 얼음을 타고 북극곰에게 먹이를 줄 수도 있으며 공룡과 범고래, 코뿔소 등을 만나고 펭귄, 판다를 만날 수도 있다.[79] 가상동물원은 동물의 권리를 보호하는 목적에도 잘 부합하기에 좋은 해결책이며, 실제 세종 시절에 코끼리가 국내에 왔었는데 먹이를 감당하지 못해서 사육을 포기한 사례가 있었다.[80]

스마트폰과의 결합

호주의 한 축제에서는 스마트폰을 힘껏 던지는 동작으로 실제 농장에서 돼지에게 사과를 던져주는 이벤트를 한 적이 있다.

현장에 가야만 나타나는 증강현실 캐릭터나 정보로 인하여 여행이나 관광을 활성화할 수 있다. 역사 유적 현장의 설명이나 폐허 위에 AR로 유적을 복원해서 보여주는 기능이 필요하다.

구글 글래스, AR City는 스마트폰 앱으로 증강현실 정보를 제공한다.

네이버는 웹툰에 증강현실을 도입하기도 했다. AR 기술과 접목한 최초의 웹툰 '폰령' 작품은 웹툰이지만 스마트폰의 동작과 연동되어 캐릭터 모습이 나타난다. 인터랙션툰 '마주쳤다'는 사진을 특정 작가의 만화 캐릭터로 변환해서 웹툰의 주인공이 된 느낌으로 만들어 준다. 360도 파노라마 웹툰으로 스마트폰을 들고 회전하면 웹툰이 360도로 나타난다.

2016년 시작한 포켓몬GO 서비스는 포켓몬 게임 캐릭터들이 전 세계의 특정 위치에 나타나고, 그 캐릭터를 현장에서 잡는 형식으로 운영되는 게임으로 국내에서는 속초에 처음 출현하여 게이머들이 몰려가면서 언론에 보도되어 알려졌다. 일종의 AR 보물찾기 게임인데, 관련된 사건 사고를 보면 기차 역사 내에서 나타나 위험지역 출입과 샌디에이고 해안 절벽에서 게임하다 추락하여 사망하기도 했다.[81]

애플은 아이폰12 프로에서 라이다(Lidar) 센서를 추가했다. 라이다는 레이저와 레이다의 합성어로 빛으로 물체와의 거리를 파악하는 방식으로서 자율주행 자동차에서 활용되는 센서다. 라이다 센서의 스마트폰 내장으로 거실 내의 모든 물체들

[79] 두바이 VR파크 가상동물원 https://www.youtube.com/watch?v=noDLH7XzN7Y

[80] 동물들의 사료 값이 커서 과거 판다를 중국이 기증했을 때도 들여오지 못했다.

[81] https://namu.wiki/w/Pokemon GO

을 3차원으로 모델링하여 AR 모델링을 쉽게 할 수 있는 등 다양한 응용이 가능하여 앞으로 AR의 대중화에 기여할 것으로 전망된다.

확장현실

가상현실과 증강현실, 그리고 미래의 기술을 통칭해서 확장현실(XR, Extended Reality)이라고 부른다. 이런 기술들을 이용하면 우리는 확장현실 기술에 의해서 전 세계를 여행하는 것이 가능하다. 원하는 위치를 지정하면 그 위치로 이동해서 360도로 눈에 보이는 현장의 모습이 화면에 나타나며, 우리의 몸을 움직여서 이동하면 실제 현장에서 움직이는 것과 같이 보인다. 세계를 직접 가보지 않고도 현장에 가본 것과 동일(기술의 발전은 구분하기 어렵게 만들 것이다)한 느낌을 주게 될 것이다.

강의실에 출석하지 않고도 강의실에 앉아서 현재 진행 중인 강의를 듣고 있으며 트래킹을 떠날 수도 있다. 꿈의 미래가 다가오고 있는 것이다. 이러한 것이 가능해지려면 전 세계의 모든 장소들이 고해상도로 3차원 모델링이 되어서 데이터로 저장되어야 하며 현재보다 더 초고속 통신망이 지원되어야 가능하다. 우리 눈에 실감날 정도의 초고해상도 3차원 데이터를 실시간으로 송수신하려면 데이터의 통신속도는 현재 기술로는 불가능하기 때문이다.

LG유플러스는 XR 콘텐츠 확산을 위한 글로벌 연합체(XR Global Alliance)를 조직해서 운영하고 있다. 이 컨소시엄에는 퀄컴, 벨 캐나다, 일본 KDDI, 중국 차이나 텔레콤 그리고 콘텐츠 제작사들이 참여하고 있다.

메타버스: 가상현실 2.0

최근에 가상현실이란 용어의 후속으로 등장해서 폭넓게 사용되고 있는 용어로 메타버스(metaverse)가 있다. 서울 관광재단에서는 홍보용으로 가상 서울을 개발하여 서비스 하고 있다.[82] 세컨드 라이프(Second Life)라는[83] 서비스는 가상공간에서

[82] https://virtualseoul.or.kr/

[83] https://secondlife.com/

제2의 캐릭터를 만들어서 사는 모습을 온라인으로 서비스하고 있으며, 훗날 제2, 제3의 캐릭터를 만들어서 여러 모습의 자신을 만들어 나갈 수 있을 것으로 본다. 즉 현실 세계의 모습과 동일하거나 다른 자신의 제2의 자아를 가상공간에서 만들어 사는 것이다.

현실에서 이루지 못한 자신의 꿈을 가상공간에서 이루는 긍정적 측면도 있지만, 자아상실이라는 문제를 만날 수도 있다. 제2의 지구를 사이버 공간에서 만들어야 하는데 글로벌 플랫폼 간의 경쟁이 벌어질 것이다.

요약

- 유추란 유사한 것을 찾아서 문제를 해결하는 방법을 말한다. kNN은 k개의 유사한 것을 찾아서 문제를 해결하는 전략이다.
- 확장현실은 실세계의 모습을 사이버 공간 속에 실제 모습과 가장 유사하게 재현해 놓은 것이다. 물론 현실은 변화하며 변화하는 모습을 실시간으로 사이버 공간에 반영하는 것은 아직 불가능하다.
- 메타버스를 통해서 언젠가는 거의 실시간에 가까운 현실을 사이버 공간에서 접하고 체험할 수 있는 시대가 올 것으로 전망된다.

실습문제

1. [증강현실 체험해보기] 포켓몬Go를 수행해본다. 특정 위치에 가서 캐릭터를 찾아서 스크랩하여 올린다.

2. 각종 VR 체험기를 사용해보고 체험 장소와 기기 및 체험기를 적어서 올린다.

3. 유튜브에서 4K, 8K 영상과 16K 영상을 보고 비교해본다. 국립 춘천박물관의 실감영상카페에서 28m 크기의 LED 16K 영상을 감상해본다.

4. 일본 시세이도 글로벌 이노베이션 센터에 있는 16K 디스플레이 시스템을 감상해본다.

5. 명품 브랜드별로 가품과 구별하기 위한 방법에 대해서 조사해본다.

6. 구글 검색 사이트에서 사진을 가지고 검색하는 기능을 이용하여 사진을 입력하고 유사도 검색 결과를 확인해서 제출한다.

7. '스노우(snow)'나 '나와 닮은 연예인' 등 자신과 닮은 연예인을 검색해주는 앱을 이용해서 검색해본다.

8. 낙우송과 메타세콰이어, 산수유와 생강나무, 진달래와 철쭉, 목련과 산목련, 개나리와 영춘화를 구별하는 방법에 대해서 조사해본다.

9. 어스2에서 1달러의 금액으로 땅을 구입해본다.

C·H·A·P·T·E·R

13

문제해결 IV: 분할정복과 집단지능

학습 목차

사람은 반복문을 쓰고, 신은 재귀함수를 쓴다.”

-피터 도이치

13.1 Introduction to COMPUTATIONAL THINKING 분할정복

해결해야 할 문제가 커서 불가능한 경우에는 작은 문제로 쪼개서(split) 해결 가능한 단위가 될 때까지 쪼갠다. 그리고 하나씩 해결하여 다시 합치는 과정(merge)으로 전체적인 문제가 해결되는 전략이 분할정복(divide and conquer)이다. 그러나 모든 문제가 쪼갤 수 있는 것도 아니고 작은 해결을 뭉칠 수 있는 것은 아니다.

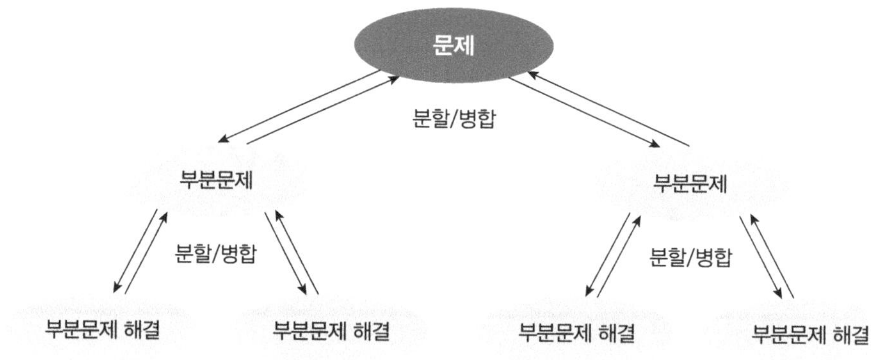

그림 13-1 분할정복의 문제해결 전략

분할정복은 국가 간의 전쟁에서 상대방을 정복하고자 할 때 사용하는 전략에서 출발한 개념이다. 1805년 나폴레옹이 아우스터리츠 전투에서 자신의 군대보다 15,000명이나 많은 오스트리아-러시아 연합군을 격퇴하는데 사용했다고 한다.[84] 그는 상대편의 병사들 중앙으로 쳐들어가서 둘로 나누는 데 성공하였고, 결국 상대편 병사들이 퇴각하는 바람에 승리할 수 있었다.

상대 국가가 상대적으로 커서 이길 수 없을 때는 상대 국가를 분열시켜서 쪼개놓은 후 하나씩 점령하면 성공한다는 전략으로 실제로 매우 실효성 있는 전략이다. 상대 국가의 땅을 쪼개는 방법도 있지만, 실제로는 내분을 조장해서 힘을 약화시킨 후에 침공하는 것도 유사한 전략으로 고구려와 후백제가 멸망한 것은 힘이 약

[84] https://jackpot53.tistory.com/68

해서가 아니고 내분에 의해서 힘이 분산되었기 때문이다.

일상적으로 사용하는 문제다. 긴 리스트의 숫자들을 합해야 하는 경우 우리는 2개씩 묶어서 덧셈을 연속적으로 적용하여 해결한다.

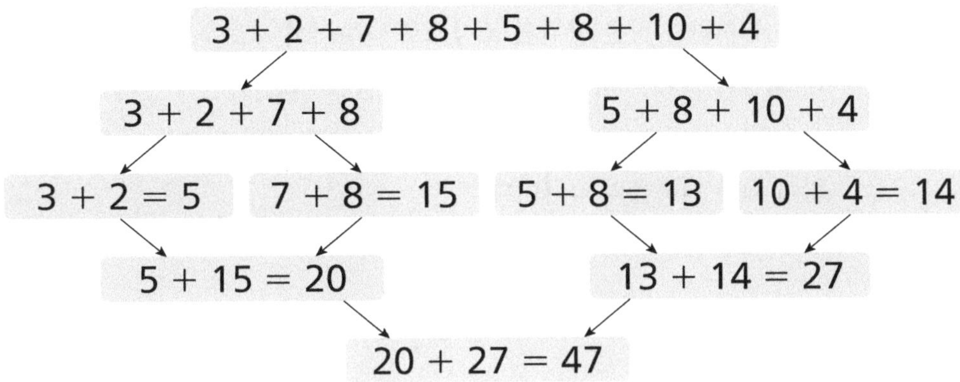

그림 13-2 8개의 숫자 덧셈을 분할하여 더하기를 수행함으로 최종 합계를 계산하는 과정

또는 호텔의 룸청소를 혼자 하지 않고 영역을 나누어 여러 사람이 동시에 하는 것도 분할정복의 하나이다.

큰 자릿수의 곱셈인 245×326을 계산하는 과정도 한 자리씩 옮겨가면서 곱셈과 덧셈을 반복하는 방식으로 문제를 해결하며 하나의 곱셈 연산을 여러 개의 곱셈과 덧셈 연산으로 분할하여 문제를 푸는 점에서 분할정복의 좋은 예다.

기업이 국가별 지사와 지역별 지점을 내서 영업활동을 하는 것도 마찬가지다. 지리적 영역을 나누어 문제를 해결한다. 그러나 점차 글로벌 서비스가 가능해져서 분할처리가 필요 없는 시대고 가고 있다. 온라인으로 성장한 기업인 델(dell) 컴퓨터사는 전국에서 주문을 받아서 택배로 배달하는 컴퓨터 유통의 혁명을 가져왔다. 아마존도 책가게에서 출발하여 모든 물건들을 글로벌하게 판매하고 있다.

큰 수를 정렬해야 할 때 쪼개서 정렬한 수에 합치는 과정을 거친다. 주기억장치의 한계를 과거에 마그네틱 테이프를 동원해서 정렬을 해야만 했다. 이를 외부정렬(external sorting)이라고 한다.

빅데이터 처리의 기본은 데이터를 분할해서 처리하는 것이고 수백만 명이 동시에 접속하여 처리하는 컴퓨팅 시스템도 수만 대의 컴퓨터로 부하(load)를 분할해서 나누어 처리하는 것이므로 분할정복의 개념과 같다. 개미와 벌들이 떼로 커다란 먹이를 옮기는 것과 같이 이리나 들개, 하이에나들도 떼로 덤비면 사자를 능히 사냥할 수 있다.

피라미드 못지않은 거대 석조 건축물인 아부심벨 신전을 아스완 댐 건설로 수몰될 위기에 처하자 작은 단위의 조각으로 나누어서 새로운 지역으로 옮기어 현재도 원래 모습을 그대로 유지하고 있다. 건축물의 이전 복원에 분해 조립 형식으로 많이 사용되며 한옥의 경우는 못을 사용하지 않고 끼워 맞추는 공법이라 모두 분해 조립이 되는 건축물의 하나이다.[85]

[85]단일 건축 한옥으로 가장 크다는 조계사의 대웅전은 1936년 정읍에 있던 보천교의 십일전을 옮긴 것이다.

13.2 재귀

Introduction to COMPUTATIONAL THINKING

문제를 해결하기 위하여 자신을 다시 호출해서 해결(재귀 호출)하는 방식은 큰 문제를 작은 단위의 문제해결로 쪼개서 풀어나가는 형식으로 분할정복과 같다. 이 방식은 재귀(recursion)로 정의될 수 있는 문제에만 적용 가능하다.

재귀는 실제 정의에서 재귀적으로 정의되는 예제와 같이 문제를 해결할 때 재귀적으로 해결하는 것이다. 재귀함수의 간단한 정의로 팩토리얼 계산을 들 수 있다. n!은 다음과 같은 식으로 정의되며 실제 프로그램의 코드도 간단하다.

$$n! = n \times (n - 1)!$$

그래서 90!을 계산하면 139자리의 숫자로 표현된다.[86] 재귀함수 호출로 문제를 해결하므로 컴퓨터는 아무리 많은 재귀함수라 해도 잘 처리한다.

최대공약수(GCD: Greatest Common Divisor)를 구하는 공식도 유클리드 호제법이 재귀로 정의가 된다. 하노이 타워(Hanoi Tower) 문제는 크기가 다른 원판들을 옮기는 문제인데 대표적인 재귀 알고리즘 문제다.

약어를 재귀적으로 정의하기도 하며 대표적인 용어가 GNU로 "GNU is Not Unix"를 줄인 말이다. 재귀약어(recursive acronym)들이 종종 사용되며 정확하게는 순환약자(circular acronym)가 맞다.

프랙탈(fractal) 구조란 작은 것이 계속 반복되어 큰 구조를 만드는 것으로 자기 자신을 반복 재귀적으로 호출하는 면에서 개념적으로 동일하다. 고사리 잎의 윤곽이나 나무가 가지를 뻗는 양상, 리아스식 해안선의 모양 등이 모두 자기유사성을 가지고 있다.[87]

[86] 90! = 1485715964481761497309522733620825737885569961284688766942216863704985393094065876545992131370884059645617234469978112000000000000000000000

[87] https://namu.wiki/w/ 프랙탈_이론

13.3 Introduction to COMPUTATIONAL THINKING 집단지능

몽골족의 시조 알란 코아가 다섯의 아들들에게 화살을 한 개씩 주어 부러뜨리고, 다섯 개를 묶음으로 주어 부러뜨리지 못함을 보인 화살의 교훈이 전해온다. "뭉치면 살고 흩어지면 죽는다."라는 교훈과 같다. 개인의 힘보다 집단의 힘이 더 강하며 집단의 힘을 발휘한 민족과 국가는 성공했다.

집단지능(Collective Intelligence)이란 집단을 결속시키는 지능을 의미하며 자연계에서는 개미와 벌들의 집단지능이 뛰어나다고 알려져 있다. 개인이 소송을 진행하기는 어렵지만 단체로 뭉치면 대기업이나 공공기관을 대상으로 한 소송도 가능해진다.

오늘날 컴퓨터의 네트워크와 SNS 등은 인간의 집단지능을 쉽게 활용할 수 있는 좋은 수단이 되고 있다.

온라인 쇼핑이 등장하면서 자연스럽게 **공동구매**로 연결되어 다수가 뭉쳐서 구매함으로써 단체 할인을 받아 저렴하게 구매하기도 한다. 공동구매를 통한 가격 할인에서 나아가 최근에는 고가의 미술품을 픽셀 단위로 쪼개서 판매하여(1픽셀당 1000원) 소액 투자자들이 모여서 수십억짜리를 나누어 구매한 후 경매를 통해서 차익을 구하는 비즈니스도 등장하고 있다. 서울옥션블루의 디지털지분 투자 플랫폼은 현재 신한쏠에서는 3천만 원짜리 작품을 3만 개로 쪼개서 판매하는 데 성공하고 있으며, 한정판 제품을 공동으로 지분 투자해서 수익을 올리고 있다.

뮤직카우(https://www.musicow.com/)사는 음악저작권 공동투자를 운영하는 기업으로 투자자들에게 경매로 음악의 지분을 판매하고 있다. 현재 30만 명이 가입되어 전체 수익률이 8.7%라고 발표되고 있다. 한류 콘텐츠 크라우드 펀딩 플랫폼 기업 펀더풀(funderful.kr)은 드라마와 영화 등 모든 K-콘텐츠에 대해서 투자를 유치하고 있다.

크라우드 소싱(crowd sourcing)은 아이디어 경진대회와 같이 어떤 문제를 풀기 위해서 아이디어를 공개하여 집단의 창의력을 활용하는 것이다. 실제 성공사례는 많으며 오늘날 많은 기업들이 소비자들의 아이디어를 제품 기획에 반영하고 있다. 서울시에서는 '천만상상오아시스'라는 이름의 아이디어 공모제도 운영을 하고, LG에서는 아이디어 경진대회를 통해서 제품을 개발하면 매출액의 4%를 제공자에게 지급하고 아이디어 평가와 제품개발에 참여한 참가자에게도 4%를 나눠주어 성공리에 마감하였다.

연구 개발과제에 대해서 외부 용역을 주는 것을 **아웃소싱(outsourcing)**이라고 한다. 보통 기업들은 외부 용역을 주더라도 기업 비밀로 철저하게 보안을 유지하는 것이 일반적이나 아웃소싱은 일반에게 완전히 공개하는 것으로 비밀이 유지되지 못하는 단점을 가진다.

과거 황우석 교수의 논문이 조작으로 밝혀진 것을 찾아낸 사람은 지방에서 농사를 짓는 일반인이었다. 황우석 교수의 논문이 게시판에 공개된 것을 보고 실험에 사용된 사진의 모양이 이상해서 찾아냈다. 어떤 문제를 내부적으로 해결하려는 노력에서 벗어나 이제는 외부에 공개하고 해결책을 찾는 것이 더 효율적인 시대가 된 것이다. 명칭을 공모하는 것과 같은 맥락이다.

크라우드 펀딩(crowd funding)은 영화 제작과 같은 위험과 거액이 필요한 투자에 다수 일반인의 참여를 통해서 자금을 확보하여 투자하는 것으로 주식 공모와 같은 개념이다. 오늘날 문화산업과 벤처 기업에서 많이 활용되고 있으며, 새로운 제품의 개발에도 활용되고 있다. 국내에서는 텀블벅(https://tumblbug.com/)이 있고, 국외에서는 킥스타터(https://www.kickstarter.com/)가 알려져 있다.

집단지능의 대표사례로 인터넷 백과사전인 위키피디아(Wikipedia.org)를 들 수 있다. 누구나 백과사전 집필에 참여하여 내용을 풍부하게 만드는 것으로 실제 18c 말에 발간하여 영국이 자랑하는 브리태니커와 디지털 시대에 맞추어 멀티미디어로 마이크로소프트에서 제작한 엔카르타(Encarta)가 있었지만, 오늘날 위키피디아 때문에 모두 실패하였다.[88]

---

[88] 브리태니커는 2012년부터 인쇄본을 더 이상 발간을 하지 않기로 결정했다. MS의 엔카르타는 2011년까지 운영하였다.

위키백과로 부르는 이 온라인 오픈 대사전은 현재 영어로는 620만 개의 글이 있으며 14만 명이 편집에 참여하고 있다. 한국어로는 53만 개이며 기여자가 2500명이다. 이 수치는 일본어 126만 개, 포르투갈어 106만 개보다 적은 것이 아쉽기는 하다. 오픈 백과사전에 대해서 누구나 편집가능하다는 것으로 인해 전문성이 떨어질 우려가 높았으나, 다수의 편집진에 의해서 내용이 검증되는 절차가 있어서 오늘날 전문성에서도 훨씬 우수하다는 평가를 받고 있다.

위키백과 플랫폼의 성공으로 오늘날 위키여행, 위키뉴스, 위키책, 위키데이터, 위키사전, 위키생물종 등 계속 다른 분야로 확대되고 있는 중이다. 위키인용집 (https://www.wikiquote.org/)에는 유명 인사들의 명언들을 모아놓았다.

그림 13-3 한국에서 접속한 위키백과의 첫 화면:
접속한 국가와 문서가 많은 언어 순서로 배치되어 있다.

사물인터넷에서 다룬 드론의 경우 개별로도 활용이 크지만 집단으로 모인 드론 쇼가 장관이다. 아마 집단 쇼의 최고 쇼가 북한에서 관광 목적으로 운영 중인 공연 '아리랑'일 것이다. 10만 명이 일사불란하게 움직이는 모습에 관중들이 감동보다는 '공포'스러운 분위기에 압도될 것이다. 전체주의 국가에서나 가능한 집단 공연이며 인권이 강조되는 오늘날의 가치관에는 맞지 않는다.

인터넷과 IT 기술은 집단지능을 누구나 쉽게 활용이 가능하게 하는 수단이 된다. 대표적인 집단지능 플랫폼들로 위키시스템과 아마존의 미캐니컬 터크 그리고 오픈소스 SW 플랫폼 깃허브(github)[89]를 들 수 있다.

자유 소프트웨어 운동(free source movement)은 1980년대에 리차드 스톨먼(Richard Stallman)에 의해 창립되어 오늘날 오픈소스 SW의 발달을 가져오게 했다. 그래서 현재 오픈 소스 SW로는 운영체제, 컴파일러, DBMS와 프로그래밍 언어, 오피스 패키지 등 거의 모든 SW를 망라하고 있다.[90] 무료 SW와 달리 오픈소스 SW는 소스코드를 공개할뿐아니라 변경해서 새로운 SW의 개발을 허용하며 개발된 새 SW는 반드시 공개해야 하는 조건을 부여한다.

오픈소스 SW와 상용 SW와의 갈등이 오늘날에도 존재하며 선의의 경쟁 구도를 유지하고 있으나 오픈소스의 품질이 좋아지면서 특히 빅데이터나 AI와 같은 새로운 분야에서의 활용이 높아지고 있는 추세이다. 기술 지원(technical support)이 결점이어서 비즈니스 분야에서의 활용은 적지만, 오픈소스 SW에 대한 기술 지원을 전문으로 하는 기업들이 등장하면서 변화가 전망된다.

모바일 분야에서 안드로이드가 대표적인 오픈소스 SW이며 애플의 iOS와 경쟁하고 있으며 PC에서는 MS의 윈도우즈와 리눅스(Linux)가 경쟁하고 있는 중이다. 일부 국가나 도시에서 MS의 윈도우즈를 사용하지 않고 리눅스로 변경하고 있는 추세이나 전체적인 전환에는 상당한 시간이 필요할 것으로 여겨진다.

아마존의 미캐니컬 터크

아마존에서 운영하는 사이트인 미캐니컬 터크(mechanical turk)는 많은 네티즌들의 능력을 동원하여 문제를 해결하고자 만든 플랫폼이다. 여기에 올리는 작업은 컴퓨터로 할 수 없고 오직 인간만이 할 수 있는 작업들로 예를 들면 번역하기, 음성을 문서로 변환하기 등이다. 예를 들어 1000쪽짜리 책을 번역하고 싶으면 1쪽씩 1000명에게 맡기어 번역한 결과를 수합하면 될 것이며 하루면 가능할 것이다.

[89] https://github.com/

[90] https://ko.wikipedia.org/wiki/ 자유-오픈_소스_소프트웨어_패키지_목록

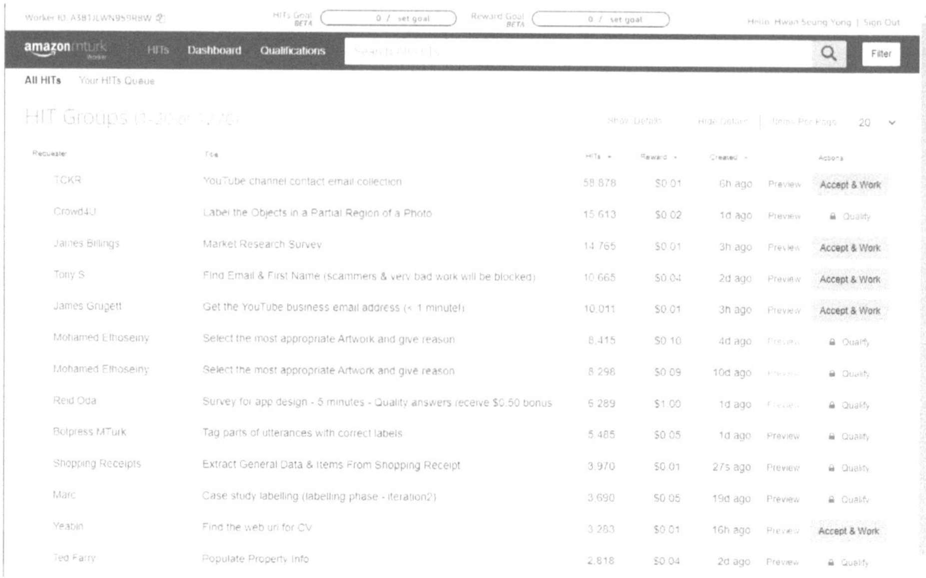

그림 13-4 2021.5.20.기준 미캐니컬 터크에 올라온 작업들 목록(일부)

대부분 소액(0.1$)의 작업들이며 여론조사 같은 경우 1$짜리 작업도 있다. 유튜브에서 메일 주소 수집, 사진의 부분 객체를 인식하는 것, 동영상의 내용을 설명하는 것 등 아직 컴퓨터로 할 수 없고 오직 사람만이 할 수 있는 작업들로 HIT(Human Intelligent Task)라고 한다.

작업을 올리는 사람과 이곳에서 일거리를 받아서 수행할 사람은 작업 리스트(1시간당 지불금액도 적혀있다)를 보고 선택해서 수행한다. 그러나 실제로 1시간 분량의 일들에 주는 금액이 0.1달러 정도로 시간급의 현저히 적은 금액이 문제 중의 하나다.

웹 2.0의 시대와 집단지능

웹이 등장하고 버전 2.0으로 발전하였으며 주요 개념이 집단지능이다. 즉 정보를 홈페이지를 통해서 제공하는 일방향 개념에서 사용자들이 콘텐츠를 올려서 함께 공유하는 개념으로 탄생한 것이 폭소노미(folksonomy)와 유뷰트 콘텐츠 공유 플랫폼이다. 유튜브는 동영상 콘텐츠를 사용자들이 업로드하여 공유하는 곳이다.

폭소노미는 기존의 포털 사이트들이 홈페이지 콘텐츠를 분류하기 위하여 메뉴 계층 구조를 만들어서 제공했는데 콘텐츠 자체가 실제로는 계층 구조를 갖지 않아서 한계가 있었다. 실제 한 콘텐츠는 계층 구조상으로 여러 곳에 위치할 수 있다. 그래서 콘텐츠에 사용자가 부여한 키워드 집합을 이용하여 콘텐츠를 분류하고 검색되도록 하는 개념이다. 즉 대중(folk)들이 분류(taxonomy)를 합한 용어다. 그래서 사용자가 콘텐츠를 만드는 UCC(User Created Contents)의 시대가 오게 되었다.

선한 행동에 대한 소식이 뉴스를 타면 네티즌들이 '돈쭐[91]'을 내줘야 한다며 소액을 기부한다. 반면에 부당한 과거의 일에 대해서 '미투'와 함께 과거 학생 시절의 '학폭[92]'으로 성공 가도에 있던 연예인들이 하차하거나 낙마하는 일이 벌어졌다. 모두 네티즌들의 신고와 정보 공유가 만들어준 것이다. "하늘의 그물이 엉성해 보이지만 빠뜨리지 않는다."[93]라는 격언이 현실에서 가능해지는 시대가 된 것으로 더욱 사필귀정(事必歸正)의 시대가 된다고 볼 수 있다.

크라우드 소싱은 기부 문화도 바꾸게 된다. 연말에 등장하는 자선냄비의 구세군은 인터넷에서 소액 기부로 활성화할 수 있다. 방송에서 문자메시지 응원을 유도하여 100원씩의 금액이 모여서 거액이 되도록 할 수 있으며 오늘날 자선단체 NGO들의 소액 기부를 지구촌 차원으로 넓혀서 확대한다면 바람직할 것이다. 사실 오늘날 유튜브의 콘텐츠 확대는 조회 수에 따른 광고 수익의 배분 정책으로 인한 것이다.

판옵티콘의 시대

판옵티콘(Pan-Opticon)은 전체 죄수를 한번에 감시할 수 있는 원형으로 지은 감옥을 뜻한다. 오늘날은 간수가 감시하는 것이 아니고 모든 사람들이 서로를 감시하는 시대다. 천 개의 손과 천 개의 눈을 가진 보살(천수천안)이 온 세상을 감시하는 것이 아니다. 연예인들의 사생활을 촬영하는 파파라치에서 봉파라치(쓰레기봉투를 이용하지 않는 사람을 신고), 코파라치(코로나로 4인 이상 식당 모임 금지를 어기는 식당의 신고)로 이어지고 있다.

[91] 돈으로 혼쭐을 낸다는 말의 약어

[92] 중고등학교 시절의 학생 폭력을 의미하는 약어

[93] 노자에 나오는 천망회회 소이부실(天網∨∨ 疎而不失)

"낮말은 새가 듣고 밤말은 쥐가 듣는다."라는 속담은 이제 도처에 설치된 CCTV가 촬영하고 택시의 블랙박스가 대화를 듣는다. 주요 국가에서 운영하는 국가정보원에서는 체계적인 감시를 위해 그 나라의 주요 레스토랑, 카페, 호텔 로비, 비행기 1등석, 호텔 스위트룸에 도청장치가 숨겨져 있다. 주요 국가는 자국의 대사관 건물을 지을 때 모든 자재와 인력을 공수해서 직접 짓고 있으며 대통령의 전세기는 직접 제작하거나 아니면 별도로 지정하지 못한다. 타국에서 제작한 1호기는 도청장치에서 벗어나기 힘들기 때문이다. 오늘날의 디지털 통신과 SNS의 시대에서는 모든 행동이 기록되어 비밀과 사생활을 보호하기는 어려운 일이다.

국민참여 지도 집단지능 앱들

네이버의 '지식인'은 컴퓨터에게 묻는 것이 아니고 어떠한 궁금한 질문을 올리면 그 질문에 대해서 네티즌들이 대답해주는 형식이다. 수많은 대답이 있으며 그 중에서 최고의 대답은 질문자가 선정을 한다.

단순하게 지도를 안내하는 내비게이션에서 벗어나 실제 교통량을 반영한 안내가 중요해졌다. 그러나 모든 도로에 교통량 감지 센서를 설치할 수 없는 한계에 따라서 도로를 실제로 통과한 기사들의 정보를 모아서 안내를 해주는 앱들이 등장하였으며 '김기사' 앱이 대표적이다.

이러한 집단지능 앱은 스팸전화 여부를 확인하는 데에도 유용하다. 스팸전화를 받은 사람이 스팸으로 등록하면 모든 사용자들에게 즉시 공유되는 방식이다. 중앙에서 스팸전화를 분석 수집해서 등록하는 것보다 훨씬 빠르고 정확한 장점을 가진다.

'모야모' 앱은 식물에 대해서 알려주는데 식물의 이름이 궁금해서 사진을 올리면 거의 1분 이내에 3개 이상의 답이 올라온다. 이 앱에서 수많은 전문가들이 바로 응답을 해주는 방식이다.

명함인식 앱들은 명함을 스캔해서 올리면 컴퓨터의 인쇄체 인식 기능으로 인식한 결과를 주소록에 등록해주므로 매우 편리하지만 인식 오류로 인한 오타 수정이 필요한 경우가 많아서 실제 활용의 한계가 있었다. 그러나 '리멤버'라는 앱은 명함인식을 사람이 직접 수행하므로 정확한 인식 결과를 경쟁력으로 가졌다.

그림 13-5 모야모 앱에서 식물 사진에 답글이 올라온 예(깊은 산에서 서식하는 회목나무 꽃)

13.4 협업 필터링

Introduction to COMPUTATIONAL THINKING

오늘날 마케팅 분야에서 가장 핫이슈는 상품 추천이다. 온라인 쇼핑이 발전하면서 고객이 사이트에 접속하는 순간 구매할 가능성이 높은 제품을 추천하는 것은 매출 증대에 긴요하다. 제품뿐 아니라 영화, 유튜브 콘텐츠, 드라마 등 온라인 콘텐츠 추천 분야는 더 중요하다. 온라인 쇼핑을 처음 시작할 때 아마존(Amazon)사의 책 추천부터 시작되어 오늘날 모든 분야에서 추천 시스템은 폭넓게 활용된다.

그러나 구체적인 방법으로 들어가면 기술적으로 복잡하며, 취향이 유사한 고객들을 묶는 것(물건 구입 패턴이 유사하다는 의미)에서 제품의 유사성을 묶어서 추천하는 것, 연속적인 제품 구입의 순서나 연속적인 콘텐츠 시청 순서를 고려한 추천 등 다양하다. 실제 고객이나 제품의 프로필을 분석하고 고객의 프로필과 매치하는 방법도 있겠지만, 가장 분명한 데이터는 고객들의 구매 이력이다.

전체 고객과 전체 제품(콘텐츠) 간의 구매 여부 또는 만족도 데이터는 2차원 배열 또는 매트릭스로 표현할 수 있다. 연구용 목적으로 YELP 레스토랑 데이터가 많이 사용 중에 있다.[94] 리뷰 값이 없는 칸의 데이터를 예측하는 것이 목표이며 이렇게 집단의 고객이 평가한 자료를 토대로 미지의 고객에 대한 예측을 할 수 있는 것이어서 집단데이터 지능의 대표사례가 되는 것이다.

물론 YELP 데이터는 빅데이터는 아니지만, 수천만 명 또는 수억 명의 고객과 수백만 건의 콘텐츠를 가진 유튜브나 넷플릭스사의 경우는 빅데이터 분석을 기반으로 한 추천의 대표기업이다. 실제로 넷플릭스는 초기에 백만불의 상금을 내걸고 추천 알고리즘 경진대회를 개최하여 기술 개발을 장려하기도 했다.

오늘날 넘쳐나는 콘텐츠와 상품 속에서 우리는 선택하는 데 어려움을 겪게 되며

[94] YELP 데이터는 2015년에서 2019년 사이의 토런토시에 있는 5,471개의 레스토랑과 44,485명의 고객이 작성한 253,050개의 리뷰 데이터로 구성되어 있다.

누군가에 의해서 추천 또는 필터링(filtering)된 콘텐츠를 원하게 된다. 그러나 특정한 큐레이터(qurator)가 있어서 평가 결과를 추천하는 것이 아니고 집단지능에 의해서 큐레이션 되는 방식이 가장 정확하며 그래서 참여자 모두가 힘을 모아서 수행한 결과이기에 **협업 필터링(collaborative filtering)**이라고 한다.

협업 필터링의 간단한 방법으로는 **매트릭스 분해(matrix factorization)**로 거대한 매트릭스 입력 데이터 A를 두 개의 매트릭스 B와 C로 분해한 후에 다시 곱해서 만들어지는 A를 구한다. 이 매트릭스의 값을 보면 기존에 있던 값들은 유사한 값으로 만들어지는 반면에 처음에 비어진 칸(0으로 채워진 칸)에는 새로운 값으로 채워지는데 이 값을 이 고객이 콘텐츠를 보는 경우에 작성할 리뷰의 값으로 간주하여 추천에 사용하는 것이다. 이 방법은 간단하면서도 성능이 상대적으로 우수해서 많이 사용되고 있다.

요약

- 문제가 풀기에는 복잡도와 규모가 큰 경우, 문제를 풀 수 있는 단위로 쪼개서 해결하는 방법이 분할정복이며 이 개념은 다양하게 사용되고 있다.
- 집단지능은 개미들이 집단을 이루어 공동체로 문제를 해결하는 것과 마찬가지로 사람들이 인터넷에서 집단으로 각각의 지능을 모아서 문제를 해결하는 전략이다.
- 협업 필터링은 수많은 사람들이 사용한 데이터들을 활용해서 개인의 문제를 해결하고자 하는 기법으로 오늘날 구매 패턴을 분석해서 제품을 추천하는 문제에 활용하고 있다.

실습문제

1. 분할정복을 사용할 수 없는 쪼갤 수 없거나, 결과를 합칠 수 없는 문제에 대해서 생각해보자.

2. Python으로 100!을 계산해보자.

3. 간단한 재귀 프로그래밍을 작성해본다. 피보나치 수 n은 다음과 같이 Fib(n) = Fib(n-1 + Fib(n-2)로 정의된다. Fib(1)=1이다. Fib(40)을 구해보자.

4. 아마존의 미캐니컬 터크에 올라온 작업에 참여해본다.

5. 한국 위키인용집(ko.wikiquote.org)에 한국 명언을 하나씩 등록해본다.

6. 영어 위키백과에 있는데 한국 위키에 없는 항목을 하나 번역해서 한국어 위키백과에 올린다.

7. 모야모 앱을 사용해서 식물 사진을 올리고 답이 올라오는데 소요되는 시간을 알아보자.

Introduction to **COMPUTATIONAL THINKING**

C·H·A·P·T·E·R

14

문제해결 V: AI 지식과 학습

학습 목차

"AI는 인류보다 빠르게 진화할 수 있는 잠재력을 갖췄다."

-스티븐 호킹

14.1 AI(인공지능)

사이버네틱스(cybernetics)는 1948년 미국 노버트 위너(Nobert Wiener)가 만든 용어로 2차대전 때 제작한 적 항공기의 예상 궤도를 계산해서 조준하는 대공포를 개발하면서 피드백(feedback) 개념을 가진 장치를 의미하도록 만든 용어다.[95] 즉 컴퓨터가 없던 시절에 기계로 하여금 센서와 제어 기능를 부여해서 장애물에 부딪치면 뒤로 후퇴하여 마치 두뇌를 가진 듯한 기계를 의미한다.

1956년 존 매카시(John McCarthy)가 다트머스 대학의 회의에서 사이버네틱스와 구분되는 인공지능(Artificial Intelligence)이란 용어를 처음 사용했다. SW로 지능을 가지도록 만드는 것이 목표다. 복잡한 정보처리(complex information processing)라는 용어와의 선택 과정에서 인공지능이 선택되었다.

인공지능(AI: Artificial Intelligence)은 생각하는 기계(thinking machine) 또는 범용 문제해결기(General Problem Solver)를 제작하는 것이 목표였으며 기호(symbol)을 처리하기 위해서 프로그래밍 언어 LISP(List Processing)을 1958년에 만들었다. 그리고 영국 에딘버러대에서 Prolog(Programming Logic) 언어를 제작하여 본격적인 연구가 시작되었다.

지능 테스트

튜링 테스트(Turing test)는 앨런 튜링[96]이 고안해낸 방법으로 컴퓨터와 인간을 칸막이 속에 넣고 인간이 질문을 주었을 때 그 답을 인간이 했는지, 컴퓨터가 했는지 구분하기 어려운 수준에 다다르면 우리는 컴퓨터가 지능을 가진다고 판단하는 검사법이다. 즉 이 검사는 인간과 유사한 수준의 답변을 주면 지능을 가진다고 판

[95] 실제 영국군은 독일의 V1 로켓을 자동 조준 대공포를 이용해서 90% 이상의 명중률을 보였다고 한다.

[96] 앨런 튜링에 대해서는 영화 "이미테이션 게임"을 참고

단했다.

아직까지 튜링 테스트를 통과한 시스템은 없으나 곧 도달할 것으로 전망된다. 특정한 분야에서 초지능을 가진 시스템을 확보했으나 상식까지 포함해서 일반 지능은 아직 개발하지 못했다. 튜링 테스트를 통과하는 날이 특이점(singularity)에 도달하는 시점이 될 것이다.

튜링 테스트의 한계를 고려해서 다음과 같은 대안이 나타났다.

- Kurzweil-Kapor 테스트: 미래 학자 레이 커즈와일(Ray Kurzweil)과 기술 기업가 미치 카포(Mitch Kapor)의 테스트로 컴퓨터가 2시간 동안 대화를 계속하고 3명 중 2명이 인간의 대화라고 생각한다. 카포의 경우 2029년까지 이것이 달성될 것이라고 믿지 않는다.
- 범용 지능 테스트, 커피 테스트(Coffee Test): Apple의 공동 창립자인 스티브 워크니악(Steve Wozniak)의 글이다. 커피 테스트에 따르면 로봇은 낯선 사람의 집에 들어가 주방을 찾고 커피 한 잔을 끓일 수 있어야 한다.

온라인 챗봇 Kuki(https://www.kuki.ai/)

뢰브너 상을 5년 수상한 작품이다. “집을 먹을 수 있니?”라고 질문을 하면 집(house)이 벽돌로(brick) 구성되어(made_from) 있다는 것을 알고, “아니오”라고 대답한다.

인간의 지능을 검사하기 위해서 많이 사용하는 IQ는 상대적인 지능을 검사한다. 동물의 지능 테스트를 살펴보면 강아지는 타올 속에 음식을 놓고 얼마나 빨리 찾는가, 장애물을 얼마나 빨리 탈출하는가에 대한 시간을 측정해서 점수화하기도 한다. 유인원과 돌고래가 가장 지능이 높다고 알려져 있으며 문어와 새들도 상대적으로 지능이 높은 편에 속한다.

지능의 분류

인간의 지능을 기준으로 그 이하를 약 인공지능, 그 이상을 강 인공지능으로 구분하기도 한다. 오늘날보다 더 세분화된 지능의 구분이 필요하다. 단순한 기능 하나만 부여하고 인공지능이라고 부르는 것은 오해의 여지가 많으며 실제로 AI라고 이름만 붙였지만, 기대하는 수준이 아닌 경우가 많은 것이 문제다.

- 레벨1 지능은 **'소프트 지능(soft intelligence)'**으로 부르는데 지식이 소프트웨어의 프로그램 코딩 속에 들어 있기 때문이다. 즉 입력된 데이터를 어떤 절차를 거쳐서 원하는 출력을 만드는 모든 절차와 지식이 알고리즘 속에 있다. 데이터가 가지는 모든 속성과 특징을 이해해야만 알고리즘을 만들 수 있으며 학습이 필요하지 않다. 오늘날 대부분의 SW들이 이에 속한다.
- 레벨2 지능은 데이터 마이닝을 기반으로 한 솔루션으로 데이터에 대한 깊은 지식이 필수적이다. 그래서 데이터에서 필요한 특징(feature)들을 추출해서 테이블로 만들 수 있어야 마이닝 알고리즘을 적용해서 지도 학습 또는 비지도 학습을 수행하여 학습 모델을 생성한다. 지식을 추출하는 의미에서 프로그래밍이 반자동화되어 있다고 볼 수 있다. 대신 충분한 양의 데이터가 필요하며 데이터는 많을수록 성능이 향상된다. 인간이 모두 가르쳐야만 하며 제한된 영역에서만 활용이 된다는 측면에서 **'약 지능(weak intelligence)'**이라고 부른다.
- 레벨3 지능은 **'강 지능(strong intelligence)'**으로 부르며 딥러닝과 빅데이터를 기반으로 학습하는 모델을 뜻한다. 딥러닝을 통해서 인간보다 우수한 능력을 보유하여 '강'이라고 한다. 알파고가 대표적인 강 지능 시스템으로 3만 개의 바둑 기보를 학습했으며 인간은 3만 개의 바둑 기보를 학습할 수 없다. 인간이 감당할 수 없는 빅데이터 학습을 통해 만들어진 학습 모델이므로 인간의 지능을 능가한다.
- 레벨3 지능의 학습 모델은 마이닝과 같이 특징 추출이 필요 없어서 데이터에 대한 깊은 이해가 없어도 된다. 즉 사진을 가지고 누구인지 식별할 때 눈, 코, 입의 특징을 가르쳐줄 필요가 없으며 시스템이 알아서 적절한 특징을 추출해서 학습한다. 그러므로 인간은 무슨 특징을 가지고 구별했는지 알 수가 없어서 결과가 어떻게 도출되었는지 모르는 블랙박스와 같다. 최근에 설명 가능한 딥러닝에 대한 연구가 진행 중에 있다.

또한 언어 학습도 종단간 학습(end-to-end learning)이 가능하다. 즉 번역의 경우 입력 문장과 출력 문장의 집합을 가지고 학습을 시키면 된다. 그러므로 레벨3 학습을 위해서는 빅데이터가 필수적이며 오늘날 수억 개의 번역 문장을 확보하면 번역 학습이 가능하다.

레벨4 지능은 초지능(super intelligence)으로 빅데이터도 필요 없이 스스로 학습을 할 수 있는 것을 의미한다. 제로 데이터 학습이라고 해서 체스 두는 기본 원칙만 알면 스스로 수많은 체스판을 생성하면서 학습한다. 바둑도 바둑 두는 기본 원칙만 가르쳐주면 수만 개의 바둑판을 만들어가면서 바둑에 대해서 학습한다. 알파제고가 대표적인 레벨4 지능이다.

인간의 경험과 누적 데이터 없이 스스로 학습하는 것이 가능해졌기 때문에 인간의 경험이 전혀 들어있지 않으며 레벨4에서는 인간이 초 지능에게 배워야 한다. 어떤 소설이 재미있는지 알려만 주면 초 지능이 가장 재미있는 소설을 쓰는 것도 가능할 것이다. 지금까지 나온 영화나 드라마 시나리오를 모두 학습하면 초 지능은 지구인 모두가 좋아하는 소설을 쓸 수 있을 것이다.

표 14-1 지능의 분류 레벨

레벨	명칭	특징 추출	학습	데이터	지식 표현	예
1	소프트 지능	O	X	O	하드와이어(코딩 속)	일반 SW
2	약 지능	O	O	O	모델	데이터 마이닝 모델
3	강 지능	X	O	O	가중치	알파고
4	초 지능	X	O	X	가중치	알파제로

인공지능과 인간의 대결

일본에서는 오래전부터 인공지능 분야를 선도하기 위해서 막대한 투자와 연구를 지속하고 있으며 '도로보' 학생 인공지능을 만들어서 매년 대입수능 시험에 도전하고 있으나 수학이나 세계사는 잘 하는 데 일본어와 영어에서 부족하여 동경대 입학에는 실패했다고 한다. 2016년에는 8과목 950점 만점에 525점을 획득해서 중위권 사립대학에는 합격할 수 있는 점수를 얻었다.

1997년 IBM에서 만든 체스 인공지능 딥블루는 체스 챔피언 카스파로프와 시합해서 승리했다. 2011년에는 미국의 퀴즈 게임쇼인 제퍼디(Jeopardy)에서 IBM의 왓슨 인공지능이 압도적으로 우승하기도 했다.

2016년 구글의 알파고(AlphaGo)는 이세돌 9단에게 바둑에서 완승해서 세계를 놀라게 했다. 지금까지 바둑에서 컴퓨터가 인간을 이기려면 수십년 더 있어야 할 것으로 모두 기대하고 있었으나 딥러닝 기술의 등장으로 가능하게 했다.

2016년에 국내에서 개최된 장학퀴즈 시합에서는 인공지능 엑소브레인이 장학퀴즈 우승자와의 대결에서 510대 350으로 완승했다.

2021년 SBS에서는 흥미로운 프로그램을 준비했다. 5개 분야에서 인간과 AI의 대결이었다. 골프에서 박세리와 AI 엘드릭의 대결은 AI 엘드릭의 승리로 끝났다. 인간은 실수를 할 수밖에 없으나 AI는 실수하지 않는다. 작곡에서는 사람의 승리로 끝났으나 AI 작곡가의 트롯 작품도 우수하다고 결론을 내린다. 학습 데이터가 충분하지 않았을 뿐 충분한 학습 데이터만 주어진다면 언젠가는 우승할 것이다.

앞으로 점점 더 모든 분야에서 인간과 AI의 대결이 등장할 것이며 인간이 승리하는 분야가 있겠지만 시간은 AI의 편이 될 것이다. 결국 AI의 압도적 승리로 결론이 나게 된다. 그리고 그 다음부터는 국가 간 AI의 대결이 등장할 것이며 AI 올림픽과 AI 휴머노이드 스포츠 올림픽도 충분히 개최될 것으로 전망된다.

AI에 대한 신뢰문제

내비게이션이 등장했을 때 운전자들은 과연 자신이 알고 있는 지름길과 내비게이션의 안내 중 누가 더 정확할 것인가를 가지고 비교했다. 시간대별 교통량의 정보가 없던 시절에는 경험을 가진 인간이 승리했지만, 트래픽 데이터를 반영한 실시간 길 안내를 이길 수는 없다.

반자율주행 서비스가 등장한 오늘날 대부분의 사람들은 신뢰하기가 어려워서 사용을 하지 않는다. 그러나 자율주행차는 정확하다. 결국 AI를 믿고 활용하는 사람과 AI를 믿지 않고 자신을 더 믿는 운전자로 나누어진다. 그리고 그 결과 차이는 클 것이다. 사람은 신의 존재를 믿는 종교인과 무신론자로 나눌 수 있다. 미래에는

AI를 믿는 사람과 AI를 불신하는 사람으로 나누어진다. 그리고 개인의 경쟁력은 커질 것이다.

ONNX

ONNX(Open Neural Network Exchange)는 다양한 도구로 학습은 할 수 있으나 그 결과물은 공유할 수 있는 체계로 결과물을 실제 서비스하는 방식도 표준화하기 위한 조직으로 2019년에 만들었다.

알고리즘은 편향을 확대하는 경향이 있다. 과거 데이터를 기준으로 예측하기에 과거는 잘 반영하지만 새로운 변화와 개선은 반영하지 못한다. 2020년 8월 24일 자 뉴스에 코로나로 고등학교 졸업 시험을 치르지 못한 영국에서 사립학교 학생들은 우수한 학점을 받은 반면 저소득층의 공립학교 학생들은 예상보다 낮은 점수가 부여되어 사회적 문제가 되었다.[97]

데이터가 편향을 가지면 결과도 편향된다. 그래서 균형 잡힌 데이터의 확보가 중요하다.

[97] AI가 준 학점은 가난한 학생을 차별했다. http://www.hani.co.kr/arti/international/europe/959055.html?fbclid=IwAR02AXhJqDtjr0Y4W7eYhfn9GhLdwCjEF3IR1UKNd9SHn4d83MbQCEfXATA

14.2 Introduction to COMPUTATIONAL THINKING 지식이란

"지식은 인류를 자유롭게 한다"

-훔볼트

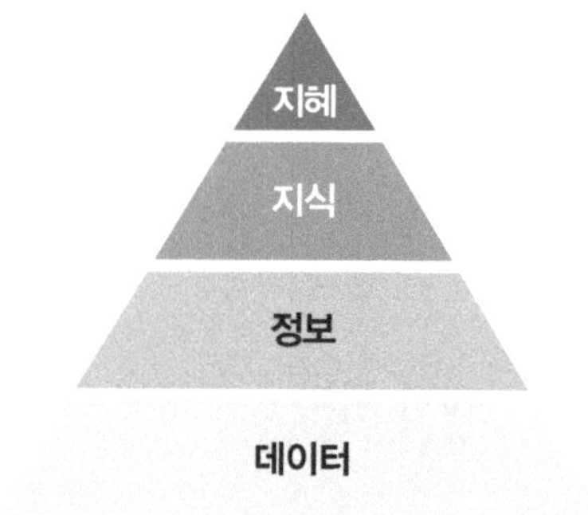

그림 14-1 데이터, 정보, 지식과 지혜의 관계

컴퓨터의 주요 활용은 정보처리시스템(information processing system)이라고 한다. 여기서 정보를 처리한다는 개념은 데이터를 처리하여 정보를 생산한다는 것이다. 정보는 경영 등 의사결정(decision making)에 활용하기 위해서다.

인류는 지식을 축적하고 전달함으로써 문명을 발전시켜왔다. 그리고 지금까지 지식은 책의 형태로 표현하며 그림을 사용한다. 무용과 같은 동작이나 음악과 같은 것은 책에 무용보나 악보로 표현하지만 한계를 가진다. 오늘날 비디오 자료로 표현하는 것이 보다 잘 표현하는 수단이다.

기원전 220년에 설립된 이집트의 알렉산드리아 도서관은 보유한 책이 당시 20만 권이었다. 그러나 4세기의 로마 황제의 명령으로 불타서 사라졌다.[98] 청나라의 사고전서, 브리태니카 대백과사전 등이 지식을 집대성한 미국 의회도서관, 국회도서

[98] 기독교에 반하는 '이교'라는 이유로 불에 타버렸다.

관과 국립중앙도서관에 있다.

표 14-2 데이터와 정보, 지식과 지혜

용어	설명	예
데이터 (data)	개별적인 사실들을 말한다. Fact라고도 한다. 데이터는 정보처리시스템의 입력 자료에 해당한다.	홍길동의 급여가 100만 원이다.
정보 (information)	직원들의 평균 급여, 물가 지수 등 데이터들을 처리해서 얻어지는 것으로 의사결정에 활용이 가능하다.	여러 동일한 경력의 평균 급여와 홍길동의 급여를 비교해서 인상 여부를 요구하거나 결정할 수 있다.
지식 (knowledge)	직원들의 급여를 결정하는 데 가장 중요한 속성들의 의사 결정 트리.	신입 직원의 연봉을 결정하는 데 기준으로 활용한다.
지혜 (widsom)	희소한 고차원적인 지식. 아직 지혜를 자동으로 검색하는 시스템은 없다. 또 지혜를 가진 AI도 없다.	사필귀정(事必歸正), 인사 관리가 기업 경영에서 가장 중요하다.

책에 저장된 지식을 컴퓨터에 저장한다고 해서 지식 처리가 되는 것은 아니다. 컴퓨터로 하여금 지식 처리 가능한 형식으로 변환해야 하며 지식 표현 방법이 중요하나 최적의 지식 표현 방법을 찾지 못하고 있다.

지식은 전문지식과 상식(common sense)으로 나누어 생각할 수 있다. 전문지식이란 의사나 법률가, 공학자 등 특정 분야의 지식을 의미한다. 인간과 대등한 수준의 로봇이 되려면 반드시 상식을 이해하고 행동해야 한다. 그러므로 상식을 가르치는 작업이 필요하며 우선 상식 데이터베이스의 구축이 긴요하다.

지식에서 노하우(knowhow)는 실제로 어떻게 만드느냐에 해당하는 지식으로 이론에는 있지만 실전에서 작업을 수행할 때는 경험에 의해서 숙련된 별도로 필요한 지식을 말한다. 기능(skill)은 반복에 의하여 숙달된 지식을 의미한다. 과거에는 노하우를 중요하게 생각했지만 오늘날에는 필요로 하는 지식이 어디에 있는지, 그리고 누구를 통해서 구할 수 있는 가를 의미하는 노웨어(know where)가 중요하다. 그러나 검색 엔진은 필요한 지식을 모두 검색해준다. 인터넷에 없는 지식을 구하는 것은 어려우며 기업들은 영업 비밀의 형태로 특허로 등록하지 않고 보안을 유지하며 관리한다.[99]

[99] 코카콜라 제조법은 공개되어 있지 않다.

노웨어도 알고 노하우도 알아서 실제로 제조하여 활용은 하지만 실제 그 원리는 모르는 수가 있으며 지식을 완전히 이해하고 더 발전시키려면 노와이(know why)를 알아야만 한다. 근본 원리를 이해하는 것인데 노와이는 모르는 채 활용되는 지식들도 많다.

베스트 프랙티스(best practice)는 특정한 업무를 수행할 때 가장 최선의 방법을 의미한다. 누구나 자신이 맡고 있는 일에 대해서 이 방법을 알고 처리하면 가장 경쟁력이 있다고 할 것이다. 오늘날 글로벌 시대에 특정한 업무의 베스트 프랙티스를 다른 나라의 사례에서 배우고 도입하여 활용한다면 우리나라는 최고의 선진국이 될 것이다.

전문지식과 일반지식, 상식, 유효기간

전문지식에는 행정과 외무, 사법고시는 고급 공무원 채용시험으로 각 분야의 전문지식을 요구한다. 국가에서 실시하는 각종 기술 관련 자격시험에는 기술사, 기사, 기능사로 구분되어 운영하고 있다. 기사도 4년제 대학 수준의 전문지식을 요구한다. 이러한 자격증에는 유효기간이 별도로 없다. 약사와 의사 자격도 영구적이다.

전문지식보다는 낮지만 일정한 수준의 지식 수준을 평가하는 시험이 있으며 영어 등 외국어 능력을 평가하는 토익 등의 시험과 컴퓨터 활용 능력을 검증하는 자격시험이 있다. 그러나 이러한 지식의 자격에는 유효기간을 두어서 2년이 지나면 효능이 없어져 재응시를 해야만 한다. 과연 전문지식과 일반지식의 유효기간 적정성이 무엇일까 생각해봐야 한다.

반면에 운전면허나 특수 기능직의 자격은 한 번 취득하면 영구적이다. 사실 특정 지식이나 기능 자격의 유효기간을 설정하는 것 자체가 무의미하다. 사람은 한 번 배우면 자격을 갖추었다고 인정하는 것이 타당하다.

학위 자격증(학사, 석사, 박사)이나 전문직 자격증(약사, 기술사, 의사, 변호사, 공인회계사) 그리고 정부가 인정하는 자격증(기사, 기능사, 사회복지사, 공인중개사, 운전면허, 공인중개사 등)도 마찬가지다. 그러나 영어 자격인 토익이나 컴퓨터 활용 능력의 경우 통상 2년이라는 유효기간을 두고 있는데 그 이유는 알 수가 없다.

동물은 먹는 음식에 따라서 육식 동물(carnivore)과 초식 동물(herbivore)로 구분하며 둘 다 먹는 잡식 동물(omnivore)이 있다. 그러나 인간은 "빵만으로 살 수 없다"라는 말이 있듯이 인터넷과 스마트폰 중독이 된 오늘날의 인간을 정보식 동물(infovore)이라고 한다. 지식에 대한 욕구는 인간의 기본적인 것에 해당하여 인터넷 접속에 대한 권리를 인권으로 보장해 줄 필요가 있다.

안중근 선생님의 좌우명의 하나인 "일일부독서 구중생형극(一日不讀書口中生荊棘)이라는 하루도 책을 읽지 못하면 입에 가시가 돋는다."는 정보식 동물임을 알려주는 글이다. "지식이 인류를 자유롭게 한다."라는 신념으로 남미대륙을 탐험한 학자 훔볼트는 모든 화산들이 지진대로 연결되어 있다는 것을 밝혔고 말라리아로 희생되던 많은 사람들을 키니네의 발견으로 치료가능하게 되었고, 훔볼트 해류와 구아노 비료, 카시키아레강(Casiquiare)이 아마존(Amazon)과 오리노코강(Orinoco)을 연결한다는 것을 침보라소 산(Chimborazo, 6263m)의 높이를 측정하면서 위도의 변화에 따른 동식물의 생존 한계 등을 밝혀냈다.

지식의 표현

인류는 습득한 지식(knowledge)을 기록으로 남겨서 문명을 발전시켜왔다. 기록하기 위해서는 문자를 발명해야 했으며 쐐기문자, 상형문자, 알파벳, 결승문자, 한자, 한글 등 수백 종의 문자들이 각 문명권마다 발명되어 사용되어 왔으며 소멸되기도 했다. 중국의 학자 루쉰은 한자의 어려움으로 인해서 중국이 서양의 침략을 허용하다고 생각하여 "한자를 없애지 않으면 중국이 멸망할 것이다."라는 말까지 남기기도 했다. 문자의 발명 과정이 완전히 기록된 한글은 오늘날 인류 최고의 문자로 세계에서 공인되고 있으며 훗날 세계 표준 문자로 사용될 것으로 전망된다.

문자를 이용한 지식의 표현은 책의 형식으로 기록되어왔다. 책에 기록된 문장은 컴퓨터가 처리하기에는 한계가 있어서 보다 형식적인 표현을 연구해왔으며 의사결정 트리, 규칙, 온톨로지(ontology) 등이 있다. 여기서는 이 세 가지에 대해서만 간단히 설명하겠다.

의사결정 트리

의사결정 트리는 루트(root)부터 리프(leaf) 노드에 이르기까지 속성의 값에 따라서 분류(branch)가 일어나며 리프에 도달하면 분류 속성의 결과가 들어 있어서 분류 지식을 이해하기 쉽게(visible) 표현되어 많이 사용된다.

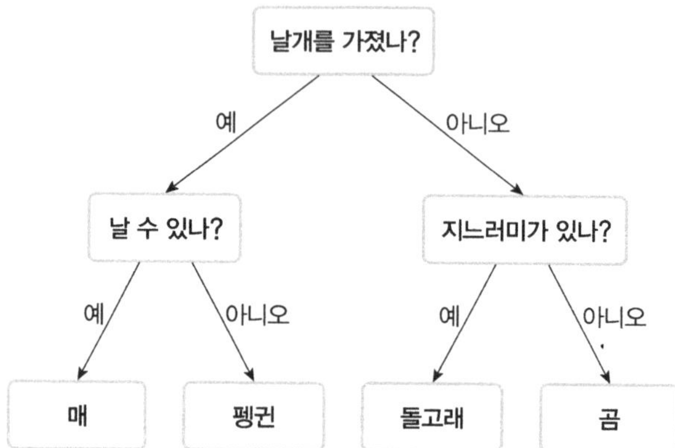

그림 14-2 의사결정 트리로 동물을 분류한 예

그림 14-2를 보면 첫 노드에는 "날개를 가졌나"라는 속성의 값을 묻고 그 결과에 따라서 아래 노드로 진행한다. 만일 날개를 가졌다면 두 번째 노드에서는 "날 수 있나"를 확인해서 날 수 없다면 '펭귄'이라고 분류 결론을 내리는 것이다. 이 예제 데이터에는 매와 펭귄, 돌고래와 곰을 분류하는 데이터밖에 없다.

규칙

규칙(rule)은 함무라비 법전이나 고조선의 팔조법금 같은 법에서 사용되는 형식으로 "~하면 ~한다"의 IF-THEN 형식을 가진다. 조건부(IF)에는 논리곱(AND)이나 논리합(OR)으로 조건이 여러 개가 사용될 수 있다. 다음은 규칙의 예를 보여준다.

살인을 하면 사형에 처한다.
도둑질을 하면 벌금 얼마를 낸다.
과속을 하면 과태료 3만 원을 내야 한다.
IF A=B AND B=C THEN A=B

의사결정 트리로 표현된 지식은 루트 노드에서 리프 노드에 이르는 속성과 값의 조건을 규칙 형식으로 표현할 수 있다. 다음은 그림 12-1에 있는 의사결정 트리의 두 번째 리프 노드에 해당하는 규칙 형식의 표현이다.

IF "날개를 가졌나" = 예 AND "날 수 있나" = 아니오

THEN 분류 = 펭귄

데이터 마이닝의 연관규칙(Association rule)도 규칙의 한 형식이고, RPA에서 살펴본 IFTTT 기능도 규칙의 형식으로 지식을 표현한 것이다.

온톨로지

온톨로지(ontology)는 철학에서 존재론이란 뜻이지만, 지식 표현 분야에서는 단어와 단어 간의 모든 관계를 표현하는 방식으로 추상화에서 살펴본 IS-A, PART-OF 관계 외의 모든 다른 관계를 표현할 수 있다. '호랑이'와 '토끼'의 관계에는 '먹는다'라는 관계가 가능하며 '사람'과 '자동차'에는 '교통수단'이라는 관계가 있다. 또한 단어의 비슷한 말, 반대말, 유사어 등 모든 관계를 표현 가능하여 모든 단어 간의 관계를 DB로 만들어 놓은 워드넷(wordnet)은 단어들의 온톨로지 사전이다.

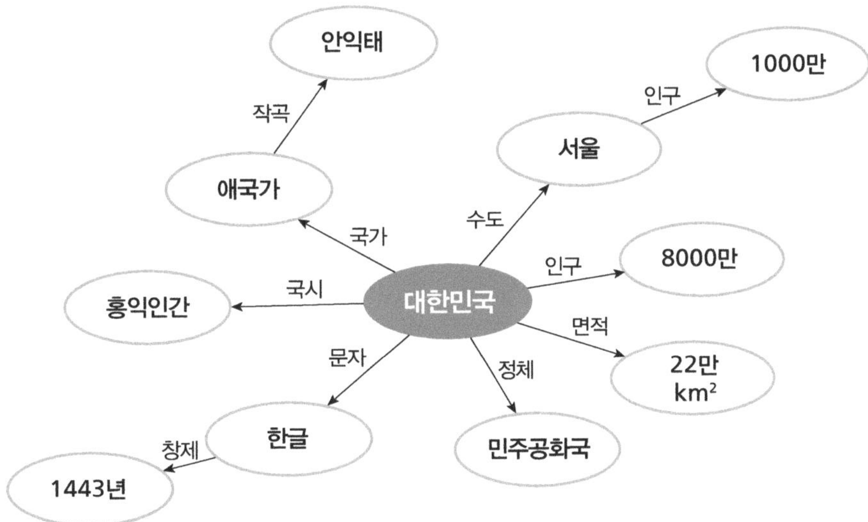

그림 14-3 '대한민국' 온톨로지 지식 표현 예

사람이 하나하나 모든 단어의 온톨로지를 만들어서 지식 처리를 하려는 노력이 오래전부터 시도되어 왔으나 성공에 이르지 못하고 오늘날 딥러닝을 이용하여 모든 단어의 관계를 스스로 학습하여 신경망에 저장하도록 하는 방식이 더 잘 처리한다. 그래서 지금 서비스로 제공하는 언어 번역 시스템이 모두 딥러닝을 기반으로 하고 있다.

지식 베이스를 기반으로 한 지식 경영

컴퓨터 분야의 정보처리가 발전하면서 지식 관리(knowledge management)가 중요해지면서 기업들은 지식 경영(경영학에서는 관리를 경영이라고 한다)이 활용되고 있다. 그러나 지식을 어떻게 표현하는가는 통상적인 문서, 파워포인트 자료 등 일반적인 컴퓨터의 정보 파일을 사용하고 있다.

기업에서는 각 직원들이 가지고 있는 자기만의 노하우나 베스트 프랙티스를 혼자서 알고 있지 말고 조직 전체에 공개해서 공유함으로써 전 직원의 생산성이 높아지고 기업의 발전으로 이어지므로 어떠한 형태로든 지식을 명시적(explicit)으로 표현하여 지식 베이스(데이터베이스와 다름)에 저장하여 누구나 공유할 수 있도록 하고 있다. 지식 베이스에 많이 기여한 직원에게는 인센티브를 부여해서 장려하지만, 한편 기업 내에서도 일종의 경쟁이 요구되는 경우에는 자신의 지식을 공개하지 않으려는 문제가 있을 수 있다.

지식의 벡터 표현

유추 부분에서 설명한 워드 임베딩 기술은 단어를 온톨로지 사전으로 의미를 표현하지 않고 딥러닝 기술에 의해서 n차원 공간의 n개의 수치를 가지는 벡터로 표현하는 방식을 사용해서 의미 처리에 성공했다. 지식을 벡터화하여 처리하는 방법은 일종의 분산 정보 처리에 해당하며 오늘날 딥러닝의 신경망 노드 속 가중치(weight) 속에 표현되어 있으며 이것은 인간의 뇌 속에 있는 뉴런들 간의 연결 강도로 우리가 학습한 지식이 표현되어 있는 것과 같다.

14.3 Introduction to COMPUTATIONAL THINKING 학습

지식의 중요성에 대해서는 살펴보았으나 문제는 지식의 확보라는 과제가 남아있다. 즉 인간이 지식을 입력하지 않고 컴퓨터가 학습을 통해서 지식을 늘려나갈 수 있는 것이 가장 바람직하다. 데이터로부터 지식을 자동으로 추출하는 과정을 **학습(learning)**이라고 한다.

학습은 지도 학습(supervised learning)과 비지도 학습(unsupervised learning)으로 구분된다. 지도 학습은 교사(supervisor) 또는 선생님이 하나하나 가르쳐 주는 것이다. 아이에게 그림책을 펴놓고 동물들을 가르치고, 글자를 한 자씩 가르치는 모델이 이에 해당한다. 학습을 한 아이는 그 내용을 적용해서 스스로 그림을 구분하는 능력을 가지게 되어 비슷한 물체를 식별하게 된다. 사물을 식별(identify)하는 것을 격물(格物)이라고 한다.

학습을 하기 위해서는 데이터의 특징을 추출해서 이 특징을 가지고 구분한다. 예를 들어 사람의 얼굴을 구별하기 위해서는 눈매, 코, 입, 윤곽선 등이 필요하며 바로 이것이 특징이다. 그 사람의 특징 중 다른 사람과 구별하는 특징을 찾아내야 한다. 유목민들이 키우는 수백 마리의 양과 순록들을 다 구별한다는 것은 놀라운 일이다. 쌍둥이의 특징을 우리는 구별하지 못하지만 부모는 구별한다. 약간의 미세한 특징을 찾아내기 위해서는 오랜 시간이 필요하다.

데이터에 따라서 특징 추출이 쉬운 데이터가 있으며 어려운 데이터가 있다. 또 학습의 목적에 따라서 특징은 달라진다. 군에서 신체검사를 할 때 판단하는 데 있어서 키와 몸무게가 중요하고 얼굴의 모습은 중요하지 않을 수 있다. 응용 분야에 따라서 특징의 활용은 달라지지만, 특징을 알아야 판단을 할 수 있으며 컴퓨터로 자동 추출을 하는 데 한계가 있다. 외적인 치수는 자동 추출이 가능하지만, 인성과 같은 것은 컴퓨터로 수행하는 한계가 있다. 그러나 오늘날 SNS를 분석하면 한 개인의 성향을 상당히 파악이 가능하며 신입사원 채용 시 SNS를 평가에 반영하기도 한다.

딥러닝 학습의 특징은 데이터의 특징 추출마저 자동화하는데 큰 차이가 있다. 그래서 종단(엔드투엔드) 학습의 시대가 되어 이제는 입력 데이터와 원하는 출력만 알려주면 딥러닝이 모든 것을 학습하게 되며 자동 프로그래밍이라고 불러도 좋을 것이다. 이제 컴퓨터가 프로그래밍을 모두 수행해주는 시대가 온 것이다.

초 지능 AI의 시대에 대해서 비관적으로 본 호킹은 바로 이 학습마저 컴퓨터가 더 잘하고 더 빠르게 진화할 것이기 때문에 인류가 AI에 지배당할 것이라고 봤다.

14.4 데이터 마이닝

Introduction to COMPUTATIONAL THINKING

데이터 마이닝(Data Mining)은 데이터베이스 시스템을 연구하던 그룹에서 KDD(Knowledge Discovery in Database)란 이름으로 연구되어 왔다. 핵심은 대량의 DB 속에서 지식을 찾는 것이다. 마이닝(mining)은 광산에서 보석을 채굴하는 과정과 같다고 이름을 붙였다. 실제 다이아몬드 광산의 경우 산더미 같은 흙을 퍼서 정제 과정을 거쳐 작은 다이아몬드를 찾는다.

DB에 저장된 정보를 검색하는 개념에서 나아가서 보다 쉽게 분석을 해주는 다차원 분석(multi-dimensional analysis)을 수행하다가 자동으로 지식을 찾아주는 연구로 발전했다. 정보 검색과 마이닝의 차이는 정보 검색은 찾고자 하는 것이 구체적으로 정해진 상태에서 SQL을 만들어서 검색하는 것이고, 마이닝은 찾고자 하는 것이 정해지지 않은 상태에서 즉 질의문을 만들 수 없는 상황에서 전체 DB를 조사하여 지식을 찾는 것이 차이점이다.

특정한 물건을 찾으려고 창고를 뒤지는 것이 정보 검색이고, 그냥 창고 전체를 조사하다 보니 우연히 중요한 물건을 찾는 것으로 비교할 수 있다. 전체 데이터에서 찾고자 하는 것은 주로 가장 많이 발생하는 패턴(pattern)이다. 전체 데이터를 요약해서 설명하는 것이란 대체로 빈번한 패턴을 의미한다. 또 패턴이라는 것이 전체 데이터를 설명하는 대표적인 것이고 데이터 전체를 압축하여 추상화한 것이라고 볼 수 있으며 바로 '지식'이다.

컴퓨터로 하여금 전체 데이터의 요약 패턴을 자동으로 찾아주므로 기계 학습의 한 범위에 속한다. 또 마이닝의 결과로 찾아낸 것은 요약된 형태로 표현이 되며 이를 학습 모델이라고 부른다. 그리고 이 학습 모델을 가지고 새로운 미지의 데이터를 예측하는 데 활용할 수 있다.

데이터는 일반적으로 데이터베이스에 저장된 데이터를 의미한다. 데이터베이스에는 구조화된 데이터가 있으며 구조화된 데이터란 항목으로 구분되어 있다는 것이다. 이때 항목이란 데이터의 종류에 따라서 다른 항목으로 구성되어 종류가 곧 타입이다. 개인정보의 타입과 도서 타입, 기업 등 다양한 정보의 종류에 따라서 다른 항목으로 구성된다.

분류(classification)란 데이터들을 특정 기준에 따라서 분류하고자 할 때 사용한다. 사람들의 경우 결혼, 고소득, 도시 거주, 자동차 소유, 등산 선호 등 많은 분류 기준이 있을 수 있으며 사람들의 정보(속성, 애트리뷰트)들 중에서 분류 속성이 아닌 다른 속성들이 어떻게 분류 속성(클래스 속성, 레이블(label)이라고도 한다.)을 잘 구분하게 하는가를 파악하게 해준다.

버섯들은 식용과 비식용으로 구분되는데 구별하는 것이 어려워서 종종 사고가 발생한다. 버섯은 모양, 색상, 표면 상태, 향 등 여러 가지 특징을 가진다. 수천 종의 버섯에 대한 데이터세트는 인터넷에 공개되어 있다.[100] 분류를 수행하면 식용 여부를 알기 위해서 버섯의 어떤 특징들을 어떤 순서대로 살펴보면서 최적으로 구분이 가능한가를 분석해주며 그 결과를 보여주는데 가장 많이 사용하는 지식 표현이 의사결정 트리(decision tree)다.

보통 데이터가 가지는 속성은 수십 개에서 수백 개도 가능하며 분류 속성을 구분하기 위해서 모든 속성이 사용되는 것은 아니다. 특정 분류 기준에 관련된(relevant) 속성이 있으며 결정적인 속성(Principle Component Analysis)을 찾아내는 역할도 한다.

분류는 취업, 대출, 성공 여부 등 모든 사람들의 특징 정보와 최종 속성(클래스)을 결정하는 다른 속성들이 무엇들인지, 또 가장 중요한 순서대로 계층적으로 구분해 주기 때문에 매우 유용하다. 과연 대출에 영향을 주는 속성들과 어떤 값들이 주어질 때 클래스로 분류되는가 등이다. 합격 여부를 결정하는 속성은 무엇인가? 취업을 결정하는 요인은 무엇인가? 기존에 누적된 데이터를 체계적으로 분석해서 알려주기 때문에 정확하다. 이와 같은 데이터에 대한 정확한 이해를 추구하는 분야를 오늘날 **데이터 사이언스**(data science)라고 한다.

다음으로 **연관규칙**(association rule) 마이닝이 있다. 장바구니 분석(market basket analysis)이라고도 부른다. 마트에 가서 물건을 여러 가지 구입하여 장바구니에 넣게 된다. 대량의 고객들이 구입한 장바구니들을 가지고 어떤 제품을 구입할

[100] https://archive.ics.uci.edu/ml/datasets/mushroom

때 다른 제품을 함께 구매하는 패턴은 매우 중요하게 활용될 수 있다. 대표적으로 추천(recommendation)이다. 즉 A 제품을 구입하는 대부분이 B 제품을 구입하는 경우 A 제품을 사면 B 제품은 안 사겠냐고 추천할 수 있으며 함께 구매하는 제품의 경우 진열대 배치를 인근에 배치할 수도 있고, 온라인 쇼핑몰에서 구매 추천을 즉시 할 수도 있다. 아마존(Amazon)에서 처음 책을 판매할 때 먼저 사용한 방법으로 책들의 연관 구매 패턴을 파악해서 고객들의 만족도가 높았다. 실제로 책들은 구입 패턴이 매우 중요하게 연관되는 경우가 많다.

연관규칙은 아래와 같이 제품 간의 연관규칙을 제공할 수도 있고 또는 데이터베이스의 속성과 값들 간의 연관성을 분석해줄 수도 있다.

A제품, B제품 ⟶ C 제품

IF A = 'a' AND B = 'b' THEN C = 'c'

연관규칙은 전체 데이터베이스에서 규칙에 나타난 조건을 만족하는 사례의 비율이 얼마나 되는가를 보여주는 지지도(support)가 있고, IF 조건을 만족하는 경우에 THEN을 만족하는 비율이 얼마인가를 보여주는 신뢰도(confidence) 척도를 통해서 규칙의 가치를 평가하는 척도로 사용한다. 연관규칙을 수행할 때 매개변수로 지지도와 신뢰도 값을 지정해주어서 결과를 구하는 게 일반적이며 규칙 평가 척도에는 그 외에도 여러 가지가 있다.

군집(clustering)은 비지도 학습(unsupervised learning)의 대표적인 기법으로 전체 데이터가 주어졌을 때 이 데이터들을 몇 개의 그룹으로 묶을 수 있는가를 분석하는 방법이다. 수십만 명의 고객이 있을 때 고객들을 10개 이내의 그룹으로 분류할 수 있다면 관리하기가 편할 것이다. 전체 고객에게 동일한 마케팅 우편물을 보낼 것이 아니라 각 그룹별 특성에 맞는 우편물을 제작해서 발송하는 것이 효율적이기 때문이다. 그러므로 데이터에 대한 사전 지식이 전혀 없이 유사성(similarity)이 높은 것들끼리 묶어주므로 비지도 학습이라고 한다.

데이터를 그룹으로 묶을 때는 분명한 기준이 있어야 하며 사용되는 기준은 유사성이다. 유사성이란 두 데이터가 다른 데이터들에 비해서 서로 공통되는 것이 많은 경우를 말한다. 우리는 사람의 집단을 묶을 때 고향, 나이, 학력, 취미, 성별 등 공통된 속성 값을 기준으로 묶는 것이 자연스럽고 실제로 그렇게 한다. 속성의 값들을 다차원 공간에 놓고 거리가 가까운 것들끼리 묶어주는 방법을 택하며 두 데이터 간의 거리(distance)를 계산하는 척도가 반드시 있어야 한다. 임의의 그룹 개수 k를 주고 거리가 가까운 것들을 반복적으로 묶어주는 K-means 기법이 군집에서 널리 사용된다. 그 외에 계층적 군집, 밀도기반 군집(Density based Clustering) 등 많은 기법들이 있으며 응용에 맞게 선택하는 것이 중요하다.

지금까지 마이닝에서 대표적인 분류, 연관규칙, 군집을 살펴보았으며 통계에서 유래된 회귀분석(regression)은 값을 예측하는 목적으로 활용된다. 그리고 전체 데이터와 차이가 많은 이상치 분석(outlier analysis)이 해킹 탐지 등 특수한 목적으로 활용된다. 그리고 데이터의 속성이 시간적 축에 따라서 입력되는 경우 시계열 데이터(time series data) 분석을 사용하는 데 주식의 가격이 변동되는 패턴이나 부동산, 채권 등의 미래 가치 분석에 활용된다.

WEKA를 이용한 데이터 마이닝 수행 예

오픈소스로 가장 많이 사용하는 데이터 마이닝 SW로 WEKA가 있다.[101] 설치와 사용이 간편하며 교재로 출간되어 있기도 하고,[102] 또 예제 데이터들이 포함되어 있어서 학습에 큰 도움이 된다. 다음은 WEKA로 수행한 마이닝 예제를 설명한다.

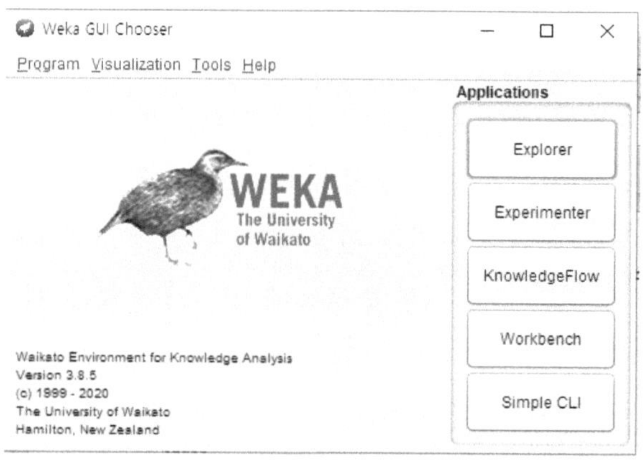

그림 14-4 WEKA 데이터 마이닝 소프트웨어를 실행하여 나타난 초기 화면

[101] https://www.cs.waikato.ac.nz/ml/weka/index.html

[102] https://www.cs.waikato.ac.nz/ml/weka/book.html

여기에서 Explorer를 선택한다. 다음은 WEKA에 포함된 데이터 폴더에서 iris.arff 데이터를 선택하는 과정을 보여준다. 간단한 분류 예제로 많이 사용되는 붓꽃은 꽃잎과 꽃받침의 길이와 폭 총 4개의 항목으로 3가지 setosa, versicolor, iris-virginica 종류로 나누어진다.

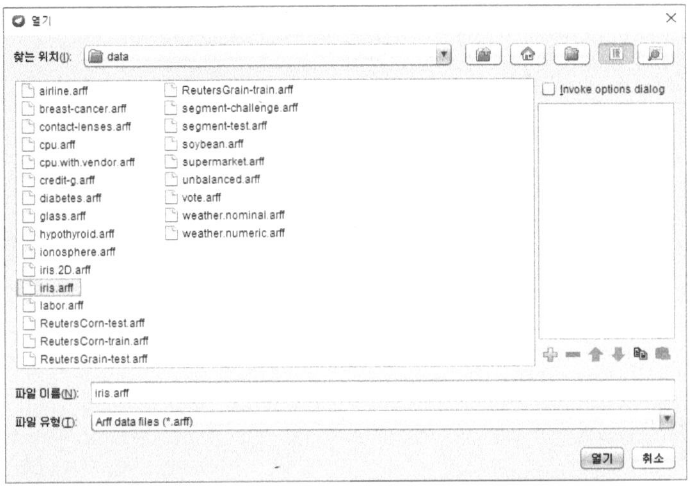

그림 14-5 데이터 폴더에서 iris.arff 데이터 파일을 선택하는 예

그림 14-6은 붓꽃 데이터에 대해서 의사결정 트리를 수행한 결과 화면을 보여주고 있다.

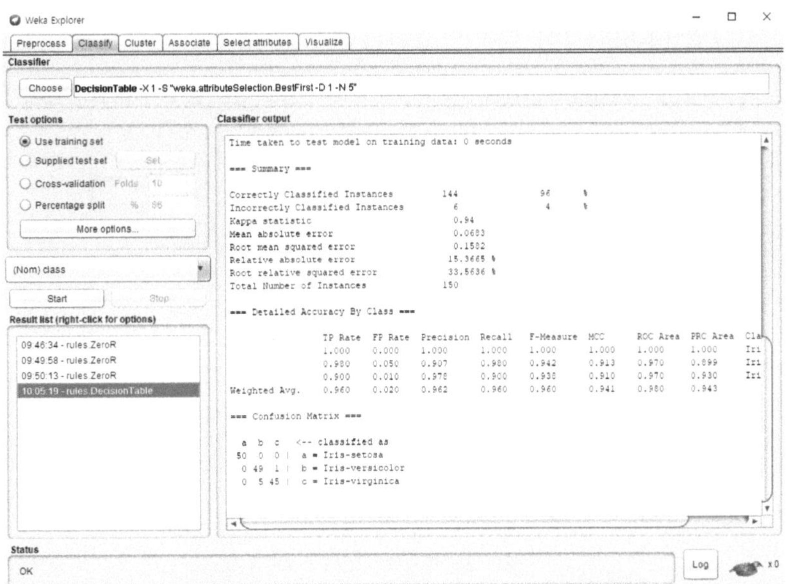

그림 14-6 의사결정 트리를 수행한 결과의 결과 화면 (하단에 혼동행렬이 포함되어 있다)

WEKA의 장점은 다양한 알고리즘들을 모두 제공한다는 데 있다. 사용자는 분류를 수행할 때 알고리즘을 선택하여 결과들을 다양하게 비교할 수 있다. 아래 그림은 분류를 할 때 J48 알고리즘을 선택하는 경우를 보여주고 있다.

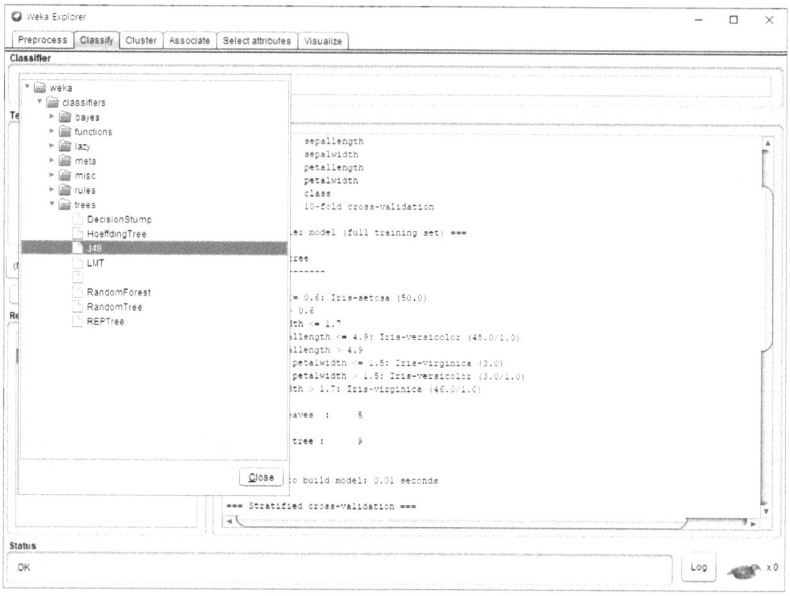

그림 14-7 의사결정 트리 알고리즘에서 J48을 선택한다.

그림 14-8은 의사결정 트리를 텍스트 형식으로 보여주고 있는데 트리가 복잡한 경우는 이해하기가 쉽지 않아서 2차원 그래픽으로 출력하는 것이 필요하다. 그래서 그림 14-9와 같이 트리 알고리즘 메뉴에 오른쪽 마우스를 클릭하면 나타나는 팝업창에서 "Visualize tree"를 선택하여 그래픽으로 가시화하도록 할 수 있다.

```
=== Classifier model (full training set) ===

J48 pruned tree
------------------

petalwidth <= 0.6: Iris-setosa (50.0)
petalwidth > 0.6
|   petalwidth <= 1.7
|   |   petallength <= 4.9: Iris-versicolor (48.0/1.0)
|   |   petallength > 4.9
|   |   |   petalwidth <= 1.5: Iris-virginica (3.0)
|   |   |   petalwidth > 1.5: Iris-versicolor (3.0/1.0)
|   petalwidth > 1.7: Iris-virginica (46.0/1.0)

Number of Leaves  :     5

Size of the tree :      9
```

그림 14-8 의사결정 트리의 출력 화면

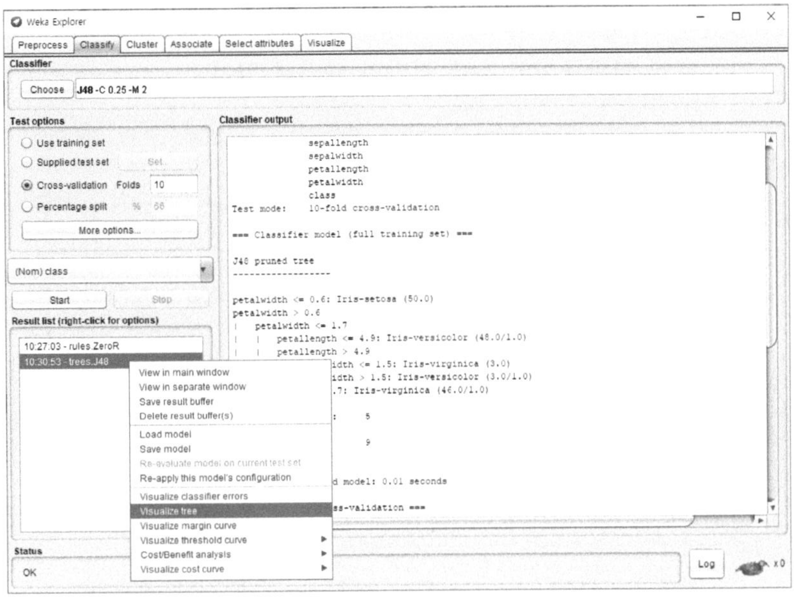

그림 14-9 분류결과 의사결정 트리를 가시화하도록 선택하는 과정

그 결과 그림 14-10과 같은 의사결정 트리의 그래픽 결과를 볼 수 있다.

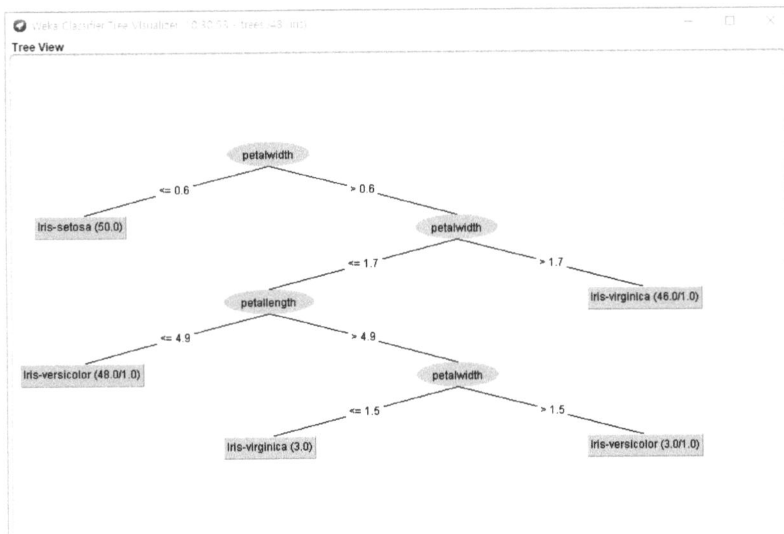

그림 14-10 iris 데이터의 의사결정 트리 결과

연관분석을 수행하기 위해서는 vote.arff 데이터를 선택한다. 이 데이터는 미국에서 다양한 정책들에 지지여부 값과 실제 지지하는 정당에 대한 값을 가지고 있어서 정책들과 정당지지의 관계를 보여주고 있다. 이 데이터를 분석하면 우리는 어

떠한 정책들의 지지에 따라서 정당지지에 대한 연관성을 이해할 수 있다. 그림 14-11에 연관규칙의 수행 결과가 나타나 있다.

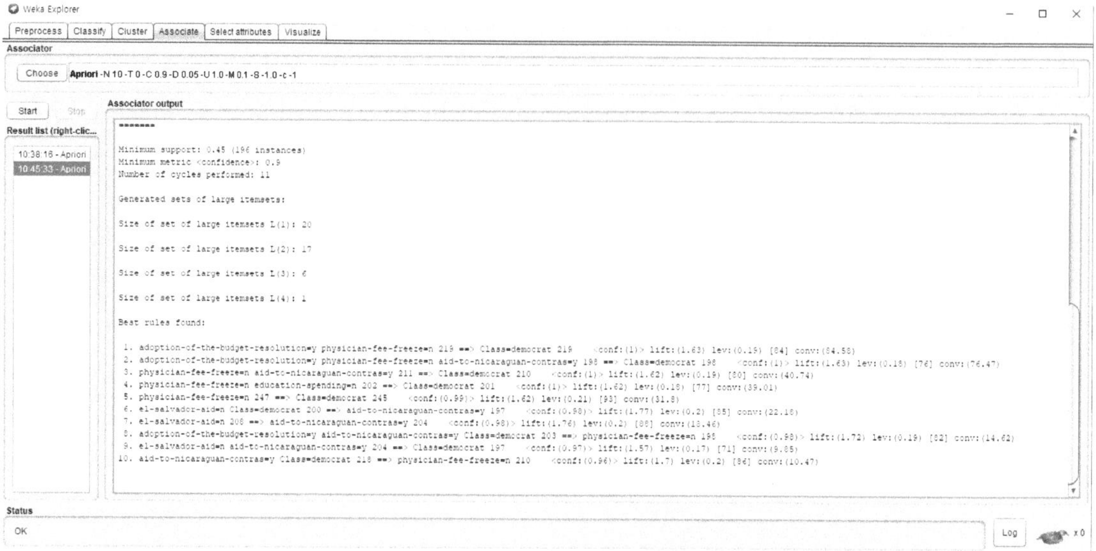

그림 14-11 연관분석 기능 중에서 Apriori를 선택하여 실행한 결과 화면 (vote.arff 데이터)

그림 14-12는 연관규칙만을 확대해서 보여주고 있다. IF와 THEN의 관계를 '==>'로 나타내고 있으며 구해진 규칙에는 신뢰도(confidence)와 지지도(support) 그리고 lift와 같은 수치로 규칙의 정량적 척도가 함께 주어져있다.

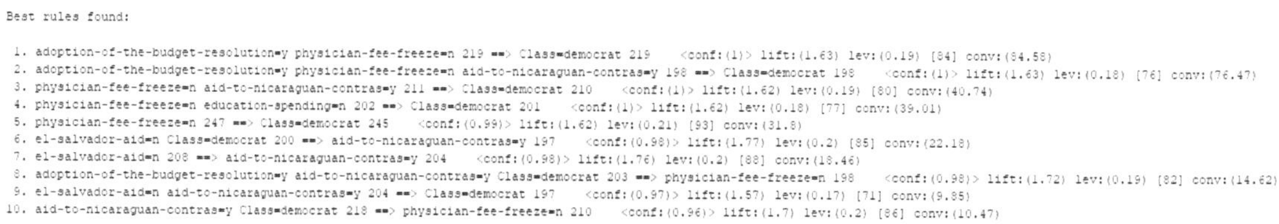

```
Best rules found:

 1. adoption-of-the-budget-resolution=y physician-fee-freeze=n 219 ==> Class=democrat 219    <conf:(1)> lift:(1.63) lev:(0.19) [84] conv:(84.58)
 2. adoption-of-the-budget-resolution=y physician-fee-freeze=n aid-to-nicaraguan-contras=y 198 ==> Class=democrat 198    <conf:(1)> lift:(1.63) lev:(0.18) [76] conv:(76.47)
 3. physician-fee-freeze=n aid-to-nicaraguan-contras=y 211 ==> Class=democrat 210    <conf:(1)> lift:(1.62) lev:(0.19) [80] conv:(40.74)
 4. physician-fee-freeze=n education-spending=n 202 ==> Class=democrat 201    <conf:(1)> lift:(1.62) lev:(0.18) [77] conv:(39.01)
 5. physician-fee-freeze=n 247 ==> Class=democrat 245    <conf:(0.99)> lift:(1.62) lev:(0.21) [93] conv:(31.8)
 6. el-salvador-aid=n Class=democrat 200 ==> aid-to-nicaraguan-contras=y 197    <conf:(0.98)> lift:(1.77) lev:(0.2) [85] conv:(22.18)
 7. el-salvador-aid=n 208 ==> aid-to-nicaraguan-contras=y 204    <conf:(0.98)> lift:(1.76) lev:(0.2) [88] conv:(18.46)
 8. adoption-of-the-budget-resolution=y aid-to-nicaraguan-contras=y Class=democrat 203 ==> physician-fee-freeze=n 198    <conf:(0.98)> lift:(1.72) lev:(0.19) [82] conv:(14.62)
 9. el-salvador-aid=n aid-to-nicaraguan-contras=y 204 ==> Class=democrat 197    <conf:(0.97)> lift:(1.57) lev:(0.17) [71] conv:(9.85)
10. aid-to-nicaraguan-contras=y Class=democrat 218 ==> physician-fee-freeze=n 210    <conf:(0.96)> lift:(1.7) lev:(0.2) [86] conv:(10.47)
```

그림 14-12 정책과 정당지지와의 연관성 분석 결과 규칙들

그림 14-13은 정책 데이터를 정당지지에 대한 분류를 수행한 결과를 의사결정 트리로 가시화한 것이다. 이 결과를 통해서 민주당과 공화당을 지지하도록 결정하는 주요 정책이 어떤 것인가를 확실하게 알 수 있다.

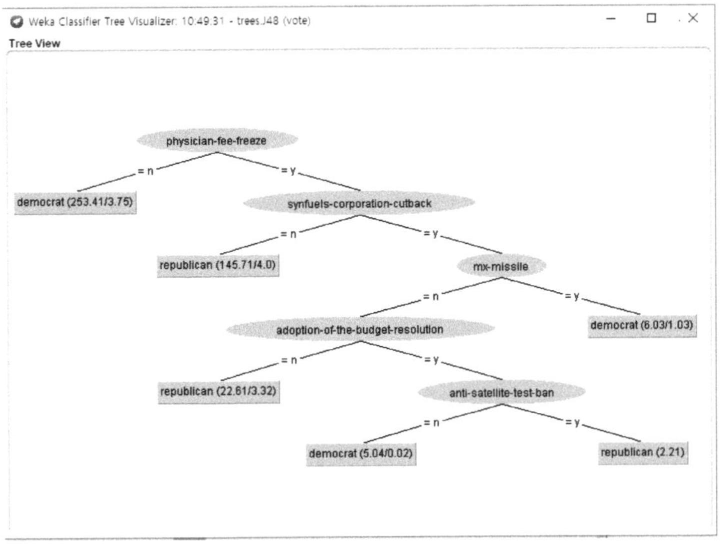

그림 14-13 정책 데이터에 대한 정당 분류 가시화 화면 사례(vote.arff)

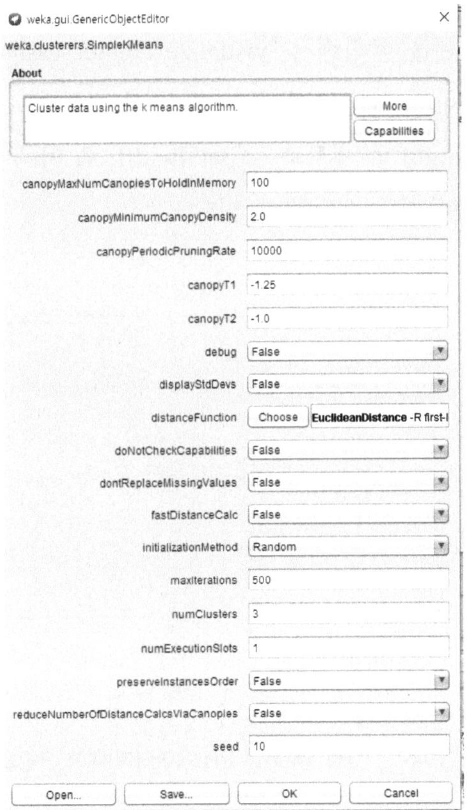

그림 14-14 K-means 군집 기능을 선택할 때 다양한 옵션을 설정할 수 있다.

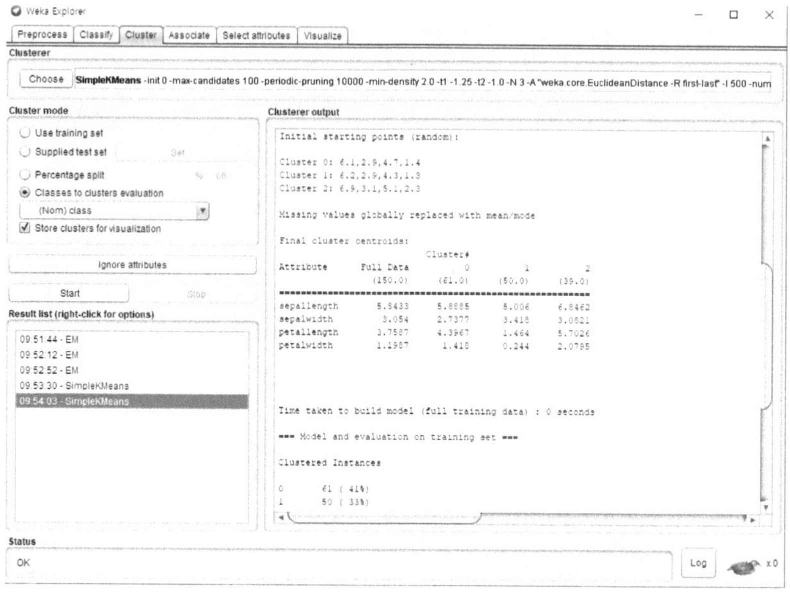

그림 14-15 'SimpleKMeans' 군집화를 수행한 결과 화면

오른쪽 버튼을 클릭해서 "visualize cluster assignment"를 선택하면 아래와 같은 화면을 만나게 된다. 붓꽃들이 세 가지 색상으로 구분되어 표시되어 있다. 가로축은 'petallenght'로 세로축은 'petalwidth'로 이 두 가지 속성의 값들이 분류하는데 가장 적절한 속성임을 알 수 있다.

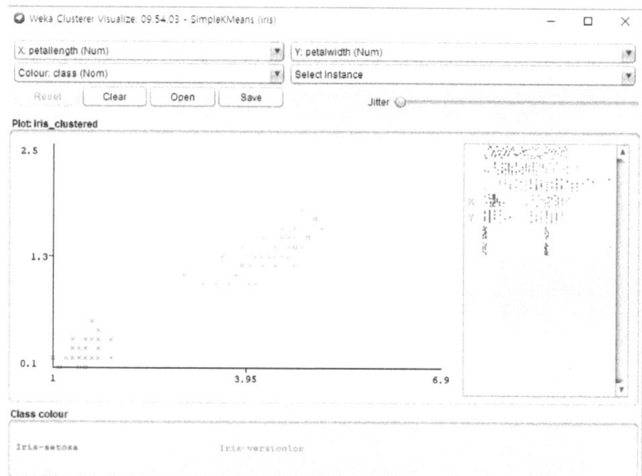

그림 14-16 iris 데이터에 대한 군집을 실행한 결과 화면

포털사이트로 kdnuggets.com에는 데이터 마이닝에 관한 기법과 소프트웨어, 도서 정보 그리고 데이터세트, 응용 사례 및 취업 정보 등 모든 종류의 정보들이 제

공되고 있다. 데이터 마이닝 개발 도구용 SW로 엑셀에 플러그인해서 사용이 가능한 XLMiner 등이 있고 오늘날 많이 사용하는 Python이나 R에 패키지 형태로 제공되는 데이터 사이언스용 SW들이 있다.

그 외에도 많은 기법들(SVM, 신경망 등)이 있어서 응용 범위와 분야는 점차 커지고 있다. 또한 텍스트 데이터와 멀티미디어 데이터, 위치 데이터로 확대되어 새로운 마이닝 응용 사례들이 늘어나고 있다. 마이닝의 장점은 데이터베이스로 누적된 방대한 데이터를 분석해서 지식을 추출하는 학습의 일종으로 실제 응용과 성공사례가 많다는 것이다. 그러나 한계로는 속성 또는 특징(feature)들을 추출하는 과정이 선행되어야 한다는 것이다.

마이닝의 대중화로 파이썬이나 R에서 활용 가능한 라이브러리들이 늘어나고 있으며 엑셀로 만들어진 데이터에 대한 마이닝 도구로 XLMiner[103] 등도 있다.

[103] https://xlminer.com/

요약

- 지능에는 소프트 지능, 약 지능, 강 지능, 초 지능으로 구분될 수 있다.
- 지식에는 상식, 전문지식으로 나누어지며 지식의 표현 방법에는 의사결정 트리, 규칙, 온톨로지 등 여러 가지 방식이 있다.
- 마이닝에는 분류, 연관규칙, 군집 등이 있으며 데이터베이스에 누적된 데이터를 분석해서 자동으로 지식을 추출해주는 효과적인 기법으로 오늘날 폭넓게 사용되고 있어서 데이터 사이언스의 기본을 이루고 있다.

실습문제

1. 대화 로봇 '심심이'나 음성인식 스피커에 대해서 튜링 테스트를 실시하여 그 결과로 대화를 스크랩하여 보여라.

2. 온라인 채팅 봇인 Kuki[104]와 대화를 해보고 튜링 테스트를 실시해본다.

3. 위키피디아에 있는 챗봇들[105]과 대화를 하며 튜링 테스트를 시행해본다.

4. WEKA를 설치하고 내장되어 있는 데이터나 외부 공개 데이터를 이용하여(공공데이터 등) 분류를 수행해본다.

5. WEKA를 이용해서 군집 분석을 수행해본다.

6. WEKA를 이용해서 연관분석을 수행해본다.

[104] kuki.ai

[105] https://en.wikipedia.org/wiki/List_of_chatbots

Introduction to **COMPUTATIONAL THINKING**

C·H·A·P·T·E·R

15

문제해결 VI: 딥러닝, 강화 학습

학습 목차

15.1 딥러닝
15.2 인공 일반 지능 GPT-3
15.3 강화 학습
15.4 AI의 미래

"미래의 가장 좋은 점은 한 번에 하루씩 온다는 것이다."

-링컨

15.1 딥러닝

Introduction to COMPUTATIONAL THINKING

신경망

신경망(neural network)은 인간의 뉴런을 모델로 만든 학습기다. 입력 노드와 중간 노드, 그리고 출력 노드로 구성되며 노드들 간에는 모두 연결되어 있는 형태를 갖추고 있다.

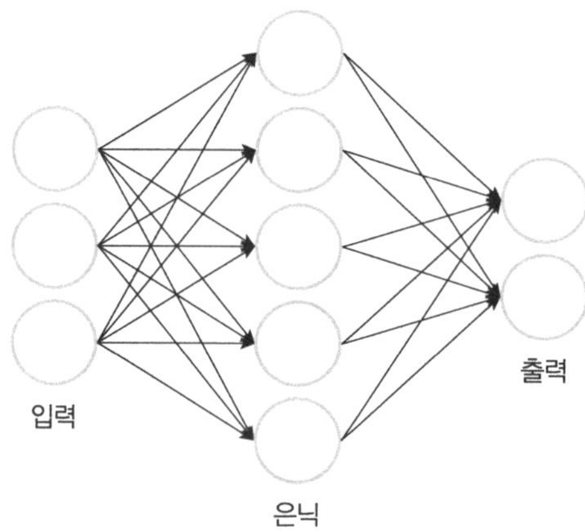

그림 15-1 중간 노드를 1개 가지고 있는 신경망의 형태

노드들 간의 간선에는 가중치(weight)가 부여된다. 중간 노드는 은닉 노드(hidden node)라고 부르며 은닉 노드의 입력값은 입력 노드와 가중치를 곱한 값의 합이 된다. 신경망에서 학습이란 입력값이 부여되었을 때 생성되는 출력값과 원하는 출력값의 차이를 줄이기 위해서 가중치 값을 지속적으로 수정하는 것이다. 학습이 완료되면 준비된 모든 입력값과 출력값에 대해서 일정 기준 이상의 정확도를 보이면 된다.

위 그림 15-1은 입력, 은닉, 출력이라는 3개의 레이어(layer)를 가진 신경망 모델이며 이 간단한 모델은 고도의 복잡한 학습을 하지 못하는 한계를 가진다. 현재 알려진 역전파(back propagation) 학습 알고리즘으로는 레이어를 다층으로 구성해도 하나의 레이어를 가진 모델보다 성능이 뛰어나지 못하는 한계를 가졌다. 신경망이 등장한 1980년대 이후 학습 장벽으로 인해 오랜 시간 정체기를 가졌다.

그러나 2010년대 르쿤(Lecun)의 CNN(Convolutional Neural Network)이라는 기법의 딥러닝(deep learning) 모델이 등장하면서 오늘날의 딥러닝 전성기를 가지게 되었다.

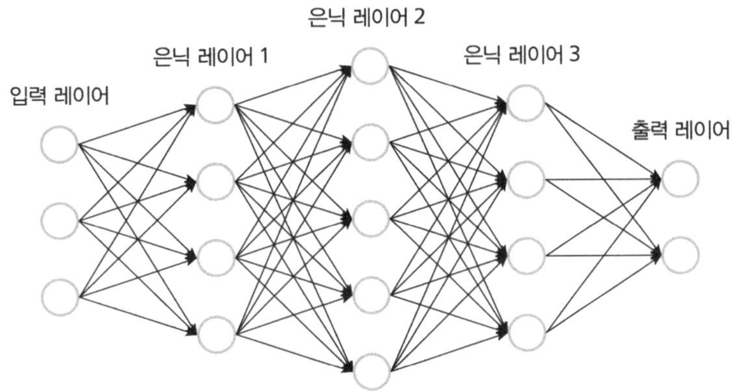

그림 15-2 은닉 레이어가 3개인 딥러닝 신경망 모델의 예

딥러닝에서의 학습은 역전파를 사용하지 않고 합성곱(Convolution)이라는 연산을 사용하는 특징을 가진다. 또 은닉 레이어의 개수가 수십수백 개에 이르기도 하여 딥(deep)이라는 표현을 사용한다.

역전파(back propagation)는 원하는 출력이 나오지 않을 때 실출력과의 오차를 줄이기 위해서 출력 레이어에서부터 입력 레이어 방향(역방향)으로 가중치를 조절하는 방법으로 학습을 시키는 알고리즘을 말한다. 가중치의 수정은 기존 가중치에 출력값의 오차를 조금씩 줄이는 방법으로 오차가 최저가 되도록 반복적인 방법을 사용하므로 시간이 오래 걸리며 레이어 간의 기울기(그래디언트, gradient) 측 가중치값의 변화에 따른 출력값의 변화량 비율에 따라서 달라지게 된다. 이러한 학습법을 경사하강법(gradient descent)이라고 한다.

역전파 가중치 조정은 엑셀에서 입력셀 값과 함수로 정의된 출력값 셀로 정의한 후에 출력값을 조절하기 위해서 입력셀 값을 얼마나 변화시켜야 하는가를 조정하는 것과 원리는 동일하다. 신경망에서는 수백 개의 노드와 수백 개의 레이어를 가지므로 링크의 개수만큼 가중치가 많아서 반복 변경에 따른 방대한 시간과 계산이 필요하여 별도의 딥러닝 하드웨어를 필요로 한다. 1000개 노드와 1000개 노드가 연결되면 총 1,000,000개의 가중치가 필요하다. 100만 개의 노드와 100개의 노드가 연결되는 신경망이면 총 100,000,000개 즉 1억 개의 가중치를 학습해야 한다.

에포크(epoch)는 학습 데이터 전체를 학습시키는 단위를 의미하며, 보통 한 에포크로 학습이 완료되지 못하여 일정한 횟수의 학습 반복을 수행하여야 한다. 한 번의 학습으로 학습이 완료되지 않기 때문에 실제로는 많은 횟수의 에포크를 수행해야 한다.

미니배치(mini batch) 학습 데이터의 양은 빅데이터가 되어 전체를 한 번에 학습시키기 어려운 경우가 많다. 그래서 데이터를 여러 개로 쪼갠 것을 미니배치라고 한다. 학습은 미니배치 단위로 진행된다.

반복(iteration)은 한 배치크기를 가지고 한 번의 학습 과정 즉 피드포워드/역전파 과정을 수행하는 것으로 한 에포크를 수행하기 위해서는 데이터 크기/배치 크기의 반복이 필요하다. 에포크를 수행하기 위해서 전 데이터를 미니배치 크기만큼 반복하는 횟수로 10000개의 데이터를 미니배치 크기가 1000이면 10번 반복해야만 한 에포크를 수행할 수 있다.

과적합(overfit) 학습시킨 데이터에만 최적화되어 학습이 되면 실전에서 정확도가 떨어지는 상황이 발생할 수가 있다. 신경망 학습에서 제일 고려해야 하는 문제가 바로 이 과적합이다. 지나친 것은 모자람만 못하다는 과유불급이 이에 맞는 사자성어다. 과적합을 방지하기 위해서 드롭아웃(dropout)방식을 사용하기도 한다.

드롭아웃(dropout) 신경망의 커넥션이 많아서 학습시킬 가중치가 많으면 학습 속도도 느려지고 과적합이 발생할 수 있다. 그래서 일부 가중치를 0으로 만들어서 커넥션을 줄이는 기법이다.

초 지능 AI를 갖춘 인간은 초 지능 인간이 된셈이다. 아이가 총을 휴대하면 건장한 남성도 죽일 수 있는 능력을 보유한다. 지능이 부족한 인간도 AI의 도움으로 지능이 우수한 인간을 이길 수 있다.

딥러닝의 기초 실습

딥러닝을 위한 SW 도구는 데이터 마이닝의 WEKA와 같은 메뉴 기반 도구가 없고 라이브러리 형식으로 제공하며 파이썬에서 함수 호출 형식으로 개발된다. 딥러닝은 신경망의 모델이 다양해서 응용에 맞춰서 개발해야 하기 때문이다. 개발 도구로 많이 사용되는 것은 텐서플로우(tensorflow), 케라스(keras), 파이토치(Pytorch) 등이 있다.

딥러닝 개발은 파이썬을 이용하며 '주피터 노트북'(Jupytor.org)이라는 대화형 인터페이스를 많이 활용하다. 그러므로 자신의 컴퓨터에 파이썬을 설치하고, 주피터 노트북 등 SW를 설치해주어야만 한다. 그러나 이런 번거로움을 없애고 클라우드에 접속해서 모두 사용 가능하게 해주는 것이 바로 구글의 코랩 서비스다. 구글에서 제공하는 코랩(Google Colab, http://colab.research.google.com)은 클라우드로 '주피터 노트북' 도구를 실행할 수 있게 해준다.

또한 오늘날 신경망을 설계하고 구현하는 도구로 구글의 텐서플로우(tensorflow)를 많이 사용하며 튜토리얼 사이트에는 초보자에서 전문가까지 딥러닝을 실습할 수 있는 프로그램 코드와 데이터, 강의 영상 등 모든 자료가 잘 정리되어 있다 (https://www.tensorflow.org/tutorials/).

프로그래밍 언어의 첫걸음은 "Hello, World" 출력하기다. 딥러닝의 헬로 월드는 MNIST 데이터로 필기체 인식 문제를 위한 데이터다. 필기체 인식하기는 MNIST 데이터는 그림 13-3과 같이 필기로 쓴 28 × 28 픽셀의 숫자 데이터 7만 개로 구성되어 있다.

그림 15-3 MNIST 필기체 데이터 일부 예

패션 MNIST 데이터는 28×28 픽셀의 이미지 데이터 7만 개로 구성되었고 티셔츠, 바지, 가방, 신발 등 총 10가지의 정보로 구성되어 있다.

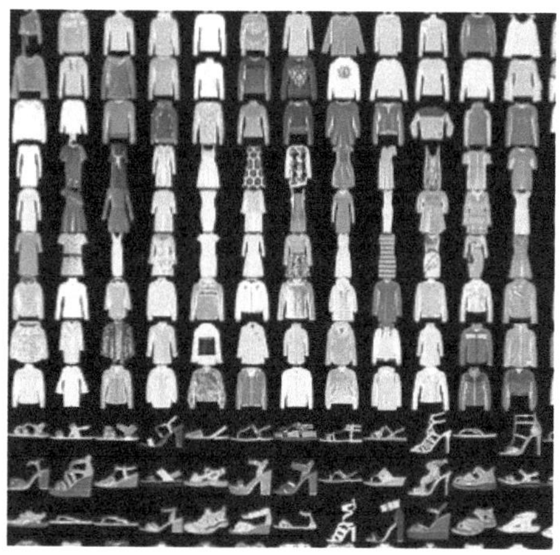

그림15-4 패션 MNIST 데이터의 일부 모습

이미지 인식을 위해서 개발된 것이 컨볼루션 신경망(CNN: Convolution Neural Network)이다. CNN은 앞부분의 신경망 레이어에서는 기존의 신경망 구조를 사용하지 않고 컨볼루션이라는 별도의 매트릭스 연산을 사용하여 이미지의 특징을 추출하는 기능을 담당한다. 컨볼루션 레이어가 수십 개에서 수백 개의 레이어를 가지기도 한다. 그리고 마지막 레이어 부분에서 기존 신경망(완전 연결 계층, Fully Connected Layer) 형태로 구성되어 있다.

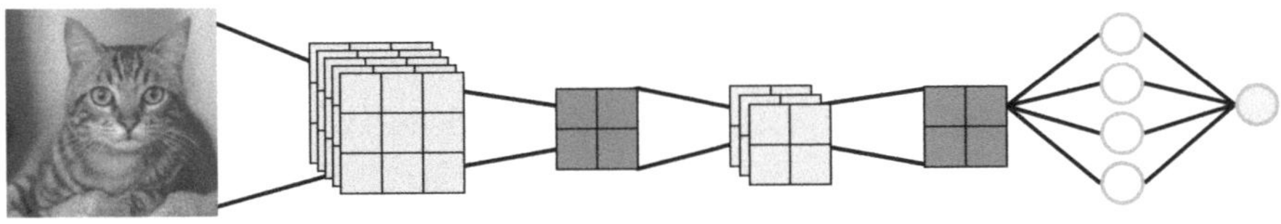

그림 15-5 CNN 딥러닝 모델의 예
(2개의 컨볼루션 레이어를 가지고 있고, 끝단에 완전 연결 레이어로 구성된다.)

이러한 CNN 기반의 이미지 인식을 위해 공개된 딥러닝 모델로는 Alexnet 등이 있다.[106] 딥러닝 모델은 방대한 계층을 가지고 있어서 고성능 딥러닝 그래픽 카드가 장착된 시스템에서 학습을 해도 상당한 시간이 소요된다. 특히 빅데이터 이미지 학습의 경우 직접 수행하는 것이 어려워져서 클라우드 서비스 형태로 제공되고 있다.

미리 학습된 모델을 가지고 이미지 인식을 하면 간편할 것이다. 미리 학습된 결과를 가지고 와서 학습에 활용하는 모델을 전이 학습(transfer learning)이라고 한다. 구글의 Inception-v3는 상당한 이미지 데이터에 대한 학습이 완료되어 이미지 인식에 바로 사용하면 되고, 추가 데이터만을 학습시키는 데 이것을 튜닝(tuning)이라고 부르고 주로 끝단의 완전 연결 신경망 부분만을 학습시킨다.

RNN 순환 신경망

순서를 가진 정보를 처리하는 데 사용된다. 문장에서는 단어들의 순서가 중요하다. 그래서 언어 번역 딥러닝에 활용된다. RNN(Recurrent Neural Network) 신경망은 시간축에 따라서 이전 시간에 처리된 결과를 다음 시간의 입력으로 반영되는 구조를 가진다. 주식 가격의 시간별 변화와 같은 시퀀스(sequence)를 가지는 데이터를 시계열 데이터(Time series data)라고도 한다.

[106] https://en.wikipedia.org/wiki/AlexNet

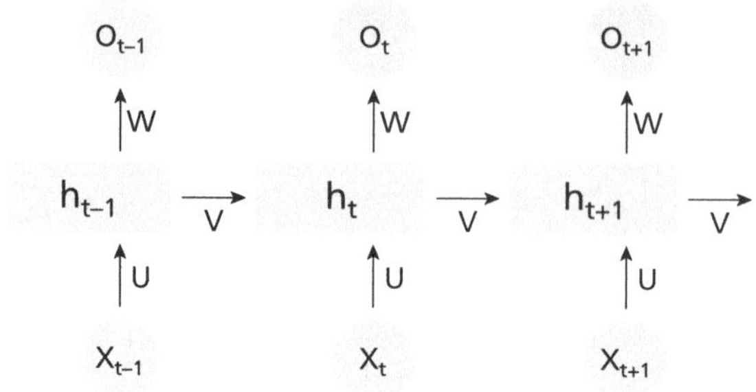

그림 15-6 RNN 신경망의 일반적 구조, t는 시간을 나타낸다.

GAN

GAN(Generative Adversarial Network)은 생성적 적대 신경망이라고 부른다. 원본 데이터를 변형하여 유사한 이미지를 생성(generator)하는 신경망과 생성된 가짜 데이터와 원본 데이터를 비교해서 가장 유사한지 여부를 판별(discriminator)하는 신경망으로 나누어서 실행된다. 그 결과 원본 데이터와 유사한 데이터를 생성하여 페이크(fake) 이미지를 만들어준다. GAN을 응용해서 원본을 모방하는 가짜 데이터를 자동으로 생성할 수 있다.

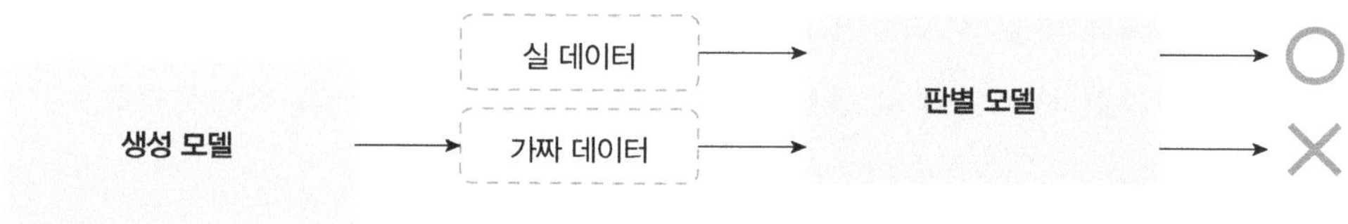

그림 15-7 GAN 신경망의 구조

GAN을 기반으로 한 다양한 변형된 GAN 기술들이 등장하고 있다. SRGAN은 저해상도 이미지를 고해상도 이미지로 변환한다. StyleGAN은 사람의 얼굴 스타일을 유지하면서 새로운 얼굴을 생성한다. StackGAN은 "깨끗한 거실 사진", "눈에서 스키를 즐기는 사람들" 등 문장을 입력하면 그에 해당하는 사진을 생성한다. 3DGAN은 2차원 이미지를 입력하면 3차원 이미지를 생성한다. CycleGAN은 스타일을 유지하는 이미지를 생성한다. 말의 사진을 가지고 얼룩말을 생성하고, 여름 사진을 겨울 사진으로 변환하고 모네의 그림을 일반 사진으로 변환한다. DiscoGAN은 스타일을 학습해서 변환하는 기능을 수행하는데 예로 가방 사진을 입력하면 동일한 스타일의 구두 디자인을 생성한다.

15.2 Introduction to COMPUTATIONAL THINKING 인공 일반 지능 GPT-3

GPT(Generative Pre-trained Transformer)는 오픈 AI(Open AI)에서 개발한 모델로 인공지능 기술을 인류가 공유하자는 목표로 연구되었다. 이후에 GPT의 버전 3인 GPT-3는 최초의 일반 인공지능으로 부르는 데 그 이유는 언어 번역뿐 아니라 다양한 분야의 기능을 가졌기 때문이다.

GPT-3의 발표로 국내에서도 유사한 연구를 진행하고 있으며 특히 한국어 기능을 강화하는 방향으로 이루어지고 있다. 2021년 5월 서울대와 네이버가 한국어에 대해서 공동 개발하기로 합의한다는 소식이 있었다. 네이버가 보유한 700페타플롭스 성능의 슈퍼컴퓨터와 한국어/일본어 데이터를 보유한 장점을 기반으로 GPT-3에 버금가는 언어처리 AI 시스템 개발에 나섰다. SK텔레콤은 국립국어원과 협력해서 1500억 개의 파라미터를 가진 한국어 지능을 한국어판 GPT-3 개발을 시작했다.

화웨이사는 GPT-3보다 2500만 개 많은 2천억 개 파라미터를 가진 '판구 알파(PanGu-α)'를 공개했다. 1.1TB 분량의 중국어 데이터를 학습했으며 250테라플롭스의 2048개 클러스터 컴퓨터를 사용했다.

LG AI연구원은 파라미터 6000억 개의 컴퓨팅 시스템을 2021년에 제작하여 초거대 AI 분야 연구를 하겠다고 발표하였다.

프롬프트 프로그래밍의 시대

데이터 마이닝의 시대부터 코딩 형식의 프로그래밍 시대가 아니고 데이터에서 특징 추출을 하면 마이닝 SW가 처리해주었으며 딥러닝에서는 특징 추출도 자동으로 수행하여 오로지 일부 고객 데이터를 활용한 튜닝만 수행하면 되었다. 인공 일반 지능에서는 프롬프트(Prompt)만 입력하면 모두 시스템이 처리하는 모델이 등장하게 되었다. 표 15-1은 프로그래밍의 레벨로 정리한 것이다.

표15-1 프로그래밍의 레벨에 따른 구분

구분	프로그래밍 방법	필요 작업	선행 학습 데이터 필요성	프로그래밍 여부
레벨1	일반 프로그래밍	코딩(coding)	X	O
레벨2	데이터 마이닝	특징 추출, 데이터 수집, 레이블 데이터, 학습	X	X
레벨3	딥러닝	빅데이터 수집, 레이블링, 학습	X	X
레벨4	튜닝	추가 데이터로 학습 튜닝	O	X
레벨5	AGI	프롬프트 프로그래밍	O	X

오픈 AI사의 홈페이지에서 공개한 GPT-3의 사용 예제들은 다음과 같다.[107]

문법 교정

문법 교정 기능을 가지며 다음과 같이 틀린 문장을 입력하면 아래와 같이 문법이 교정된 문장을 출력한다.

- 입력: "She no went to the market."
- 출력: "She didn't go to the market."

문장으로 주고 과일 목록 만들기

제공된 문장 속에서 과일에 대한 속성 정보를 추출하는 기능도 수행한다.

최근에 발견된 구크룩스 행성에서 많은 과일이 발견되었습니다. 보라색이고 사탕 같은 맛이 나는 네오스키즐이 그곳에서 자랍니다. 회청색 과일이며 매우 신맛이 나며 약간 레몬과 같은 로헤클(loheckles)도 있습니다. Pounits는 밝은 녹색 색상이며 달콤한 것보다 더 맛있습니다. 네온 핑크 맛과 솜사탕 같은 맛이 나는 루프 노바도 많이 있습니다. 마지막으로, 신맛과 쓴맛이 강하고 신맛이 강하고 산성이며 옅은 오렌지빛이 도는 글로우라는 과일이 있습니다. 구크룩스의 열매를 정리한 표를 만들어주세요.

[107] https://beta.openai.com/examples

| 과일 | 색상 | 맛 |

| 네오스키즐 | 보라색 | 달콤한 |

| 로헤클스 | 회색빛이 도는 파란색 | 타르트 |

이러한 입력에 대한 출력은 다음과 같다.

| 파운드 | 밝은 녹색 | 짭짤한 |

| 루프노바 | 네온 핑크 | 솜사탕 |

| 노을 | 옅은 오렌지 | 신 |

| 기타 |

키워드 추출하기

주어진 문장을 이해하고 중요한 키워드를 추출하는 작업을 수행하기도 한다. 아래와 같은 문장이 주어졌다고 하자.

Black-on-Black 도자기는 북부 뉴 멕시코의 푸에블로 원주민 도예가가 개발한 20세기와 21세기 도자기 전통입니다. 전통적인 환원 소성 흑기는 수세기 동안 푸에블로 예술가들에 의해 만들어졌습니다. 지난 세기의 흑흑자기는 표면이 매끄럽고 선택적인 버니싱이나 내화 슬립을 적용한 디자인을 가지고 있습니다. 또 다른 스타일은 디자인을 조각하거나 절개하고 융기된 부분을 선택적으로 연마하는 것입니다. 여러 세대에 걸쳐 Kha'po Owingeh와 P'ohwhóge Owingeh pueblos의 여러 가족은 모계 도예가들로부터 물려받은 기술을 사용하여 검은 바탕에 검은 도자기를 만들어 왔습니다. 다른 푸에블로의 예술가들도 검은 바탕에 검은 도자기를 생산했습니다. 여러 현대 예술가들이 조상의 도자기를 기리는 작품을 만들었습니다.

이 문장에 대해서 추출된 키워드는 "푸에블로, 미술, 도자기, 흑흑자기"이다.

광고문 만들기

문장을 제공하고 이 문장의 내용을 가지고 광고문을 작성하는 것도 가능하다. 주어진 문장은 다음과 같다.

> *Facebook에서 실행할 다음 제품에 대한 크리에이티브 광고를 작성하십시오. Airee는 연약한 피부를 가진 젊은 여성을 위한 스킨케어 라인입니다. 성분은 모두 천연입니다. 이것은 십대 소녀들을 대상으로 한 Facebook 광고입니다.*

생성된 광고문은 다음과 같다.

> *피부가 예민하신가요? 그렇다면 Airee는 당신을 위한 것입니다! Airee 제품은 피부에 좋은 느낌을 줄 수 있도록 천연 성분으로 만들어졌습니다. 행복하고 건강한 당신을 위해 Airee를 만나보세요!*

DBMS의 SQL 명령문 생성하기

관계 DBMS에서 사용하는 SQL 질의어를 생성하는 것도 가능하다. "캘리포니아에 거주하고 신용도가 1000 이상인 모든 사용자를 찾는 SQL 요청을 생성하라"는 명령에 다름과 같은 결과를 제공한다.

```
SELECT *
FROM users
WHERE state = 'CA' AND credits > 1000
```

에세이 작성하기

간단한 에세이를 작성하는 것도 가능하다. 예를 들어 "월트 디즈니와 그의 애니메이션에 대한 기여에 대해서 작성하시오."에 대한 생성 결과는 다음과 같다.

> *I: 주제와 그것에 대한 당신의 관점을 소개하십시오.*
>
> *II: 월트 디즈니의 생애: 그의 초기 생애, 백설공주와 일곱 난쟁이(1937) 개봉까지의 몇 년, 그리고 애니메이션에 대한 그의 공헌.*
>
> *III: 월트 디즈니의 죽음: 그의 죽음을 둘러싼 상황, 애니메이션에 대한 그의 공헌, 그의 작품의 지속적인 영향.*
>
> *IV: 결론: 자신의 관점을 다시 설명하고 월트 디즈니가 오늘날 애니메이션에 어떻게 계속 영향을 미치고 있는지 설명합니다.*
>
> *그 외에도 문장 요약하기, 자바스크립트를 파이썬으로 번역하기, 식재료를 주고 조리법 만들기 등의 예제들이 제공되고 있다.*

15.3 강화 학습

Introduction to COMPUTATIONAL THINKING

강화 학습(Reinforcement Learning)은 지도 학습이나 비지도 학습과 달리 시행착오를 하면서 학습하는 모델을 말한다. 게임을 할 때 어떤 것이 승리를 향해 가는지 모르며 단지 주어진 상황에서 선택할 수 있는 경우를 모두 해보는 수밖에 없고, 선택 중에는 잘된 선택으로 목표를 향해 접근하고 잘못된 선택으로 목표에서 멀어지거나 실패로 끝나는 경우가 있다. 이때 다시 게임을 하면서 전에 선택한 것과 다른 선택을 지속적으로 해나가면서 결국 목표에 도달하는 것과 같은 원리로 선택에 따른 상과 벌에 의해서 상을 받는 선택을 해나가도록 하는 것이다.

에이전트(agent)가 현재(time) 상태(state)에서 취할 수 있는 행동(action)을 선택할 때 주어지는 보상(reward)이 있다고 하자. 그러면 모든 상태에서 행동에 대한 보상 정보를 가진 테이블을 Q(quality) 테이블이라고 한다. 그러나 복잡한 상황에서는 Q 테이블이 방대하게 되므로 딥러닝(Q-신경망)으로 구성한다.

$$Q(s, a) = r$$

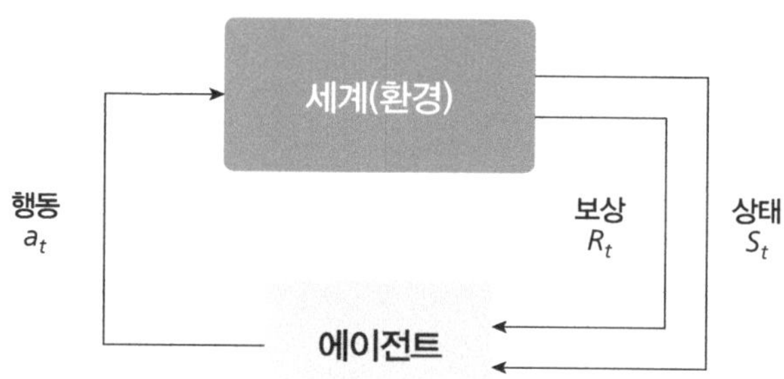

그림 15-8 강화 학습의 기본 개념도

현재 상태에서 에이전트가 행동(a_t)를 취하면 세계(환경)에서는 보상(R_t)와 함께 새로운 상태(S_t)로 변화한다.

Q 테이블은 실제로 학습을 하면서 배워서 채워나가고, 최종적으로 보상(reward)

의 합이 최대가 되도록 에이전트는 행동하게 되고 결국 목표에 다다르게 하는 것이 강화 학습의 동작 원리다.

강화 학습은 동물 조련에서 지시에 따르면 먹이를 주고, 따르지 않으면 벌칙을 주는 것과 흡사한 방식이다. 미로를 찾아 나갈 때 막힌 길을 선택했으면 되돌아와서 다시는 그 길을 선택하지 않고 다른 선택을 해나가는 것이다.

2019년 구글의 AI 알파스타는 스타크래프트2 게임에서 프로게이머와 11차례 대결에서 모두 우승했다. 컴퓨터는 시행착오를 두 번 다시 하지 않으며 모든 자신의 과거를 잊지 않고 데이터로 누적하여 활용하기 때문에 인간과 같이 실수라든지 오차 같은 것이 없기에 앞으로 모든 컴퓨터 게임에서 AI는 승리할 것이다.

15.4 Introduction to COMPUTATIONAL THINKING AI의 미래

오픈 AI는 엘론 머스크가 만든 기업으로 AI 기술이 특정 국가나 기업에 독점되지 않고 인류 전체가 공유하는 자산이 되는 것이 필요하다는 목적으로 설립했다. 그래서 만든 최고의 AI 기술 성과물을 누구나 쉽게 이용할 수 있도록 하며, 클라우드로 서비스를 제공한다. 현재 다양한 AI 프로젝트들이 발표되어 있다.

초거대 AI 연구

오픈 AI사가 발표한 GPT-3는 너무 강력한 기능으로 개발해놓고 공개를 못했다. GPT-3는 언어 초 지능 시스템으로 로고 이미지도 만들고, 프로그램 코딩을 하며, 질문에 대한 대답 등 언어를 입력으로 주면 그에 해당하는 답을 내놓는다. 마이크로소프트사가 10억 불에 독점 서비스로 계약하고, 현재 유료로 서비스하기로 해서 논란이 되고 있다.

인간은 1000억 개의 신경세포가 약 100조 개의 시냅스로 연결되어 있다고 알려져 있다. 네이버의 거대 AI 연구로 하이퍼클로바(HyperCLOVA)는 기존 AI에서 처리하는 파라미터의 개수인 수억에서 70억 개, GPT-3에서는 1750억 개(전 세계어)이나 네이버에서 2040억 개(한국어 중심)를 목표로 연구하고 있다. LG그룹은 서울대와 손잡고 6000억 개를 목표로 하고 있으며 KT는 KAIST와, SK와 카카오 등과 협력하여 공동 연구를 추진 중에 있다.

AI 연산 가능 메모리

2021년 2월 17일 삼성전자는 HBM-PIM 인공지능 메모리를 발표했다.[108] 지금까지의 컴퓨터는 폰노이만 구조라고 부르는 데 CPU와 메모리가 고속으로 연결되어

[108] https://zdnet.co.kr/view/?no=20210217091004

프로그램과 데이터는 메모리에 저장하고 연산을 위해서는 항상 CPU로 가져와야 해서 속도의 한계를 가져왔다. 그러나 메모리 내에 기본 연산을 수행할 수 있다면 CPU로 데이터를 가져올 필요가 감소해서 속도의 향상을 가져온다.

(a) 기존 폰노이만 DRAM 구조 (b) HBM-PIM AI DRAM 구조

그림 15-9 AI 메모리의 등장

인공 휴먼(Artificial Human)의 시대

한스 모라벡은 "인간에게 쉬운 일이 컴퓨터에게 어렵고, 컴퓨터가 하기 용이한 것이 인간에게 어렵다."라고 했다. 1980년대에는 이 말이 맞았다. 아직 인간이 쉽게 처리하는 일을 AI는 못하거나 어렵게 처리한다. 그러나 앞으로는 "인간에게 쉬운 일이나 어려운 일 모두 AI가 더 잘할 것이다."로 수정해야 한다.

2021년 5월 마인즈랩[109]에서는 디지털 휴먼을 만들어서 서비스한다고 발표했다. 자연스러운 사람의 모습을 재현하여 아나운서, 상담사 등의 역할을 대신한다고 하였으나 실제로 접속해서 사용해보면 느린 반응 속도와 부정확한 대화 등으로 아직 갈길이 멀다는 것을 알 수 있다. 그러나 곧 이와 같이 인간과 구별이 어려운 디지털 휴먼의 탄생이 다가올 것이다.

AI 기술로 만든 '이터니티'라는 걸그룹이 등장해서 'I am real'이라는 곡들을 발표했다. 아직 완성도가 부족하고 음성도 AI로 만들지는 않아서 한계가 있지만, 앞으로 많은 디지털 가수와 인간이 경쟁하는 시대가 될 것이다.

AI 휴먼은 아나운서와 가수뿐 아니라 가까운 가족, 친구, 애완견 그리고 우리 자신을 복제하여 재현함으로써 컴퓨터 속에서 영생하는 역할을 할 것이다.

2050년의 미래 변화에 대해서 다음과 같이 전망하고 있다.[110]

---

[109] maum.ai

[110] AI의 미래 생각하는 기계, 토비 월시, 프리뷰, 2019.

자율주행자동차, 컴퓨터 가정의사, 하이퍼리얼 영화, 컴퓨터가 인간을 채용하고 해고, 모든 지시는 음성 대화, AI 범죄 시대, 로봇 스포츠팀, 무인 수송, 로봇이 뉴스 제작 및 보도, 디지털 트윈 로봇으로 영생에 도전할 것이다.

초 지능 서비스들의 출현

초 지능 AI 서비스들이 앞으로 줄줄이 탄생할 것이며 경쟁구도로 갈 것이다. 지구촌 어디에서나 초 지능 AI 서비스를 받아서 세계는 스마트해질 것이 분명하다. 그러나 역시 이러한 신기술을 받아들이는 국가와 기업, 개인이 있을 것이고, 여러 가지 이유를 들어 신기술을 거부하는 국가나 기업과 개인이 있을 것이다. 기술의 진화를 따라가면 발전할 것이고 그렇지 못하면 도태되는 것은 분명하다.

그러나 초 지능의 인류의 문제 중에서 초 지능이 필요한 분야에 대해서는 앞으로 살펴보아야 할 것이다. 현재 주로 사용하는 번역, 통역, 사물인식, Q&A가 주요 활용이 될 것이다. 모든 것을 물어보면 답해주는 시스템은 폭넓은 응용으로 누구나 늘 사용하는 킬러 앱이 될 수 있다.

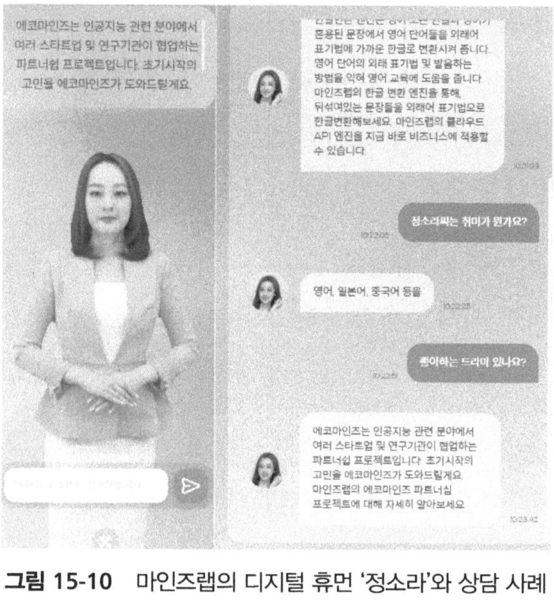

그림 15-10 마인즈랩의 디지털 휴먼 '정소라'와 상담 사례

요약

- 딥러닝은 신경망의 계층을 다단계로 깊게 만든 것으로 학습이 가능하도록 만들어져서 오늘날 초 지능 학습이 가능하게 되었다.
- CNN은 컨볼루션이라는 행렬 연산을 통한 학습으로 최초로 딥러닝 모델로 등장해서 이미지 인식 분야에 획기적인 개선을 가져왔으며 알파고에서 활용되어 가능성이 검증되었다.
- RNN은 시간축에 따라서 입력되는 데이터에 대한 학습이 가능하도록 만들어진 딥러닝 모델로 언어 처리와 시계열 데이터 처리에 활용된다.
- GAN은 유사 이미지 생성에 활용하도록 제작된 딥러닝으로 유사 이미지 생성이 일종의 모방에 의한 새로운 콘텐츠 창작과 연계되어 응용들이 등장하고 있다.
- GPT-3는 최초의 인공 일반 지능 딥러닝 모델로 오픈AI에서 제작했으며 방대한 학습 데이터를 통해서 놀라운 기능들이 알려지고 있으며 현재 진행 중인 연구다.
- 초거대 AI의 연구개발이 세계적 경쟁적으로 이루어지고 있어서 초 지능 서비스는 본격화될 것이며 새로운 시대가 열릴 것이다.

실습문제

1. 구글 번역기를 사용하여 번역해본다. 영어를 제외한 다른 나라 언어로 작성된 문서를 검색하여 구글 번역기를 이용하여 번역한다. 내용을 잘 이해할 수 있도록 번역이 잘 되어 있는지 설명을 추가해서 제출한다. 분량은 알파벳 기준 500자 정도로 한다.

2. 구글 크롬을 이용하여 다른 나라(영어 제외)의 웹사이트에 접속해서 구글 번역 기능을 이용하여 브라우징을 해본다. 브라우징하는데 어려움이 없는가? 원어문과 번역문, 그리고 내용에 대한 설명을 추가해서 제출한다.

3. 구글 코랩 사이트에 접속해서 MNIST 데이터를 사용한 튜토리얼을 따라 이미지 인식 학습을 수행해본다.

4. 구글 코랩 사이트에 접속해서 패션 MNIST 데이터를 사용한 튜토리얼을 따라 이미지 인식 학습을 수행해본다.

5. Myheritage에서는 사진을 입력 받아서 동영상으로 변환해주는 서비스를 제공한다. 이 사이트를 이용해서 동영상 결과물을 만들어 본다.

6. GPT-3의 프롬프트 프로그래밍을 수행하고 결과를 제출한다.

Introduction to **COMPUTATIONAL THINKING**

C·H·A·P·T·E·R

16

컴퓨터식 문제해결 사례

학습 목차

"붓과 색을 공부한다고 훌륭한 화가가 되지 않듯,
컴퓨터과학을 공부한다고 훌륭한 프로그래머가 되지는 않는다."

-에릭 레이몬드

16.1 Introduction to COMPUTATIONAL THINKING 문제해결을 위한 아이디어 만들기

지금까지 컴퓨터식 사고의 핵심과 문제해결 기법들에 대해서 살펴보았다. 이 장에서는 이러한 개념들이 실제 문제를 해결하는데 어떻게 사용되었는가를 생각해보는 것을 다룬다. 그러나 현대 사회에서 이미 다양한 문제해결에 적용되어 사용되고 있어서 나열하는 것만해도 방대하다. 그러므로 이 장에서는 최근에 핫이슈가 되고 있는 몇 가지 주제에 대한 해결 방식 등을 소개하겠다.

다양한 문제가 늘 새롭게 등장하고, 수많은 해결 방법들 중에서 선택하는 과제가 남아있다. 그리고 최선의 선택을 택해야 한다. 주어진 문제에 대한 해결 아이디어를 도출하는 방법으로 브레인스토밍, 브레인라이팅, 만다라트 기법을 많이 사용한다.

브레인스토밍(Brainstorming)은 3인 이상이 문제해결에 대한 아이디어들을 아무런 제약 없이 자유로운 분위기에서 제시하게끔 하는 것이 중요하다. 즉 생각할 수 있는 많은 아이디어들(엉뚱하기까지 해도 좋다)을 모두 꺼내놓고, 논의를 해가면서 내놓아진 아이디어들을 묶어서 장단점을 정리하여 최적의 아이디어를 선택한다.

브레인라이팅(Brain Writing)은 브레인스토밍과 같은데 소극적인 사람의 경우 말을 적게 하는 문제를 해결하고자 아이디어를 종이에 적어서 표현하는 것만 차이가 있다. 침묵의 브레인스토밍이라고도 한다.

만다라트 기법은 9장 추상화에서 하향식 모델링으로 소개했다. 문제가 주어지면 이 문제를 해결하기 위해서 생각하고 문제를 해결하는 방법을 구체화하는 좋은 도구의 하나다.

16.2 Introduction to COMPUTATIONAL THINKING 성공적인 문제해결 사례

코로나 감염 경로 추적

감염자가 접촉한 모든 사람들을 추적하기 위해서는 감염자의 이동경로가 파악되어야하고, 해당 이동경로에서 접촉 가능성이 있는 사람들을 특정해야만 한다.

감염자의 이동경로를 위해서는 사용한 교통수단, 방문했던 장소를 파악해야 하는데 방문했던 장소를 파악하기 위해서 모든 서비스 업체를 방문 시 개인인증을 하도록 하고 있다. 이동경로 파악을 위해서 모든 대중교통 이용 시 교통카드를 이용하므로(물론 현금 이용자도 있기는 하다) 신원 확인이 가능하다.

한국식 코로나 추적 체계는 다른 나라에서는 따라하기 어려운 기본 인프라가 있기에 가능하며 다음과 같다.

- 한국은 카드 사용률이 2018년 자료에서 89%이나 일본을 포함한 많은 나라에서 현금 사용률이 80%를 넘는다.
- 지역적 특성에 따라서 미세먼지를 방어하기 위해서 표준 규격으로 만든 KF94와 같은 마스크 제도가 되어 있다.
- 스마트폰의 대중화에 따른 백신의 예약이나 잔여백신 신청, 재난지원금 등이 신속하게 이루어진다. 또 문제해결을 스마트폰의 앱으로 처리하는 문화가 자리잡고 있다. 물론 앱을 신속히 개발하는 인력도 풍부하다.

코로나 방문등록 인증

코로나로 인해 방문지에는 방문자의 인적사항을 등록하게 되어 있어서 번거롭다. 등록 방법도 진화해서 다음과 같은 여러 가지가 있다.

❶ 수기로 방문자 명부에 적는다. 그러나 이 방법은 일일이 적어야 하고, 다른 사람이 볼 수도 있어서 개인정보 유출의 문제를 가진다.

❷ 개인정보가 노출되지 않도록 큐알코드를 등록하는 방법이 있다. 그러나 큐알코드를 보여주도록 스마트폰을 실행해야 하고, 큐알코드를 인식할 수 있는 장치가 별도로 필요하다는 단점을 가진다.

❸ 간편한 큐알 인증으로 메뉴를 선택해서 큐알을 보여주도록 하지 않고, 스마트폰을 두 번 흔들면 자동으로 큐알이 나오도록 개선해서 더 편리해졌다.

❹ 업소별로 등록된 전화번호를 방문자가 전화를 거는 것만으로도 인증이 완료되어 가장 간편한 방법이다.

❺ 교통카드를 터치해서 이용하듯이 방문자 인증은 개인인증용 카드를 방문업소에 가면서 터치하는 방식이 가장 편리하다. 그러나 별도의 코로나 인증 카드가 필요하고, 업소의 경우에 터치 인식 장치가 필요하다는 단점을 가진다. 코로나 인증카드는 버스카드로 대체하면 될 것이고(신원인증을 위해서 사전에 등록하는 절차가 필요할 수 있다) 업소에는 현재와 같은 큐알코드 인식기와 같이 교통카드 인식기만 설치하면 될 것이다.

이렇게 개선이 되기는 했지만 아직도 개선의 여지가 많다. 체온측정의 경우 방문하는 곳마다 별도로 측정을 해야해서 번거로우며 불필요한 절차이기도 하다. 적어도 하루에 한 번 측정하면 그 데이터를 여러 곳에서 활용할 수 있거나 측정에서 면제될 필요가 있다.

택시 등 개인 이동수단 이용하기

택시를 불러서 이용하기 위해서는 다음과 같은 방법이 있다.

❶ 지정된 택시 정류장으로 가서 택시가 지나가기를 기다린다.

❷ 아무 곳에서나 지나가는 택시가 올 때까지 기다리다 잡는다.

❸ 콜택시 전화번호를 이용해서 부른다.

❹ 카카오택시를 이용한다. 출발지와 도착지를 알려주고, 가장 가까운 택시를 잡을 수 있으며 택시가 몇 분 내에 도착하는지 택시 정보를 실시간으로 파악할

수 있어서 편리하다.

5. 우버와 같은 택시를 포함한 공유 개인 이동수단을 호출하여 이용한다.

문제점으로 도시의 경계를 지날 때는 택시들이 별도의 요금을 추가하기 때문에 거리만 가지고 요금계산을 해서는 안 된다. 그래서 지방에서는 카카오택시를 잡을 수 없는 경우가 많다. 도시의 경계를 지나는 경우의 별도 요금이 반영되어야 한다. 과연 카카오택시가 최선의 해결책인가? 개선안은 없는가 생각해보자.

버스와 기차의 대중교통의 문제

우리나라는 몇 개의 공공기관들이 운영하는 방식으로 관리는 별도로 하지만 고객서비스 측면에서는 하나의 단일 기관이 운영하는 것과 같은 투명성이 보장된다. 또한 버스회사와도 통합되어 환승 할인 서비스가 자동으로 처리되며, 서울뿐 아니라 지역의 지하철에서도 교통카드를 동일하게 사용할 수 있다.

메트로폴리탄 도시의 대중교통 문제를 후발 주자인 우리나라는 가장 효율적인 방식으로 문제를 해결했으며 이 방법에는 통합 정보 시스템이라는 기술이 바탕이 되고 있다. 메트로폴리탄 도시의 대중교통 문제를 가장 잘 해결했다고 오랫동안 자랑하는 동경의 지하철은 오늘날의 시각으로 보면 낙후되어 있다.

1. 모든 지하철 노선들이 통합되어 환승/요금 정산된다. 동경의 경우는 지하철과 기차들이 통합되어 있지 않다. 버스를 갈아타는 경우 환승 할인이 제공된다.
2. 버스 정류장마다 설치되어 있는 디스플레이에는 항공기 도착 예정 시간이 나오는 공항에서와 같이 국내에서는 버스 정류장에 도착 버스가 몇 분 후에 도착하는가를 알려주는 디스플레이가 있다. 지하철에서도 몇 정거장 전에 오고 있으며 승객 혼잡도까지 알려준다. 사실 버스의 경우 빈 좌석 수까지 알려줄 수도 있다.
3. 교통카드와 후불교통카드 등이 보급되어 전국 어디에서나 사용이 가능하고, 편의시설(자판기의 음료 등)의 물품을 구매하고 결제하는데 사용할 수 있다.

연말정산 처리

의료보험에 있어서 미국의 경우는 수많은 보험회사들과 연계되어 있어서 병원마다 보험처리가 각각으로 청구되어 복잡하다. 반면에 우리나라는 전국민 의료보험이 하나로 통합되어 병원이나 고객 모두가 편리하다.

물론 아직 실비보험은 별도로 되어 서류 청구에 별도의 절차를 거쳐야 한다. 국민의료보험공단과 실비보험이 데이터를 연계한다면 우리는 별도로 청구하지 않고도 자동으로 처리될 수 있다.

데이터의 통합이 가져다준 편리함은 연말정산 시스템이다. 기부금, 의료비용, 신용카드 비용, 현금영수증, 은행 소득공제 예금 등 모든 데이터가 정부 국세청 시스템으로 통합되어 개인은 제공된 정보를 보고 체크만 하면되어 연말정산 처리에 10분이면 완료가 된다. 또한 dl 데이터들은 다운로드해서 자신의 회사에 업로드하기만 하면 처리가 완료된다.

자유시장 원리의 확대

자유시장의 원리는 제품에 대한 충분한 정보를 소비자들이 파악해서 비교 분석을 통해 가격과 성능이 가장 우수한 제품을 구매하는 것으로 이어져야 우수한 제품이 시장에서 살아남으면서 경제가 발전하는 것이다. 제품에 대한 정보가 제한적이고 구입처 등을 찾기 어려운 경우 제품 선택의 제한으로 시장의 원리가 공정하게 작동되지 못한다. 점포를 다수 가지고 있는 기업이나 홍보비 액수가 큰 기업의 제품이 지속적으로 선택받을 확률이 커진다.

음식점을 예로 들면 길목이 좋은 식당은 늘 고객 확보가 쉬우나 음식이 좋아도 교통이 안 좋은 후미진 곳에 있는 식당은 일부러 찾아가지 않는 한 많은 고객을 확보하기가 어렵다. 그러나 오늘날 스마트폰이라는 매체와 교통수단의 발달(특히 자가용)은 이제 위치에 종속되지 않고 어디에 있더라도(심지어 산 속에 있어도 찾아간다) 이제 유명 맛집은 늘 찾아온 고객들로 북적인다.

정보화로 인한 이와 같은 변화로 우수한 제품과 우수한 음식을 제공하는 식당은 고객의 선택을 받는다는 품질에 의한 선택이 가장 중요하므로 서비스의 질이 높아지게 되며 단지 거대 자본이나 좋은 위치라는 이점만으로 승부하지 못하는 시대가 된 것이다.

제품에 대한 메타상점들이 등장해서 온라인 매장에서도 가장 가성비가 좋은 제품을 검색해서 찾아주므로 제품에 대한 접근이 쉬워졌으며 실제 사용자의 댓글을 통한 정확한 평가는 구매 결정에 중요하게 작용한다. 그래서 오늘날에는 빅데이터 맛집 찾기[111] 등의 서비스가 등장해서 사람들이 많이 방문하거나 검색하는 순위로 추천해주기도 한다.

제품의 홍보에서 과거 지상파 시대에는 대기업만이 고가의 광고료를 지불하면서 광고를 했었고 중소기업의 제품은 접할 수단이 없었다. 케이블 방송이 시작되면서 채널의 확대는 홈쇼핑 채널을 통해서 중소기업의 제품이 홍보와 판매가 가능해졌고, 인터넷 쇼핑몰을 통한 판매와 홍보가 이루어졌다. 그러나 영세기업이나 자영업자는 접근이 쉽지 않았다.

유튜브와 같은 개인 방송 채널 시대와 실시간 방송이 가능해지면서 오늘날 라이브 커머스(live commerce)의 시대가 열리고 있다. 이제는 커머스 크리에이터(commerce creator)를 통해서 제품의 방송과 결제가 이루어지는 시대가 되었으며 누구나 라이브 동영상 플랫폼을 통해서 제품 홍보와 판매가 이루어져 공정한 기회를 가지는 자유시장 경제의 인프라가 완성되었다고 볼 수 있다. 이제는 오로지 제품의 질과 가격으로 경쟁할 수 있는 것이다. 라이브 커머스에서는 실시간으로 댓글이나 Q&A를 통해서 제품에 대한 자세한 의문사항도 해결하고 공동구매와 같은 이벤트도 쉽게 진행이 가능하다는 것이 다른 판매 채널에 비해서 장점을 가진다.

[111] diningcode.com이 빅데이터 맛집 검색 서비스를 제공한다.

16.3 Introduction to COMPUTATIONAL THINKING 앞으로 해결해야 할 문제

인류가 해결해야 할 당면 과제는 많다. 세계적 석학인 유발 하라리의 "21세기를 위한 21가지 제언"은 해결해야 할 과제를 잘 정리해놓았다.[112] 이 모든 문제를 해결하는 방법에는 컴퓨터식 사고와 문제해결 기법들이 활용되어야 가능하다.

문화적 갈등 문제해결

우리는 80% 할인이라는 매장을 자주 만나게 된다. 수요와 공급의 불균형 문제는 의류뿐 아니라 농작물의 경우 더 심하다. 그래서 매년 어떤 작물을 결정하느냐에 따라서 '로또'를 대하는 심정이라고 농부들은 말한다. 배추, 마늘, 고추 등 농작물의 결정은 글로벌에도 적용된다. 지구촌 수요에 맞는 생산은 중요하지만 현재 조율되는 시스템은 없고 '시장경제'에 의존하고 있어서 식량 및 자원의 재분배와 빈부 격차에 영향을 미치고 있다. 영농과 축산을 스마트하게 하는 것도 중요하지만 수요 조사에 따른 생산량 조절은 더 중요하며 컴퓨터식 문제해결이 필요하다. 수요와 공급의 스마트한 정책은 부동산 폭등이라는 기본적인 자산의 가치 변화 문제도 해결될 것으로 전망된다.

이데올로기의 시대는 거의 끝났지만 1997년에 발표된 새무엘 헌팅턴의 "문명의 충돌"에서 알 수 있듯이 문화와 종교적 갈등 문제는 여전히 진행 중이다. 문화와 종교의 다양성을 모두 수용하는 유연한 새로운 지구촌 차원의 문명을 건설하는 데 '인터넷'으로 인한 교류 확대는 좋은 해결 수단이 될 것으로 본다. 한류라고 하는 우리나라의 문화가 전파되는 결정적인 역할을 '유튜브'와 'SNS'가 하고 있다. 상호 이해의 증진을 가져오는 반면 갈등을 촉진시키는 역할도 하고 있으며 국가와 정권이 그 역할을 주도하고 있는 것도 문제다. 그러나 지구촌 차원 소통의 확대라는 큰 흐름은 막을 수가 없으며 점차 평준화될 것으로 전망된다.

[112] 유발 하라리, "21세기를 위한 21가지 제언", 2018, 김영사

특정 국가에 남아있는 보편적인 가치관에 벗어나는 문화들은 사라질 것이다. 개와 고양이를 먹는 문화, 여성의 인권을 지나치게 침해(교육권 박탈 등)하거나 소수민족에 대한 박해 등은 감소될 수밖에 없다. 지구촌 차원의 보편적 인권 개념이 지구를 덮을 것이다. 그래서 연결되는 순간 몰락하는 사례(태즈매니아 원주민의 멸종, 인도 및 미국/호주 대륙의 연결로 인한 지역 경제와 문화의 파괴 등)는 더 이상 발생하지 않는다.

정치 민주주의, 대의제도의 정착

아직도 많은 국가는 왕이 통치하거나(사우디아라비아 등) 대의 민주주의 체제라고는 하지만 실제로 비민주적인 국가들이 많이 있다(미얀마 등). 물론 공산당 일당독재의 국가들도 여전하다(중국, 북한, 베트남 등). 컴퓨터와 인터넷은 이러한 문제를 해결할 것인가? 정보의 개방과 공유는 시민의식을 깨어나게 만들고, 다른 나라의 모습을 보면서 비슷한 체제로 발전하도록 유도하므로 컴퓨터와 인터넷의 보급은 민주화를 촉진한다. 반면에 IT 기술은 독재체제를 강화하도록 할 수도 있다. 인터넷의 선별적 차단(중국과 같이 외국 SNS의 차단 등), 검색 기능의 차단(주요 키워드 검색은 불가능), 전면적 차단(북한은 주민들에게는 인터넷 사용이 불가능하다), 그리고 CCTV와 소형 무선 감청 장치들은 시민들의 모든 세세한 부분까지 철저하게 통제하는 데 활용되어 오히려 독재체제를 유지하는데 활용되기도 한다. 그러므로 유엔에서 인터넷 사용에 대한 기본권 부여 차원에서 국제적으로 접근하는 것이 필요하다.

인터넷 선거 제도

호주 등 주요 선진국에서는 이미 채택 중인 선거시스템으로 스마트폰으로 더욱 간편하게 투표에 참여할 수 있다. 이미 아파트의 동대표 선출 등에서 선거관리위원회에서 제공하는 투표시스템을 활용하고 있다. 그러나 현재 주요 선거에서는 인터넷 선거를 사용하지 않고 있다. 재외국민에게도 투표권이 부여되어 외국에 체류 중인 교포들의 투표관리에 상당한 비용이 소모되고 있다.

또한 당선자의 문제로 재선거를 하는 경우도 발생하며 2021년 서울시장과 부산시장 재선거 비용 수백억의 비용이 사용되는 중이다. 선거관리 비용을 줄인다고 개표에는 분류기를 사용중에 있는데 이 분류기 시스템이 오히려 공정한 선거를 저해하는 요소가 많아서 문제가 되고 있다.

인터넷 선거의 문제로는 인터넷 시험의 문제와 같이 부정행위가 발생할 수 있다는 것이다. 중간단계로 투표소에 들어가서 투표용지에 기표하는 것이 아니고 인터넷으로 투표하는 방식도 도입이 필요하다. 모든 문제는 해결가능하다. 빠른 시간내에 국내에서도 인터넷 선거의 문제들이 개선되어 저비용으로 선거를 치르는 국가가 되기를 기대한다.

자율주행과 무인화 시대

이미 아마존은 택배기사가 집의 출입문을 열고 신선식품을 냉장고 안에 넣어주는 서비스가 개발되어 사용중에 있다. 무인 편의점이 늘어나고 있으며 무인 자동차, 무인 전투기, 경계를 대신하는 로봇, 로봇 병사, 무인 호텔, 로봇 카페 등 무인화된 서비스가 늘어나고 있으며 확대될 것이다.

자율주행은 교통사고 없는 세계의 탄생, 의료, 보험, 교통 경찰, 신호등 관련 사업, 운전면허 관련, 대리운전, 운전기사, 직종의 소멸이 예상된다. 4차산업혁명의 요소기술들로 인한 변화는 새로운 일자리 창출을 가져오기도 한다.

새로운 에너지원으로 등장한 전기와 수소는 공해 없는 지구를 만들며 초고속 비행기의 등장은 장시간 소요되고 비싼 요금을 획기적으로 변화시킬 것이다. 그래서 12시간 넘게 소요되는 거리를 5시간 이내에 오갈 수 있게 된다. 한편 100인치 이상의 고화질 대형 화면을 통한 현장감있는 주요 관광지의 영상은 여행 수요를 감소시킬 수도 있다.

경제문제의 해결

디지털 경제로의 전환은 빈부의 격차를 감소시킬 수 있는 반면에 오히려 격차를 확대시킬 수도 있다. 온라인 구매는 거리의 소멸을 가져오며 공정무역을 확대시킨다. 그래서 인류는 의식주 문제, 식량, 에너지, 일자리 창출, 농어촌의 빈부격차와 같은 문제들을 최선의 방법으로 해결할 것이다.

사회적으로 자동화의 확대에 따른 일자리 감소, 결혼과 출산 감소 및 육아와 가사, 노인요양 문제 등은 새로운 일자리와 함께 자동화 기술로 해결이 될 것으로 전망된다. 가사노동 로봇(로봇 청소기는 작은 사례)이 보편화되고 육아와 노인요양과 같은 로봇이 하기 어려운 분야는 일자리로 남게 될 것이지만 "하기 싫어하는 노동의 성격"에 해당하는 일들은 로봇이 대신하여 인간은 "노동으로부터 해방"된다.

인터넷으로 해외직구를 통한 국가 간 무역 장벽은 낮아지고 있다. 관세와 무역규제는 사라지고 있다. 그리고 디지털 화폐는 분명 화폐의 진화 최종 지점이 될 것이므로 몇 가지 추가적인 문제만 해결되면 인류는 최초로 단일 화폐를 사용하게 될 것이다.

독재국가의 지속에 기여하는 IT와 인공지능 기술

경제발전에 따른 중산층의 급증이 공산주의 체제와 독재를 약화시킬 것이라는 가정이 아직 검증된 바 없다. 오히려 부의 증대가 독재 권력을 강화하는 데 사용될 수도 있다.

국가별 인권침해, 전쟁과 지역분쟁, 인종차별 범죄 등의 감소에 기여해야 할 것이다. 교차로에서의 교통사고 발생에 대한 잘잘못을 가리기 위하여 목격자를 찾는다는 현수막은 이제 필요없게 되었다. 설치된 CCTV가 진실을 보여주고 있기 때문이다. 세계는 투명한 방향으로 나아가고 있다. 개인뿐만 아니라 기업, 국가 간의 모든 거래 정보가 디지털화되어 투명해지고 있다. 이러한 투명성은 진정한 의미의 자유시장 경제를 달성하게 한다. 디지털 화폐의 보급은 고액권 지폐의 소멸로 이어질 것이다.

요약

- 코로나 추적과 인증 등에서 IT 기술이 효과적으로 사용되고 있다.
- 버스와 택시 등 대중교통 서비스 향상에 IT 기술이 활용되어 편리한 시대에 살고 있다.
- 앞으로 인류가 당면한 문제해결에 IT 기술의 적극적 활용을 통한 해결이 필요하다.
- 독재와 민주화에 실제로 IT 기술이 기여할 수 있다. AI 기술은 이러한 점을 더욱 고도화시킬 것이다.

실습문제

1. SNS를 통제하는 국가들에 대해서 조사해보자.

2. 인터넷 사용을 기본권으로 인정하는 국가들에 대해서 조사해보자.

3. 기후 문제를 대처하기 위해서 IT 기술이 어떻게 활용될 수 있는지 사례를 들어 설명하라.

맺음말

*"어떤 바보라도 컴퓨터를 사용할 수 있다.
그래서 많은 사람들이 컴퓨터를 사용한다."*

–테드 넬슨

지금까지 살펴본 컴퓨터식 사고의 핵심 개념을 기반으로 컴퓨터 응용에서 주로 많이 사용하는 문제해결 기법을 결합하면 최고의 해법을 찾을 수 있을 것이라고 본다. 점차 AI의 비중은 높아질 것이다. 그러나 모든 문제해결에 있어서 과잉 기술의 적용은 어리석은 방법이다. 적절한 기술을 적용하는 것이 가장 중요하다. 가전제품이나 자동차는 경쟁이 치열하다 보니 실제 거의 사용하지 않는 과잉 기술이 탑재되어 가격만 인상하는 경우가 많다. AI의 경우 특히 과잉이 될 가능성이 매우 높다. 대표적으로 딥러닝을 사용하지 않아도 되는 분야에 딥러닝을 사용하는 경우이다. 하지만 딥러닝도 자체적으로 해결해야 할 문제가 남아 있는 기술이다.

AI와 포스트휴먼 시대

인류 최고의 발명품에 속하는 컴퓨터와 최후의 발명이 될지 모르는 AI 시대를 맞이하고 있다. 오픈 AI에서 발표한 GPT-3는 세계 최초의 인공 일반 지능(AGI)이라고 부르며 앞으로 인공 일반 지능의 시대가 본격적으로 대두될 것이다. 인공 일반 지능에서는 이제 특정한 영역에서뿐 아니라 모든 영역에서 인간을 뛰어넘는 초지능의 시대가 온다는 것을 의미한다. 지능의 시대에서 조차 무인화가 시작되어 특정 영역에서 인간의 일자리가 대폭 축소되고 있으며, AGI 시대에서는 모든 영역에서 인간의 일자리가 축소될 것이다.

네이버는 한국어와 일본어의 초거대 언어모델을 구축하겠다고 발표했다.[113] 세계는 보다 컴퓨터식 문제해결이 확대될 것이며 우리는 보다 더 편리한 시대에 살게 될 것이다. 절대 초 지능의 등장이 가져올 미래는 어떻게 될 것인가? 초 지능은 다시 어떻게 세분화될 것이며 가장 최고의 초 지능을 보유한 국가가 세계를 움직일 것인가? 과연 초 지능은 인류의 희망이 될 것인가? 비극이 될 것인가?

인류의 역사 속에서 천재라고 불리던 많은 위인들이 있었다. 천재들을 존중하고, 천재들의 능력을 국가 발전에 활용하기 위해서 영재교육 기관을 별도로 만들어 운영하고 있다. 초 지능 AI의 로봇이 등장하면 우리는 로봇의 명령을 따라야 할 것이다. 동물은 자기보다 힘이 세거나 능력이 뛰어난 동물에게 복종하게 되어 있다. 우리의 지능보다 뛰어난 초 지능에게 인간은 당연히 복종하고 존경을 표할 것이다.

슈퍼인텔리전스를 잘 관리 운영해야 한다. 거버넌스(governance)가 중요하다. 이것에 성공한 국가는 발전할 것이고 실패한 국가는 쇠락할 수밖에 없다. 초 지능 거버넌스를 준비하는 것이 절대적 과제이며 시간이 넉넉하지 않다.

문명이 발달했다고 영구적이지는 않다. 이집트와 잉카제국, 페르시아의 문명이 거대했지만 오늘날 그 후손들은 후예답지 않게 산다. 새로운 문명을 받아들이지 못하고 과거에 매여 있어서는 미래가 보장되지 않는다. 과거를 과감히 버리고 새로운 것을 열심히 지나칠 정도로 받아들이는데 열중한 결과 오늘날 대한민국이 있는 것이다.

미래 전망

블룸버그에서 평가한 2021년 국가 혁신지수에서 대한민국이 90.49로 1위를 차지했다. 미국은 11위, 일본은 12위다. 우리나라의 앞날은 밝다. 혁신지수 평가 기준을 보면 연구개발(R&D), 고부가가치 생산, 생산성, 하이테크 비율, 연구자 비율, 특허활동, 교육 효율성 등이 있다.[114]

[113] http://www.aitimes.kr/news/articleView.html?idxno=17963

[114] https://www.reddit.com/r/europe/comments/lcefst/bloomberg_innovation_index_2021/

우리나라는 2021년 현재 세계 10대 경제대국에 도달했으며 경제 외적인 측면에서도 평균 지능지수, 사용언어 경쟁력, 고속인터넷 인프라, 세계 최고의 5G 통신 및 6G 시대 개막, 최고의 교육열 및 고등교육 인력양성, 민주화 정도, 지리적 위치, 변화에 대한 수용정도, 첨단기술에 대한 적응력 등 다양한 면에서 세계를 선도할 충분한 역량을 갖추고 미래를 맞이하고 있는 중이다.

세계는 SW가 장악하고 있다. 글로벌 기업 순위 10위 내에(브랜드 가치)[115]를 보면 애플, 아마존, 구글, 마이크로소프트가 1위에서 4위를 차지하고 있다. 제조 기업으로는 삼성이 5위다. 컴퓨터 특히 소프트웨어만으로 세계 상위권을 차지하는 시대가 된 것이다. 세계 소프트웨어 기업 100위 내에 한국 기업은 하나도 없다. 공학 분야에서 세계 10위권이나 1위를 차지하는 국내 기업이 SW 분야에서는 존재감이 없는 것이다.

컴퓨터식 사고와 문제해결을 모든 학생들에게 가르쳐야 한다는 것에서 이제 AI를 초중고와 대학에서 가르쳐야 한다는 것으로 변화하고 있다. 그러나 무엇을 가르쳐야 하는 가는 아직 미지수로 남아있고 앞으로 해결해야 할 과제다.

[115] https://brandirectory.com/rankings/global/table

찾아보기

지은이 소개

용환승

주요 강의 과목은 데이터베이스, 자료구조, 인터넷과 소셜 컴퓨팅, 사물인터넷 개론, 4차 산업혁명과 창의융합SW, 컴퓨터식 사고와 문제해결기법이다.

주요 연구분야는 데이터베이스, 정보시스템, 빅데이터 관리, 데이터 마이닝, 소셜 컴퓨팅이다.

역서로는 「인공지능 베이직」(2020년, 휴먼싸이언스), 「데이터마이닝(2판)」(2020년, 휴먼싸이언스), 「딥러닝 AI프로젝트 실사례」(2020년, 홍릉), 「데이터 마이닝」(2007년, 인피니티북스), 「객체-관계 DBMS」(1997년, 이한) 등이 있다.

- 서울대학교 컴퓨터공학과 졸업(학사, 공학석사, 공학박사)
- 한국전자통신연구원 연구원,
  이화여자대학교 공과대학 교학부장, 정보통신연구소장,
  (재)그래픽스연구원 원장, 법제처 정책평가위원,
  민주평화통일자문위원, 국가교육과학기술자문위원회 전문위원,
  한국정보과학회 부회장 등 역임
- 1995년부터 현재까지 이화여자대학교 컴퓨터공학과 교수로 재직 중

컴퓨터식 사고와 문제해결 기법

인 쇄 2021년 9월 1일
발 행 2021년 9월 8일

저 자 용환승
발 행 인 성희령
출 판 기 획 안성일, 한혜인, 임민정
영업마케팅 채희만, 한석범, 유효진
총 무 회 계 이승희

발 행 처 INFINITYBOOKS
주 소 경기도 고양시 일산동구 하늘마을로 158
대방트리플라온 C동 209호
대 표 전 화 02)302-8441
팩 스 02)6085-0777

도서 문의 및 A/S 지원
홈 페 이 지 www.infinitybooks.co.kr
이 메 일 helloworld@infinitybooks.co.kr

I S B N 979-11-85578-88-0
등 록 번 호 제2021-000018호
판 매 정 가 **25,000**원

본 교재는 과학기술정보통신부 및 정보통신기획평가원의
SW중심대학사업의 수행결과로 추진되었음